21世纪教学活动设计案例精选丛书

初中历史
跨学科主题学习案例集

杜芳　陆优君 / 主编

图书在版编目(CIP)数据

初中历史跨学科主题学习案例集 / 杜芳，陆优君主编. —北京：北京大学出版社，2023.7
（21 世纪教学活动设计案例精选丛书）
ISBN 978-7-301-34194-0

Ⅰ.①初… Ⅱ.①杜… ②陆… Ⅲ.①中学历史课—教案（教育）—初中 Ⅳ.①G633.512

中国国家版本馆 CIP 数据核字（2023）第 123645 号

书　　　名	初中历史跨学科主题学习案例集 CHUZHONG LISHI KUA XUEKE ZHUTI XUEXI ANLIJI
著作责任者	杜　芳　陆优君　主编
责任编辑	郭　莉
标准书号	ISBN 978-7-301-34194-0
出版发行	北京大学出版社
地　　　址	北京市海淀区成府路 205 号　100871
网　　　址	http://www.pup.cn　　新浪微博：@北京大学出版社
微信公众号	通识书苑（微信号：sartspku）　科学元典（微信号：kexueyuandian）
电子邮箱	编辑部 jyzx@pup.cn　　总编室 zpup@pup.cn
电　　　话	邮购部 010-62752015　发行部 010-62750672　编辑部 010-62707542
印　刷　者	北京鑫海金澳胶印有限公司
经　销　者	新华书店
	787 毫米 ×1092 毫米　16 开本　15.75 印张　265 千字 2023 年 7 月第 1 版　2024 年 9 月第 3 次印刷
定　　　价	49.00 元

未经许可，不得以任何方式复制或抄袭本书之部分或全部内容。
版权所有，侵权必究
举报电话：010-62752024　电子邮箱：fd@pup.cn
图书如有印装质量问题，请与出版部联系，电话：010-62756370

内容简介

"跨学科主题学习"是《义务教育历史课程标准（2022年版）》中提出的一项全新的课程内容。本书依托教育部中小学（中职）历史国家教材建设重点研究基地，集优秀一线历史教师之力，经过悉心设计、实践、总结，最终编制形成十六个跨学科主题学习案例。这些案例严格依循课标要求，从特定的问题意识出发，以历史学科内容为基点，围绕特定研究主题，在跨学科学习的设计思路、情境素材、教学策略等多方面进行了创新探索与构建，以期为广大历史教师设计和开展跨学科主题学习活动提供思路和启发。

作者简介

杜芳，华中师范大学历史文化学院教授、博士生导师，教育部中小学（中职）历史国家教材建设重点研究基地副主任，义务教育历史课程标准修订组核心成员，教育部基础教育历史教学指导专业委员会委员，教育硕士专业学位研究生历史教学技能大赛执委会副主任，教育部师范类专业认证专家组成员，湖北省中学历史教学指导委员会副主任委员。

陆优君，特级教师，武汉市教育科学研究院历史教研员，华中师范大学博士研究生，教育部国培计划授课专家，教育部中南培训中心特聘专家，湖北大学兼职硕士生导师。

前　言

2014年，教育部印发《关于全面深化课程改革　落实立德树人根本任务的意见》，明确指出"要在发挥各学科独特育人功能的基础上，充分发挥学科间综合育人功能"，鼓励"开展跨学科主题教育教学活动，将相关学科的教育内容有机整合"，以"提高学生综合分析问题、解决问题能力"。2022年，教育部颁布《义务教育课程方案和课程标准（2022年版）》，进一步明确了跨学科主题学习的地位，为相关教学活动的开展指明了方向。历史课程本身具有极强的综合性，在义务教育初中学段，在历史课程中开展跨学科主题学习，对培养学生关键能力和提升学生核心素养，都具有非常重要的指导意义和实践作用。

因此，我们按照最新义务教育课程标准的要求，深入探讨了历史跨学科主题学习活动案例的设计与实施等问题，构建了跨学科主题学习活动的基本框架，在此基础上撰写了初中历史跨学科主题学习活动的多个案例，汇集成本书，供广大一线教师参考。

总体来说，我们的案例编撰主要围绕以下四个方面展开。

第一，活动主题立足历史学科。《义务教育历史课程标准（2022年版）》提出，历史课程设计的跨学科主题学习活动是"引导学生围绕某一研究主题，将所学历史课程与其他课程的知识、技能、方法以及课程研究等结合起来，开展深入探究、解决问题的综合实践活动"。新课程标准中提供了十大示例主题，其内容涵盖中国历史、世界历史的六大板块，意在让学生形成在时段上纵通、在领域上横通的系统意识。从本质上看，"时段上纵通"需要把握该主题内容在各历史时段的发展状况与特征及其纵向联系；"领域上横通"需要弄清该主题内容在其他学科或领域的不同表现以及所呈现的横向联系。因此，初中历史课程的跨学科主题学习要立足于学科立场，在重视学科间渗透与关联的同时，充分考虑历史学科的特殊性。教师在依据新课程标准已有的十个跨学科主题开展活动时，要充分考虑学生的具体情况，保证主题学习活动的科学性与可操作性，切忌生搬硬套。

第二，活动内容指向学科融合。《义务教育历史课程标准（2022年版）》明确指出，"为进一步发展学生核心素养，促进学生历史学习方式的转变，加强学生运用多学科知识与技能进行综合探究的能力，历史课程设计了跨学科主题学习活动"。事实上，"拼盘化"教学是当前跨学科主题学习最容易陷入的误区之一，具体表现为虽有主题统摄，但仍是各学科知识的杂糅与拼凑。化解问题的办法在于提取分散在不同学科领域的知识，按照跨学科主题学习的要求进行整合，实现内容逻辑的结构化，并以问题为核心，使跨学科知识融合为一个有机的整体。

第三，活动情境聚焦能力提升。跨学科主题学习活动思路与策略设计应重点关注活动情境的创设。活动情境的创设要凸显现实情境，从身边入手，探究真实问题，鼓励学生调动已有的生活经验，将历史学习与社会实践相结合，培养学生发现、研究和解决实际问题的能力。开展跨学科主题学习教学活动，不仅有助于教师探索深度教学，提高课堂教学效果，而且能够通过情境激发学生学习兴趣，进一步培养问题探究和社会实践的意识，提升理解和运用知识的能力。

第四，活动评价基于素养培育。新课程理念特别强调以生为本。在跨学科主题学习活动中，无论采取项目式学习、课题式研究，还是翻转课堂教学，重视的不仅仅是教师"教"的逻辑，还包括学生"学"的思维。教师通过优化学生学习的过程与方法，更好地培育学生的核心素养。为达成此目的，需要构建基于核心素养的跨学科主题评价。教师在开展相关评价活动的时候，一是要明确基于核心素养指向的学习目标，二是要布置能让学生充分参与活动的学习任务，三是要设计学生表现性评价的具体量规和量表，以此为依据进行评价。

综上所述，《义务教育历史课程标准（2022年版）》增设了跨学科主题学习的内容，在历史专业知识储备、历史教学设计能力、历史课程评价方法等方面给中学历史教师带来了巨大的挑战。面对挑战，我们应当突破传统课堂教学思维束缚，推进课堂教学转型，积极开展跨学科主题学习的实践与探索。因此，我们在总结跨学科主题教学的个体经验与集体智慧的基础上编著本书，提供了十六个具有可操作性的初中历史跨学科主题学习活动案例，供广大一线教师参考，希望能够对大家有所帮助。

目　录

一　品读抗战家书　传承英烈精神 1
　　学习主题归属：中华英雄谱

二　解读文艺作品　演绎英雄本色 17
　　学习主题归属：中华英雄谱

三　赏古代钱币　品中国历史 34
　　学习主题归属：小钱币，大历史

四　丝路瑰宝：文物会说话 47
　　学习主题归属：历史上的中外文化交流

五　"云"览深蓝　"探"踪觅遗 60
　　学习主题归属：历史上水陆交通的发展

六　中国铁路　载梦前行 74
　　学习主题归属：历史上水陆交通的发展

七　水污染防治　守护美丽江河 90
　　学习主题归属：生态环境与社会发展

八　探青岛工业遗产　寻青岛纺织历史 103
　　学习主题归属：在身边发现历史

九　行摄中的中国大运河 120
　　学习主题归属：在身边发现历史

| 十 | 改革开放中的"春天印迹" | 136 |

　　学习主题归属：探寻红色文化的历史基因

| 十一 | 读诗话峥嵘　品意悟"初心" | 149 |

　　学习主题归属：探寻红色文化的历史基因

| 十二 | 光影里的战争与和平 | 163 |

　　学习主题归属：看电影，学历史

| 十三 | 电影赏析：《我和我的祖国》 | 175 |

　　学习主题归属：看电影，学历史

| 十四 | 识读地图　"遇鉴"文明 | 189 |

　　学习主题归属：历史地图上的世界格局

| 十五 | 与孔子对话　学《论语》智慧 | 202 |

　　学习主题归属：古代典籍中的中华优秀传统文化

| 十六 | 含咀《史记》英华　赓续精神血脉 | 218 |

　　学习主题归属：古代典籍中的中华优秀传统文化

后　记 241

一 品读抗战家书　传承英烈精神

学科	历史	设计者	闫冰、刘超	教材版本	统编版
课程内容模块	中国近代史					
相关领域课程	历史、道德与法治、语文、音乐、美术等				
活动主题	中华英雄谱——品读抗战家书　传承英烈精神				
课时安排	2课时				

活动背景介绍

"烽火连三月，家书抵万金。"杜甫《春望》中的诗句千古传诵。家书是古往今来人们信息交流的重要工具，集文学、史学、美学、书法、礼仪等元素于一体，承载着十分厚重的历史和文化信息。家书普遍都烙有时代的印记，战火纷飞的抗战时期写就的家书，呈现了一个个有血有肉、有情有义的人物形象，他们是父亲母亲、是儿子女儿、是兄弟姐妹，但在民族危难面前，他们只有一个共同的名字——"抗日英烈"。一封封家书用独特的方式展示了先辈们感人至深的抗战记忆，吸引着我们去探寻家书背后那鲜为人知又扣人心弦的抗战故事。

中国人民抗日战争是近代以来中国人民反抗外敌入侵第一次取得完全胜利的民族解放战争，对世界反法西斯战争的胜利、维护世界和平做出了巨大贡献。在十四年艰苦卓绝的抗日战争中，涌现出数以万计的抗日英烈，孕育了伟大的抗战精神。伟大的抗战精神是中国人民弥足珍贵的精神财富，也是中国共产党人精神谱系的重要组成部分。在百年未有之大变局的形势下，抗战精神为中华民族走向伟大复兴提供了强大的精神动力。让伟大的抗战精神代代相传，是每一名中华儿女的使命与担当。铭记抗战历史，将大大激发青少年的爱国之情和报国之志。

活动主题分析

一、课标要求

《义务教育历史课程标准（2022年版）》在学习主题"中华英雄谱"中指出：本主题的设计，旨在引导学生通过历史剧的编演等文艺形式，了解中国各个历史时期的英雄人物，把不同时期的英雄人物具体化、形象化，使学生切实体验、感受各个历史时期英雄人物的业绩，从中获取精神力量。在查找资料、编写剧本、演出历史剧的过程中，进一步培育唯物史观、时空观念、史料实证、历史解释和家国情怀等素养，以及运用跨学科知识完成相关任务的能力。

二、学情分析

学生通过不同学段相关课程的学习，已经了解了不少抗日英烈的故事，如：小学《语文》课文《一个粗瓷大碗》讲述了赵一曼的故事，《狼牙山五壮士》讲述了五位壮士的英雄事迹；初中《道德与法治》课文《坚持国家利益至上》介绍了东北抗日联军领导人杨靖宇、赵尚志的抗日故事；初中《中国历史》课文《中华民族的抗日战争》叙述了抗战历史。但由于课文中抗日英烈的事迹篇幅有限，学生的认识基本只停留在对英烈人物抗战故事片段的了解，对其心路历程及在抗战中的突出贡献了解不够充分。

三、活动主题及立意

（一）活动主题

根据课标的要求，结合抗日战争的历史，活动主题定为"品读抗战家书 传承英烈精神"。通过品读抗战家书，了解抗日英烈的故事；通过给抗日英烈写信，传承英烈精神。

（二）活动立意

抗日英烈是中华民族面临亡国灭种大危机时涌现出的民族英雄，是民族荣耀，是国家脊梁；抗战精神是中国共产党人精神谱系中的伟大精神，是珍贵财富，是奋斗动力。本活动旨在以抗战家书为切入点，通过品读抗战家书，认识英烈、致敬英烈、学习英烈，从抗日英烈的事迹中汲取精神力量，使抗战精神成为青少年学习和生活中的动力源泉，激发青少年树立为中华民族伟大复兴拼搏奋斗的人生志向。

本活动采用项目式学习方式。学生通过搜集抗日英烈的相关资料，运用文学艺术的表现形式再现抗战家书的故事，深入认识抗日英烈光辉形象，体会抗日英烈的家国情怀；通过给抗日英烈写信，用行动传承英烈精神，增强责任感与使命感。

知识图谱

领域 （主要人物）	相关课程内容				
	历史	语文	音乐	道德与法治	美术
吉鸿昌	华北察哈尔抗战	《就义诗》	与抗日英烈事迹相关的抗战音乐作品	国家利益至上 战争与和平	书信等书法作品
赵一曼	东北抗日活动	《滨江抒怀》			
谢晋元	淞沪会战中的四行仓库保卫战	投笔从戎诗			
张自忠	枣宜会战	老舍话剧《张自忠》			
戴安澜	中国远征军入缅作战	毛泽东为戴安澜作挽联《五律·挽戴安澜将军》			
左权	太行抗日根据地反"扫荡"作战	朱德为左权作悼诗《吊左权同志在太行山与日寇作战战死于清漳河畔》			

目标、任务与方法

一、目标

1.搜集整理抗日英烈的家书，按时序梳理与抗日英烈相关的史事，以及相关的文学艺术作品，感受抗日英烈的家国情怀。

2.运用文学艺术等形式品读抗战家书，编写与家书有关的历史剧本，正确认识生命的意义与价值。

3.给抗日英烈写信，表达对英雄的崇敬之情及传承英烈精神的态度和做法。

二、任务与方法

任务1：整理你所熟悉的抗日英烈人物名单，选择最感兴趣的抗日英烈，查找与之相关的抗战家书、抗战史事以及文学艺术作品。

方法：

（1）通过图书馆或网络资源查找资料，列举你所熟悉的抗日英烈，各小组分别选出一位最感兴趣的抗日英烈；

（2）通过人物传记或抗战纪实等资源查找与本小组所选抗日英烈有关的抗战家书与抗战史事，用表格的形式按时序梳理抗战史事；

（3）通过图书馆或网络资源查找与抗日英烈有关的文学、音乐、美术等作品。

任务2：根据抗战家书的相关内容，运用文学艺术等形式创作历史剧本并进行演绎，展现生动立体的抗日英烈形象，体会抗日英烈身上的精神品质。

方法：

（1）通过小组成员分工合作，综合运用文学、音乐、美术等文艺形式进行历史剧本创作；

（2）通过小组成员的角色扮演，再现抗战家书背后的英烈故事；

（3）通过小组成员之间的讨论交流，归纳抗日英烈的精神品质。

任务3：给你印象最深刻的抗日英烈写信，需结合自己的学习生活，谈谈如何用实际行动传承英烈精神。

方法：

（1）通过了解抗日英烈的事迹，每位小组成员选定一位最崇敬的抗日英烈作为写信的对象，每位小组成员可选择不同的英烈人物；

（2）通过小组成员交流分享对所选人物的理解与体会，缅怀抗日英烈；

（3）通过各小组有序开展"我给英烈写封信"的活动形式传承英烈精神，在信中表达对抗日英烈的崇敬之情，体现英烈精神对自己的激励。

> 活动步骤

环节一　布置任务

布置任务1，按照各组所选择的不同的抗日英烈，将学生分为吉鸿昌小组、赵一曼小组、谢晋元小组、张自忠小组、戴安澜小组、左权小组6个小组。每个小组9人左右，推选出组长1人。各组按每2人一队，又分为4支小分队，分别搜集与抗日英烈相关的抗战家书、抗战史事、文学作品、音乐美术作品。如以左权小组为例：小分队1搜集抗战家书；小分队2搜集与抗战家书相关的抗战史事；小分队3搜集与左权有关的文学作品；小分队4搜集与左权有关的音乐美术作品。

布置任务2，资料搜集完毕后，组长组织全组成员进行剧本创作，并进行角色分工：家书朗诵者、旁白讲解者、背景制作者等。每个小组最终呈现出一段完整的形式丰富的历史人物演绎。各组展演结束后，分别讨论本组演绎的抗日英烈身上所体现的精神品质，派代表发言交流，其他小组成员可进行适当补充。

布置任务3，各小组长组织本组成员选择自己最崇敬的一位抗日英烈开展组内交流，分享体会。小组长有序组织成员开展"我给英烈写封信"的行动，所选的对象不局限于自己小组所演绎的抗日英烈。每位组员完成600字左右的书信撰写后，每个小组各推选出1—2篇优秀书信在班级内分享交流。

环节二　学生自学

☆自主学习任务单☆

1. 列出你所熟悉的抗日英烈。

预设：杨靖宇、张自忠、赵一曼、狼牙山五壮士、左权等。

2. 你读过这些抗日英烈写的家书吗？请列举一二。

预设：如《赵一曼传》中的家书、左太北主编的《左权家书》。

3. 你觉得抗日英烈身上有哪些可贵的精神品质？

预设：天下兴亡、匹夫有责的爱国情怀，视死如归、宁死不屈的民族气节，不畏强暴、血战到底的英雄气概，百折不挠、坚忍不拔的必胜信念。

4. 如果让你给抗日英烈写封信，你会写些什么？

预设：我想告诉他们今日中国繁荣昌盛的模样，如他们所愿。愿山河无恙，吾辈自强。

我很想对他们说一声谢谢，是他们用鲜血换来了我们今日的幸福生活。

我何其有幸生于今日之华夏，我会铭记历史，珍惜今天来之不易的幸福生活。

……

环节三　课堂展示

（一）情境导入

教师：（展示人民英雄纪念碑的浮雕图片《抗日游击战争》）同学们知道浮雕刻画的是一幅什么样的景象吗？

扫码看图

学生回答。

教师：浮雕刻画的是抗日战争时期太行山区敌后游击战的场面。十四年的艰苦抗战中涌现出众多为挽救民族危亡抛头颅洒热血的抗日英烈，浮雕上的画面是千千万万抗日英烈的缩影。

抗日战争时期涌现出哪些抗日英烈？他们经历了怎样惊心动魄的斗争？他们身上又有哪些精神品质？今天我们就通过品读战争岁月中那一封封感人至深的家书来了解抗日英烈的事迹。

学生展示已完成的自主学习任务单，思考并回答教师提出的问题。

教师：面临亡国灭种的危机，饱经沧桑与磨难的中华大地上，地无分南北，人无分老幼，涌现出众多的抗日英烈，用鲜血与生命谱写了一首首可歌可泣的英雄史诗，他们的感人事迹代代流传。

> 设计意图：通过浮雕图片创设情境，导入抗日战争的活动主题，同时点评学生自学成果。

（二）活动过程

1. 查找抗战家书及相关抗战史事等，完成任务 1 的要求

学生分为 6 个小组，分工合作。由组长安排，组内每 2 人一队，根据不同的搜集内容分为 4 支小分队。各小分队按照指定任务，通过网络平台检索关键词如"赵

一曼英烈事迹""左权家书"等，或者阅读主题学习资源包及相关书籍，将所搜集的资料交给组长整理汇总。

2. 创作历史剧本并展演，完成任务2的要求

组长组织全组成员进行剧本创作，并展演和交流。

3. 给抗日英烈写信，完成任务3的要求

给最崇敬的一位抗日英烈写信，在组内交流，小组推选出优秀信件，在班级内朗读分享。

> 设计意图：通过小组合作探究，搜集与抗日英烈有关的文学艺术作品，集体进行剧本创作，培养沟通表达、实践创新能力；通过给抗日英烈写信的方式，展示学习成果，传承英烈精神。

（三）成果展示

教师：抗日英烈不怕牺牲，视国家荣誉为最高荣誉，敢于奉献生命，为了国家利益牺牲小我的精神不仅带领着亿万中华儿女摆脱了民族危机，获得了国家独立，在当今仍是中华民族不断前进的强大动力。作为新时代的青少年，给抗日英烈写信，就是用行动传承英烈精神。

"我给英烈写封信"示例

赵一曼烈士：

我来自21世纪的新中国，能给您写这封信，不胜荣幸。现在的祖国如您所望，安宁祥和，人民幸福。您的精神滋润着一代代中华儿女，养育着一颗颗赤诚之心。如今的中国已然富强，您的付出也被世人所铭记。百年前，您不畏艰险，为中华的未来而奋斗；百年后，华夏子孙们感谢您，纪念您，宣传您的故事，传承您的精神。

1935年您不幸被俘，可对您严刑拷打的敌人又如何能想到，一名年仅三十岁的中国女子为了国家的胜利、人民的自由竟然愿意放弃生命！屯刑摧残得了您的身体，折不了骨子里的那份傲气，您以巾帼不让须眉的气概，让敌人明白了什么是"粉身碎骨浑不怕"的尊严，什么是我泱泱中华历经千年风霜仍立于世的原因！

您一生为了人民的自由而忙碌奔波，如今，您的愿望已经实现，您的精神早已刻入青年们的血脉。我们仍会同您一般，热爱祖国，忠于中国共产党，肩负起建设新中国的使命。近日，中国共产党第二十次全国代表大会召开，高举中国特色社会主义伟大旗帜，带领全国人民奔赴实现中华民族伟大复兴的第二个百年奋斗目标。我校也开展一系列综合性学习活动，如举办"红星照耀中国"手抄报竞赛，引导全体同学共同品读红色书籍，使爱国奉献融进当代学生的校园生活，扎根在青年人心中，接力这精神炬火的传递。您将一腔热血洒给这片土地，这片土地上的人民也终不会辜负您。

此致
敬礼

×××

××××年××月××日

教师：为隆重纪念中国人民抗日战争暨世界反法西斯战争的胜利，经党中央、国务院批准，民政部等部门相继在 2014 年 9 月 1 日、2015 年 8 月 24 日、2020 年 9 月 2 日公布了三批累计 1085 名著名抗日英烈、英雄群体名单，以国家的名义致敬抗日英烈，彰显了国家守护民族精神家园的价值导向。

> **设计意图**：通过历史演绎、朗读书信等方式展示研究成果，培养学生的合作交流、沟通表达、实践创新等能力。

环节四　活动小结

教师：2015 年 9 月 3 日，是中国人民抗日战争暨世界反法西斯战争胜利 70 周年纪念日，在天安门广场大阅兵中，第一个出场的就是抗战老兵方阵，让人热泪盈眶。对比昔日中国的满目疮痍，他们非常感慨于今日中国的强大辉煌。抗日英烈的家书，铭记的是一段英雄历史，品读的是一份家国情怀，传承的是一种民族精神。作为新时代的青少年，我们要用行动传承英烈精神，从中汲取强大的精神力量，投身到中华民族伟大复兴的建设潮流中，做中华民族伟业的参与者和见证者！

活动评价

评价内容	评价标准			评价等级
	A	B	C	
历史剧表演	1.能够对抗战家书的内容及相关史事进行准确的解读。 2.能够融合文学艺术等多种元素设计剧本，逻辑清晰，内容合理，语言生动。 3.能够理解抗战家书的核心思想，准确地把握历史人物的丰富情感，展演生动形象。	1.能够对抗战家书的内容及相关史事进行较为准确的解读。 2.能够融合文学艺术等多种元素设计剧本，逻辑较为清晰，内容较为合理。 3.能够理解抗战家书的核心思想，较为准确地把握历史人物的丰富情感，展演较为形象。	1.能够对抗战家书的内容及相关史事进行基本的解读。 2.能够融合文学艺术等基本元素设计剧本，有基本的逻辑，内容基本合理。 3.能够理解抗战家书的核心思想，基本把握历史人物的情感，展演基本流畅。	
给英烈写信	1.能够很好地表达对英烈的崇敬之情。 2.能够很好地体现英烈精神对个人学习生活的激励。 3.语言表达流畅生动，书写准确规范。	1.能够较好地表达对英烈的崇敬之情。 2.能够较好地体现英烈精神对个人学习生活的激励。 3.语言表达较为流畅，书写较为规范。	1.基本能够表达对英烈的崇敬之情。 2.基本能够体现英烈精神对个人学习生活的激励。 3.语言表达基本流畅，书写基本规范。	

活动延伸

拓展探究：为了更深入地了解抗日英烈的事迹，请选取你家乡的一位抗日英烈，采取查阅资料、参观博物馆、走访英烈后人等方式进行考察，撰写人物事迹并进行宣讲。

活动反思

组织跨学科主题学习活动，对教师的综合素养提出了更高的要求，不仅要改变教学理念，积极探索实践，还需丰富自身的跨学科知识体系，提升跨学科教学的逻辑思维能力。在组织"中华英雄谱"的跨学科主题学习活动过程中，教师的主要任务是：以学生为主体，引导学生将各学科教材知识与资料探究相结合，合理发挥想象力进行剧本的创作与演绎，培养学生运用多学科知识探索解决问题的能力，促进学生的全面发展。

在设计本活动课的过程中，笔者主要思考如下问题：为何选择《品读抗战家书　传承英烈精神》这一课题？如何组织学生开展学习探究活动？跨学科活动涉及哪些学科知识？本主题学习活动的目标与任务是什么？如何评价学生活动的效果？

在中华英雄人物的选择方面，确定抗日英烈这个群体，是鉴于抗日英烈在中国历史上的重要地位以及英烈精神的重大现实意义。以"抗战家书"为载体，有利于学生进行历史剧本的创作，综合运用语文、音乐、美术等多学科知识对抗日英烈的事迹进行演绎，呈现一个个生动形象的历史人物。本活动的结果最终落实在"如何传承英烈精神"的行动上。

本主题活动设计了三个目标，为达成目标分别设计了三个对应的任务，采用项目式学习的方式，以书信为线索贯穿整个活动过程，从而一步步达成预设的活动目标，实现深度学习。活动评价的内容紧紧围绕本主题学习活动的两个项目成果展开，即"历史剧展演"与"我给英烈写封信"，真正达到学、教、评的一致性。

在设计学生活动中，选取的抗日英烈主要是统编版《中国历史》八年级上册第六单元中所涉及的人物，对于乡土资源的挖掘还有待进一步的深化与拓展。

参考资源

一、著作

1. 李云桥：《赵一曼传》，商务印书馆，2018年
2. 马亮宽、岳广腾、刘春强：《张自忠传论》，中国社会科学出版社，2018年
3. 李佑新主编：《抗战精神》，中共党史出版社，2017年
4. 张丁编著：《图说红色家书》，中国人民大学出版社，2016年
5. 中国人民抗日战争纪念馆、中国人民大学博物馆编：《抗战家书：我们先辈的抗战记忆》，中国人民大学出版社，2015年
6. 左太北主编：《左权家书》，中共党史出版社，2014年
7. 王照骞：《左权将军在太行》，山西人民出版社，2013年
8. 张宪文主编：《中国抗日战争史：1931—1945》，南京大学出版社，2001年

二、网络资源

1. 中国人民抗日战争纪念馆（中国抗战胜利网） http://www.1937china.com/
2. 八路军太行纪念馆 http://www.balujun.cn/

3. 新四军纪念馆 http://www.n4a.org.cn/
4. 上海淞沪抗战纪念馆 http://www.813china.com/

附录

资料1：

为永远铭记抗日英烈的不朽功勋，大力弘扬爱国主义精神，凝聚实现中华民族伟大复兴的精神力量，经党中央、国务院批准，现公布第一批在抗日战争中顽强奋战、为国捐躯的300名著名抗日英烈和英雄群体名录。

（按牺牲年份和姓氏笔画排序）

……

吉鸿昌（1895—1934）察哈尔民众抗日同盟军第2军军长、北路军前敌总指挥兼察哈尔警备司令

赵一曼（1905—1936 女）东北人民革命军第3军1师2团政治委员

佟麟阁（1892—1937）国民革命军陆军第29军副军长

姚子青（1909—1937）国民革命军陆军第18军98师292旅583团3营营长

赵登禹（1898—1937）国民革命军陆军第29军132师师长

郝梦龄（1898—1937）国民革命军陆军第9军军长

高志航（1908—1937）空军驱逐机部队司令兼第4航空大队大队长

王根英（1907—1939 女）八路军第129师供给部财经干部学校政治指导员

张自忠（1890—1940）国民革命军陆军第33集团军总司令

李林（1915—1940 女）晋绥边区第11行政公署委员

杨靖宇（1905—1940）东北抗日联军第1路军总司令兼政治委员

包森（1911—1942）八路军冀东军分区副司令员

左权（1905—1942）八路军副参谋长

赵尚志（1908—1942）东北抗日联军第2路军副总指挥兼第3军军长

戴安澜（1904—1942）国民革命军陆军第5军200师师长

马本斋（1902—1944）八路军冀鲁豫军区第3军分区司令员兼回民支队司令员

郁达夫（1896—1945）新加坡文化界抗日联合会主席

谢晋元等八百壮士（1937）国民革命军陆军第9集团军88师524团

冷云等八名女战士（1938）东北抗日联军第 2 路军第 5 军妇女团

狼牙山五壮士（1941）八路军晋察冀军区第 1 军分区 1 团 7 连 6 班

刘老庄连八十二烈士（1943）新四军第 4 师 7 旅 19 团 2 营 4 连

——摘编自《民政部公布第一批著名抗日英烈和英雄群体名录》，中央政府门户网站，2014 年 9 月 1 日，http://www.gov.cn/xinwen/2014-09/01/content_2743269.htm。

资料 2：

吉鸿昌家书

红霞吾妻鉴：

夫今死矣！是为时代而牺牲。人终有死，我死您也不必过伤悲，因还有儿女得您照应。家中余产不可分给别人，留作教养子女等用。我笔嘱矣，小儿还是在天津托俞先生照料上学，以成有用之才也。家中继母已托二、三、四弟照应，教［孝］敬，你不必回家可也。

国昌、永昌、加昌诸弟鉴：

兄已死矣，家中事俱已分清，唯兄所恨者，先父去世，嘱托奉养继母之责，吾弟宜竭力孝敬，不负父兄之托也。

——摘编自中国人民抗日战争纪念馆、中国人民大学博物馆编：《抗战家书：我们先辈的抗战记忆》，中国人民大学出版社，2015 年，第 13—14 页。

资料 3：

赵一曼家书

亲爱的我的可怜的孩子啊！

母亲到东北来找职业，今天这样不幸的最后，谁又能知道呢？

母亲的死不足惜，可怜的是我的孩子，没有能给我担任教养的人。母亲死后，我的孩子要替代母亲继续斗争，自己壮大成人，来安慰九泉之下的母亲！你的父亲到东北来死在东北，母亲也步着他的后尘。我的孩子，亲爱的可怜的我的孩子啊！

母亲也没有可说的话了。我的孩子自己好好学习,就是母亲最后的一线希望。

一九三六年八月二日
在临死前的你的母亲

——摘编自李云桥：《赵一曼传》，商务印书馆，2018年，第351页。

资料4：

谢晋元家书

萍舟吾兄：

九日示悉，昨日上函谅达。沪战两月，敌军死亡依情报所载，其数达五万以上。现在沪作战敌军海陆空军总数在廿万以上，现尚源源增援中，以现势观察，沪战纵有些微变化，决无碍整个计划，希释念可也。

弟十年来饱尝忧患，一般社会人情事［世］故，影响于个人人生观，认识极为清楚。泰山鸿毛之训，早已了然于胸，故常处境危难，心神亦觉泰焉，望勿以弟个人之安危为念。

维诚在目前环境下，绝对不能来汉。如蕉岭有危险，汉口则不可以言语计矣。抗战绝非短期可了，汉口商业中心，更非可久居之地。倘维诚属个人行动，自较便当，以今日而论，幼民姊弟，绝不能片刻无人照料也。望速将弟意转知维诚，不论如何，绝不能轻易离开家中，切盼。

黄渡情形如何，此间何无所知，当加注意。款项只要可以寄去，必尽各种方法，遵命汇去，勿念。

岳母抵汉后，想因店铺放弃，而内心不安。吾兄经济情形若何？倘有困难，希函知以便设法接济也。弟衣物此间购买方便，望勿麻烦可也。敬祝

冬祺！

岳母大人以次敬叩安好！

中民弟
十月十八日

信由上海探投，勿写八字桥或其他地名，即可交到。

——摘编自中国人民抗日战争纪念馆、中国人民大学博物馆编：《抗战家书：我们先辈的抗战记忆》，中国人民大学出版社，2015年，第25—26页。

资料5：

张自忠家书

【1940年5月1日，张自忠亲笔昭告各将领、各部队】

致战友：

看最近之情况，敌人或要再来碰一下钉子，只要敌来犯，兄即到河东与弟等共同去牺牲。国家到了如此地步，除我等为其死，毫无其他办法。更相信只要我等能本此决心，我们的国家及我五千年历史之民族，决不致亡于区区三岛倭奴之手。为国家民族死之决心，海不清，石不烂，决不半点改变，愿与诸弟共勉之。

维纲、月轩、纶山、常德、振三、子烈、

纯德、铭秦、德顺、德俊、迪吉、紫封、

九思、作祯、亮敏、斡三、芳兰、之喆、

文海、春芳诸弟。

小兄张自忠手启
五、一

——摘编自中国人民抗日战争纪念馆、中国人民大学博物馆编：《抗战家书：我们先辈的抗战记忆》，中国人民大学出版社，2015年，第84—87页。

资料6：

戴安澜家书

【致妻子】

亲爱的荷馨：

余此次奉命固守同古，因上面大计未定，与后方连[联]络过远，敌人行动又快，现在孤军奋斗，决以全部牺牲，以报国家养育！为国战死，事极光荣。所念者，老母外出，未能侍奉。端公（戴安澜叔祖父戴端甫，知名爱国人士，戴安澜人生道路的引路人）仙逝，未及送葬。你们母子今后生活，当更痛苦。但东、靖、篱、澄四儿，俱极聪俊，将来必有大成。你只苦得数年，即可有出头之日矣。望勿以我为念。又我去岁所经过之事，实太对不起你，望你原谅。我要部署杀敌,时间太忙,望你自重,并爱护诸儿,侍奉老母。老父在皖,可不必呈闻。

专此即颂

心安

安澜 手启

三、廿二(民国三十一年三月二十二日)

【致友人】

子模、志川、尔奎,三位同鉴:

余此次远征缅甸,因主力距离过远,敌人行动又快,余决以一死,以报国家!我们或为姻戚,或为同僚,相处多年,肝胆相照,而生活费用,均由诸兄经手。余如战死之后,妻子精神生活,已极痛苦,物质生活,更断来源,望兄等为我善筹善后。人之相知,贵相知心,想诸兄必不负我也。

专此即颂

勋安

安澜 手启

三、廿二(民国三十一年三月二十二日)

——摘编自中国人民抗日战争纪念馆、中国人民大学博物馆编:《抗战家书:我们先辈的抗战记忆》,中国人民大学出版社,2015年,第99—100页。

资料7:

左权家书

志兰:

就江明同志回延安之便,再带给你十几个字。

乔迁同志那批过路的人,在几天前已安全通过敌之封锁线了,很快可以到达延安,想不久你可看到我的信。

希特勒"春季攻势"作战已爆发,这将影响日寇行动及我国国内局势。国内局势将如何变迁,不久或可明朗化了。

我担心着你及北北,你入学后望能好好的恢复身体。有暇时多去看看太北,小孩子极须人照顾的。

此间一切正常，惟生活则较前艰难多了。部队如不生产，则简直不能维持。我也种了四五十棵洋疆［姜］，还有廿棵西红柿，长得还不坏。今年没有种花，也很少打球。每日除照常工作外，休息时玩玩扑克与斗牛。志林很爱玩排［牌］，晚饭后经常找我去打扑克。他的身体很好，工作也不坏。

想来太北长得更高了，懂得很多事了，她在保育院情形如何，你是否能经常去看她，来信时希多报导太北的一切。在闲游与独坐中，有时总仿佛有你及北北与我在一块玩着、谈着。特别是北北非常调皮，一时在地下，一时爬在妈妈怀里，又由妈妈怀里转到爸爸怀里来，闹个不休，真是快乐。可惜三个人分在三起，假如在一块的话，真痛快极了。

重复说，我虽如此爱太北，但如时局有变，你可大胆按情处理太北的问题，不必顾及我，一切以不再多给你受累、不再多妨碍你的学习及妨碍必要时之行动为原则。

志兰！亲爱的，别时容易见时难。分离廿一个月了，何日相聚，念念、念念。愿在党的整顿三风下各自努力力求进步吧！以进步来安慰自己，以进步来酬报别后衷情。

不多谈了，祝你

好！

叔仁
五月廿二日晚

——摘编自左太北主编:《左权家书》，中共党史出版社，2014年，第71—72页。

二 解读文艺作品　演绎英雄本色

学科	历史	设计者	潘琦、李越	教材版本	统编版
课程内容模块	中国近代史				
相关领域课程	历史、语文、音乐、美术、道德与法治等				
活动主题	中华英雄谱——解读文艺作品　演绎英雄本色				
课时安排	2课时				

活动背景介绍

一个有希望的民族不能没有英雄，一个有前途的国家不能没有先锋。自鸦片战争起，列强对中国发动了一次次侵略战争。面对列强的耀武扬威和恣意妄为，总有一些中国人在国家、民族命运的危难关头挺身而出，与侵略势力进行英勇抗争，成为后世传颂的英雄。无论是坚决禁烟的林则徐、死守虎门炮台的关天培，还是身先士卒的冯子材、身殉海疆的邓世昌、血染八里台的聂士成……他们的英雄事迹和爱国主义精神彪炳史册、永放光辉。

英雄是时代的楷模，文艺是时代的先声。众多文艺作品从不同角度再现英雄事迹，塑造了鲜活的英雄形象，展现英雄强大的精神力量。青少年可以在解读有关近代英雄人物的文艺作品塑造和演绎英雄的过程中感受英雄的家国情怀，汲取英雄的精神力量，崇尚英雄气概，传承爱国基因，形成责任担当意识。

活动主题分析

一、课标要求

《义务教育历史课程标准（2022年版）》在学习主题"中华英雄谱"中指出：本主题的设计，旨在引导学生通过历史剧的编演等文艺形式，了解中国各个历史时期的英雄人物，把不同时期的英雄人物具体化、形象化，使学生切实体验、感受各个历史时期英雄人物的业绩，从中获取精神力量。

二、学情分析

学生通过多学科课程学习，已初步了解近代中国社会的变局与这一时期的英雄人物，如：小学《语文》教材节选了林则徐的诗作《赴戍登程口占示家人·其二》；小学《道德与法治》课文《不甘屈辱　奋勇抗争》中讲述了林则徐、关天培、邓世昌的故事；初中《中国历史》课文《鸦片战争》《洋务运动》《甲午中日战争与列强瓜分中国狂潮》《八国联军侵华与〈辛丑条约〉签订》等同样介绍了林则徐、关天培、左宝贵、邓世昌、聂士成等不畏牺牲、英勇抗击外来侵略的事迹；初中《语文》课文《人民英雄永垂不朽——瞻仰首都人民英雄纪念碑》用凝练的笔墨勾勒了中国近代史上中国人民抗击侵略的一幅幅雄壮图景。

但由于课文篇幅有限，多数学生对近代英雄人物的认识停留在典型史事片段中，不能充分了解他们爱国壮举发生的原因及意义，不能深入体会他们的思想活动和爱国情感。

三、活动主题及立意

（一）活动主题

根据课标的要求，结合中国近代史的内容，活动主题定为"解读文艺作品　演绎英雄本色"。通过制作英雄档案，了解英雄事迹；通过解读文学艺术作品，感受英雄情怀，创作情景短剧；通过演绎英雄人物，再现英雄精神，形成责任担当意识。

（二）活动立意

传承民族气节，崇尚英雄气概，是历史课程的重要育人功能之一。选择近代反抗外来侵略的英雄人物为对象，引导学生搜集、筛选、解读材料和文艺作品，有机融合历史、道德与法治、语文、艺术等学科知识，创作情景短剧，演绎英雄人物事迹、塑造英雄形象、展现英雄精神，有助于引导学生感受英雄的家国情怀，体悟他们的人生智慧和生命境界。

在学习活动中，学生通过搜集英雄人物的材料和文艺作品，了解英雄人物的成长经历，形成立报国之志、行爱国之举的意识；通过解读各种材料和文艺作品，深入理解英雄人物的时代背景、思想活动、行为细节，对英雄人物进行个性化转述，编写情景短剧，塑造心目中的英雄形象，表达对英雄人物的崇敬和赞美；通过情景短剧展演，演绎英雄角色，弘扬英雄精神，增强责任感与使命感。

知识图谱

领域（主要人物）	相关课程内容				
	历史	语文	美术	音乐	道德与法治
林则徐	鸦片战争（1840—1842）	《赴戍登程口占示家人·其二》国家大剧院原创话剧《林则徐》	《虎门销烟》（浮雕）	相关影视作品主题曲、插曲	高扬民族精神，维护祖国统一，担当社会责任
关天培		林则徐挽关天培联	鸦片战争博物馆馆藏油画与雕塑		
冯子材	中法战争（1883—1885）	田汉《吊冯子材》	《镇南关大捷》（油画）	《冯子材·南关令》	
邓世昌	甲午中日战争（1894—1895）	上海沪剧院原创沪剧《邓世昌》	《中华英雄邓世昌》（油画）	《深蓝》	
聂士成	八国联军侵华（1900—1901）	黄遵宪《聂将军歌》	聂士成殉难纪念碑	相关影视作品主题曲、插曲	

目标、任务与方法

一、目标

1.搜集和整理与英雄人物相关的材料和文艺作品，制作英雄档案，了解英雄事迹。

2.解读相关文艺作品，从各自生活经验出发，表达自己的看法，感受英雄的家国情怀。

3.编演情景短剧，塑造生动的英雄形象，展现英雄气概，体悟英雄人物的人生智慧和生命境界。

二、任务与方法

任务1：结合统编版《中国历史》八年级上册第一、第二单元的内容，选择你感兴趣的一位英雄人物，查找与之相关的材料和文艺作品，制作英雄档案。

方法：

（1）各小组选择一位感兴趣的近代英雄人物，通过互联网、图书馆等搜集与人物有关的材料和文艺作品。

（2）制作英雄档案，内容包括人物的主要事迹、以英雄人物为主题的不同类型文艺作品的介绍。

任务2：以小组为单位，解读英雄档案中的文艺作品，感受英雄的家国情怀，运用多种艺术形式编写情景短剧。

方法：

（1）根据小组分工，组员合作解读英雄档案中的各类文艺作品，从各自生活经验出发描述英雄人物的行为细节，感受不同文艺表现方式展现出的英雄情怀，认识英雄人物精神具象化的表现方法，了解剧本创作的基本要素和方法。

（2）通过小组成员的讨论交流，选取合适的历史场景，综合运用文学、音乐、美术等文艺形式进行剧本编写。在此过程中，应筛选材料、利用有效信息解释历史问题，创作时推论得当，利用不同文艺形式突出英雄人物的爱国精神。

任务3：展演情景短剧，演绎英雄人物，生动塑造英雄形象，展现英雄气概，分享交流对英雄人物的崇敬之情。

方法：

（1）小组团队展演情景短剧，注意揣摩角色的语气、表情、动作，配合表演背景（图片、视频片段、音乐），展现英雄人物的事迹及其所体现的爱国主义精神。

（2）互评展演效果，分享观后感，表达对英雄的崇敬之情；联系现实生活，分享自己对英雄人生智慧和生命境界的体悟。

活动步骤

环节一　布置任务

布置任务1，按选择的英雄人物将学生分为林则徐、关天培、冯子材、邓世昌、聂士成5个小组。每个小组10人左右，推选出组长1人。各组按每2人一队，又分为5支小分队，分别搜集与主题人物相关的材料、文学作品、音乐作品、美术作品、影视作品。如以冯子材小组为例：小分队1搜集涉及冯子材的材料；小分队2搜集与冯子材相关的文学作品；小分队3搜集与冯子材相关的音乐作品；小分队

4搜集与冯子材相关的美术作品；小分队5搜集与冯子材相关的影视作品。

搜集完毕后，组长组织组员将史料按涉及的史事排列，文艺作品按表现形式分类，按不同主题板块对各类素材进行整合，形成英雄档案。

布置任务2，各小组选择英雄档案中具有代表性的文艺作品，根据自己的生活经验进行欣赏与解读，多角度了解英雄的行为细节和感受英雄家国情怀。解读完毕后，组员围绕本小组主题人物讨论交流，选取一个典型历史场景或串联多个历史场景编写情景短剧。编写剧本时分工明确，包括：台词写作、动作表情设计、音乐插入、背景制作、诗词朗诵等。最终形成的剧本需要联系时代背景，充分展现英雄人物的英勇事迹和爱国主义精神。

布置任务3，各小组分配角色和任务，组织排练，运用语言、动作、表情等生动塑造英雄形象，合作完成情景短剧展演。展演结束后，交流分享从英雄人物身上汲取的精神力量。

环节二　学生自学

☆自主学习任务单☆

1.你知道哪些近代反抗外来侵略的英雄人物？

预设：中国近代史是中国逐渐成为半殖民地半封建社会的历史，也是中华民族对外反抗列强侵略，对内反对封建专制统治，最终实现民族独立、人民解放，夺取新民主主义革命的伟大胜利的历史。在这一时期涌现了众多为维护国家统一，反抗外来侵略，不惜个人利益，甚至牺牲生命的英雄人物：林则徐、关天培、冯子材、邓世昌、聂士成等。

2.你知道他们典型的英雄事迹是什么吗？

预设：（1）林则徐：虎门销烟，积极备战取得九龙之役、川鼻官涌之役等反击战的胜利；（2）关天培：鸦片战争中战死虎门炮台；（3）冯子材：中法战争中取得镇南关大捷；（4）邓世昌：甲午中日战争黄海海战殉国；（5）聂士成：八国联军侵华战争中保卫天津，中炮身亡。

3.你心目中的近代英雄人物形象是什么样的？

预设：根据所搜集近代英雄人物主题文艺作品进行简单解读。

环节三　课堂展示

（一）情境导入

教师（展示一组《近代民族英雄》邮票，中国邮政2018年7月29日发行）：同学们，观察邮票，大家能发现以上历史人物的共同身份是什么吗？

学生回答。

教师：这些人物有一个共同身份：近代的民族英雄。他们是近代中华民族英勇抗击外来侵略的典型代表。

那么，鸦片战争后，涌现了哪些英雄人物？他们有哪些主要英雄事迹？

学生展示已完成的自主学习任务单，思考并回答教师提出的问题。

教师：这些民族英雄身上有哪些相同的精神品质？如果让你演绎这一时期的英雄人物，你会挑选什么历史场景和艺术方式来塑造英雄形象、展现英雄气概呢？

> 设计意图：通过人物邮票图片创设情境，导入英雄人物的主题，点评学生自学成果，为后续活动做准备。

（二）活动过程

1. 制作近代英雄人物档案，完成任务1的要求

学生分为5个小组，分工合作。由组长安排，每两位组员一队，根据不同的搜集内容分为5支小分队。各小分队按照指定任务，阅读相关书籍和通过网络平台搜索关键词，搜集与人物相关的材料与文艺作品（文学、音乐、美术、影视等）。搜集完毕后，将材料按照涉及的史事排列，文艺作品按表现形式和主题分类，然后交给组长汇总。组长组织组员们对各类素材进行整合，形成英雄档案。

2. 解读文艺作品和编写情景短剧，完成任务2的要求

学生根据本小组形成的英雄档案，解读典型文艺作品，感受英雄人物的英雄气概；利用相关知识与方法，合作编写近代英雄人物主题的剧本。

3. 演绎英雄情景短剧，开展小组互评，完成任务3的要求

各组进行情景短剧的排练与展演，在排练与展演过程中，学会运用音乐渲染氛围，用图片、视频背景烘托情节，用语气、表情、动作等生动演绎英雄人物。

教师及时指导、点评和总结，引导全班同学认真观看，开展合作交流，分享观后感。

> 设计意图：通过小组合作学习、解读作品、交流创作等不同形式的学习活动，充分体现学生学习的自主性、合作性、探究性，培养沟通表达、实践创新能力；通过作品展演，让学生设身处地感受英雄人物的事迹，从中获取精神力量；通过探究英雄精神的现实意义，培养责任担当意识。

（三）成果展示

1. 冯子材人物主题小组解读文艺作品示例

（1）学生解读油画作品《镇南关大捷》

油画中展现的是法军急攻镇南关，已年逾古稀的冯子材身先士卒，带领士兵奋不顾身地冲向法军阵地，挥刀砍杀敌军的场景。整幅作品气势磅礴，人物形象生动，再现了冯子材以国家社稷为重、誓死保卫祖国河山的英雄壮举，讴歌了民族英雄们众志成城、共御外辱的爱国主义精神。

（2）学生解读电影作品《龙之战》片段

冯子材因不满官场，隐居山林多年，年近古稀却能每天练习武功，强身健体，令人佩服。他被重新起用时已经67岁。在接受朝廷任命抗击法军前，他给自己做了一口棺材，以表誓死抗战的决心。

战争中，冯子材身先士卒，军纪严明。伏击法军，生擒雇佣军黑人上尉并与之决斗，刀斩强敌，提振军心。冯子材拒绝法军代表劝降，他说："胜与败，是重要，中国自古就讲和为贵，不免胆小怕事，挨一拳可不还手，踢一脚也能忍受，举刀砍杀也不一定能要了命。可法夷不会因为懦弱而同情你，他们会侵吞所有。"话语间的通透睿智和民族气节直击人心。

（3）学生解读歌曲《冯子材·南关令》

歌曲截取年近古稀的冯子材，在闻知法国践踏中国边疆时，冲冠而起，带领两个儿子奔赴镇南关御敌的历史场景，渲染出了冯子材指挥镇南关之战时官兵一心、英勇杀敌的慷慨场面。歌曲先抑后扬，充分展示了冯老将军的亲情、乡情和民族大义的家国情怀。整首歌曲内容感人，旋律振奋人心，演唱丝丝入扣、抑扬顿挫，有极强的感染力。

2.邓世昌人物主题小组编写剧本示例

不朽的海魂——邓世昌

第一幕

背景：播放邓世昌故居照片、19世纪末上海外滩照片。

旁白：邓氏家族世代经营茶叶生意，开明的父亲很早便带着邓世昌到上海学习英语、科学、天文、算术等知识。

［邓世昌上，作练拳状］［邓世昌父亲上］

邓父：刚刚遇到洋人老师，夸奖你学习勤奋，对数学和物理非常感兴趣，经常阅读这些方面的英语原版书。等你学成，继承家业，我们家生意一定能更上一层楼。

邓世昌：父亲，我学习这些知识一方面是为了传承家业，另一方面更是为了报国之需。我们国家受洋人欺占，皆因洋人依仗工业技术的优势，如果我们能学习外国的先进文明和技术，取其精华，增强我们国家的国力，洋人就不能再侵略我们了。

邓父：你说得不错。我看你学习之余，不忘练功习武。

邓世昌：是的，父亲，强健体魄也是报国之需，我想报考船政学堂。

邓父：为什么会有这种志向？

邓世昌：昨日我游览黄浦江时，见江上外国军舰游弋自如，毫无拘束，久而久之，我关隘要塞，都被他们熟悉了。若我们国家不学习外国用先进武器装备海军、强固海防，一旦洋人挑衅，我们又难以抵御。所以我想去学习海军知识。

邓父：你有报国之志，我很欣慰，但是听说船政学堂开设英语、天文、地理、数学、驾驶、绘图、声学、光学、热学、化学、水重学、电磁学、动静力学等十余种科目，学习任务繁重。

邓世昌：父亲放心，如果我考上，无论如何，我会认真学习，学有所成、学有所用。

第二幕

背景：播放中国船政文化博物馆油画、雕塑照片及"超勇"号、"扬威"号舰艇照片。

旁白：邓世昌在福州船政学堂攻读5年，自始至终奋发学习，自强不息，各门功课考核皆列优等。1881年，北洋海军在英国定制的两艘舰艇完工，邓世昌赴英国接舰。

［邓世昌上场，独白］

邓世昌：我一直遗憾船政学堂毕业后没有去欧洲深造，如今到英国接舰，真是大开眼界。这些日子，我游历了英国海军的主要基地、港口，见识了英国机器大生产的宏伟壮观场面，也看到了各种巨型战舰，终于了解了世界上最强大的海军是什么模样。在学习了英国皇家海军的规章制度和练兵之法后，我才意识到北洋舰队与之相比在训练和管理上的巨大差距。回国后，我还要进一步学习外国先进的军事技术和经验，将这些军事装备和训练方法细心地加以研究，取其长，为己所用，让我北洋舰队真正迈入世界海军强者之列！

第三幕

背景：播放北洋海军的舰艇照片、甲午中日战争形势图。

旁白：邓世昌先后被任命为"海东云"舰、"振威"舰、"飞霆"舰、"致远"舰等兵船管带。1894年7月25日，日本不宣而战，在朝鲜半岛牙山口外的丰岛海面对中国海军发起突然袭击，从而挑起甲午中日战争，清政府被迫于8月1日对日宣战。9月16日，北洋海军舰艇十余艘护送援军至大东沟，并于17日准备返航旅顺。途中与日军舰队相遇。9月17日，大东沟海战爆发了。

背景：海疆系列油画《持危致远》，《一八九四·甲午大海战》中海战场面视频片段。

［邓世昌拿望远镜上，副手陈金揆、4名水兵跟上］

邓世昌：如果战舰在战斗中遇到危险，我们要与军舰共存亡！

众人：与军舰共存亡！

［邓世昌拿望远镜观察敌情，指挥战斗］

陈金揆：大人，旗舰"定远"被炮火打中，丁大人的帅旗被击落，挂信号的绳索被打断，无法继续进行指挥。

邓世昌：传我命令，全速前进，插入敌军阵形中，保卫旗舰。

陈金揆：大人，4艘敌舰将我们包围，距敌过近，敌炮命中率将大大提高，非常危险。

邓世昌（拿起望远镜观察敌情）：传我命令，尽量靠近，全舰大炮全力开火！

陈金揆：是。全力出击！

水兵甲：击中敌舰"比睿"号！

水兵乙：击中敌舰"赤城"号！

水兵丙：击中敌舰"西京丸"号！

水兵丁：击中敌舰"吉野"号！

邓世昌：其他舰只战况如何？

陈金揆：大人，旗舰被围攻，"经远"正在下沉，"扬威""超勇"多处重创，也恐不妙。

邓世昌（放下望远镜）：打了3个小时，敌舰一艘未沉，（握拳）日本舰队就是仗着"吉野"号横行！下令，追击"吉野"号！

水兵甲：邓大人，主炮只剩教练弹了……

水兵乙：我舰右舷被重炮击中，船体倾斜……

水兵丙：内舱起火，鱼雷舱危险……

陈金揆：邓大人，我舰已中弹400余处，是不是向后暂避……

[邓世昌抬手制止陈金揆继续说话]

[沉重配乐起]

邓世昌（摘下官帽）：挂冲锋旗！

陈金揆：邓大人……

邓世昌（大声）：挂冲锋旗！

陈金揆：是！挂冲锋旗！

水兵甲乙（拿出旗帜挥舞）：挂冲锋旗！

邓世昌（沉重）：我辈从军卫国，早置生死于度外，今日之事，有死而已。各位兄弟，冲上去，把"吉野"号撞沉了，我们舰队还可以重新集结起来战斗。冲啊，与他们同归于尽！

众人：冲啊，血战到底！

[众人作颠簸状]

陈金揆（递救生圈）：大人，舰要沉了，快……

邓世昌：事已至此，誓不独生！（趴地上作落水状）

第四幕

背景：展示中国甲午战争博物馆巨幅雕塑群像、辽宁舰、福建舰等照片。

配乐：《深蓝》（作词：冯小宁；作曲：捞仔；演唱：褚海辰）

旁白：邓世昌和"致远"舰全舰官兵250余人壮烈牺牲，一时间，举国震动。邓世昌立志报国、献身海防、大无畏的牺牲精神永远留在我们心中。

朗诵：

是谁立下靖海安邦的志向？

是谁许下精忠报国的诺言？

是谁勇毅坚忍、慷慨献身？

向你致敬——

邓世昌！

中国军人不朽的军魂！

中华民族不屈的脊梁！

今天，

万里海域，航母巡弋。

战鹰掠空，导弹列群。

请你放心！

（合）

捍卫疆土，振兴中华，

强国有我！强国有我！

［谢幕，下］

> 设计意图：通过查找资料、解读文艺作品、编写剧本、演出情景短剧，学生在活动中运用跨学科知识完成相关任务，提升解决问题的能力。

环节四 活动小结

教师：同学们塑造了生动的英雄形象，演绎了英雄本色，让我们感受到英雄们"天下兴亡，匹夫有责"的家国情怀，"从小立志，投身报国"的理想信念，"不畏强暴，视死如归"的民族气节，"淡泊名利，心系百姓"的精神觉悟……英雄们的人生智慧和生命境界是中华民族的宝贵精神财富。让我们在英雄精神的鼓舞下，不忘历史，珍惜现在的幸福生活，成就更好的自己，并将英雄精神转化为爱我中华、报效祖国的强大力量。

活动评价

评价内容	评价标准			评价等级
	A	B	C	
解读文艺作品，创作情景短剧	1.解读文艺作品时能运用多学科知识，准确描述作品的主题与内涵，观点明确，生动具体。 2.编写的剧本能够融合文学艺术的多种元素，情节设计符合历史情境、逻辑清晰，角色分配合理，台词流畅、具有感染力，多角度展示英雄事迹和情怀。	1.解读文艺作品时能描述和分析作品主题与内涵，观点较明确，语言流畅。 2.编写的剧本能够融合文学艺术的多种元素，情节设计基本符合历史情境，台词流畅，展示英雄事迹和情怀。	1.解读文艺作品时能用自己的语言描述作品主要内容。 2.编写的剧本能够融合文学艺术的基本元素，情节设计大致符合历史情境，基本能展现英雄的主要事迹。	
情景短剧的展演	1.扮演角色时，能生动形象地塑造人物形象，展现人物的丰富情感。 2.交流分享观后感时能够很好地表达对英烈的崇敬之情，能明确说出对英雄人生智慧和生命境界的体悟，语言流畅生动。	1.扮演角色时，能较为准确地把握人物特点。 2.交流分享观后感时能够较好地表达对英烈的崇敬之情，能说出自己的体悟，语言流畅。	1.扮演角色时，能够根据剧本表现台词和动作。 2.交流分享观后感时基本能够体现出对英雄人物的崇敬之情，语言基本流畅。	

活动延伸

拓展探究：请选取一位英雄人物，用诗歌、绘画、书法、歌曲等形式进一步表达自己对英雄人物和英雄精神的理解，完成作品后在班级内进行展示和交流。

活动反思

关于什么是理想的跨学科主题学习活动，笔者认为关键是看主题学习活动的选择和落实是否正当其时、是否资源充分、是否脚踏实地、是否达成预期结果。

正当其时，包括两层含义：一是主题学习活动符合学段要求和学生年龄特征；二是主题学习活动能吸引学生充分参与，能服务于现实的学习生活体验和创造的需要。组织"中华英雄谱"跨学科主题学习活动时,选择近代英雄群体是因为这一群体在反抗外来侵略和挽救国家民族危亡中做出了突出贡献,学生对他们的英雄事迹有一定的了解;以情景短剧创作和展演为主要学习活动,能够吸引学生综合运用语文、音乐、美术等多学科知识塑造、演绎自己心目中的英雄人物,与英雄产生共鸣,从他们的事迹中汲取精神力量。

资源充分,指的是落实跨学科主题学习活动任务所需要的各种资源较容易获取,能积极地为学生开展真实的学习活动赋能。主题学习活动中,活动资源可以在互联网或图书馆获得,种类丰富且符合学生认知,搜集整理资源的过程可以提升学生获取与整合信息的能力。

脚踏实地,是指教师对跨学科主题学习活动的实施进行细致的过程管理——目标定位、任务设计、活动开展、成果分享、评价总结等,都要落在实处,让学生体验运用多学科知识、技能、思想等协同解决问题并提升综合素养的学习过程,养成在学习生活中自觉运用跨学科学习方式解决问题的积极态度和习惯。本主题活动设计了三个目标,为达成目标分别设计了三个对应的任务,采用项目式学习的方式,依次开展学习活动,形成项目成果,学生由此获得真实的情感体验和学习收获。活动评价的内容紧紧围绕本主题学习活动的项目成果展开,与学生活动过程保持一致,让评价管理也落到实处。

是否达成预期结果,对跨学科学习来说,不仅是看最后学生呈现出来的"作品",更要看学生在完成学习任务的过程中,是否发展了思维,提升了合作品质及综合能力素养。本次主题学习活动中,围绕学习主题,教师引导学生开展自主学习、小组交流合作、全班互评讨论等不同形式的学习活动,既有个性化研习,又有团队互助启发,充分体现学生学习的自主性、合作性、探究性。

关于学习活动的设计与开展,尚存在一些疑惑,如:选择、解读文艺作品时是否会陷入片面认识历史人物的误区;如何避免低估或夸大历史人物的作用;等等。

参考资源

一、著作

1.高希中:《反省与重建:新中国成立后历史人物评价问题的理论考察》,中国社会科学出版社,2017年

2. 史全生:《抗法名将冯子材》,南京出版社,2016年

3. 夏菲:《关天培传》,北京时代华文书局,2016年

4. 萨苏:《寻找邓世昌:北洋水师名舰追踪纪实》,同心出版社,2015年

5. 林庆元:《林则徐评传》,南京大学出版社,2011年

二、网络资源

1. 林则徐纪念馆 http://www.lzxjng.cn/

2. 中国甲午战争博物馆 http://www.jiawuzhanzheng.cn/

附录

资料1:

林则徐:(沉痛地)自鸦片烟流入中国,其初不过纨绔子弟习为浮靡,嗣后上自官府缙绅,下至工商优隶,以及妇女、僧尼、道士都在吸食。广东每年漏银至三千余万两,合之各省,又有数千万两。耗银之多,由于贩烟之盛,贩烟之盛,由于食烟之众。现在要加重罪名,必先重治吸食。盖以衙门中吸食最多,幕友、官亲、长随、书办、差役,嗜鸦片者十之八九,都是力能包庇贩卖之人,若不从此严起,这等人正要烟贩子为之源源接济,怎肯破案以断来路?是以开馆者应拟绞罪。先时虽有论死之法,届期并无处死之人。既然届期竟无处死之人,而此后所保全之人且不可胜计,以视养痈遗患,又孰得而孰失邪?当鸦片未盛行之时,吸食者不过害及自身,故杖刑放逐已足治罪;待到流毒遍布天下,则为害尤烈,法当从严。(停顿)如若还是弛政废令,迟缓看待,则不用多久,数十年后,(高声)中原既无可以御敌之兵,国库且无可以充饷之银。兴思及此,能无股栗!(因激动而双腿颤栗,竟至饮泣)

道光帝:(猛然高喊)好一个林则徐!(下殿迎接)

(琦善与穆彰阿茫然交换眼色)

道光帝:少穆!你是严禁派的喧呼者、力行者,(赏识溢于言表)你的奏折写得好,非常之好!(取出御案上奏折,对群臣)尔等听着!如若还是弛政废令,迟缓看待,则不用多久,数十年后,中原既无可以御敌之兵,国库且无可以充饷之银。兴思及此,能无股栗!(亦因感动而哽咽)林爱卿,朕感谢你。

林则徐:(跪地叩首)臣诚惶诚恐,谢主隆恩!

道光帝：我大清国定鼎二百年，道光朝建政二十载，有谁见过（拍打奏折）这般至理至情的文字，这般醍醐灌顶、振聋发聩的警策！（转对林则徐）大哉林则徐！伟哉林则徐！中流砥柱，国之干城，青史之循吏，神州之忠贤，大清国之骄傲！朕意已决，敕赐林则徐钦差大臣、兵部尚书兼领广东水师！奉尚方宝剑，便宜行事，克日前往广东禁烟！

……

魏　源：（从书担中取出《四洲志》）《四洲志》完璧归赵！（又取出《海国图志》）《海国图志》，五十卷，倘若天假以年，再续写五十卷！

林则徐：（捶魏源）默深，了不起！我感谢你！

魏　源：少穆，你还读它吗？

林则徐：不让我读？我留给后人读！也为后代子孙感谢你！（又捶魏源）

魏　源：几时启程去伊犁？

林则徐：明日。

魏　源：与其说流放，毋宁说是强制性的观光考察，这是官场独享的福利啊。明日，我到长安老城西门助你壮行。（揖别，带阿端下）

林则徐：谢谢默深！淑卿，孩子们，我远戍伊犁，汝舟是翰林院编修，循朝廷老例，不能出关，就在西安陪你伊妈东归，我有尺书赠你们伊妈……（取书法）

郑淑卿：（噙泪）嗯嗯。我是注定一世人陪家书过日子了！

林汝舟：（念）"苟利国家生死以，岂因祸福避趋之。"

林则徐：聪儿、拱儿随我西行，伊犁虽苦，可以历练，学些书本以外的道理，至少看看我们国家如斯辽阔、何等壮观！

林聪彝、林拱枢：伊爹放心前行，孩儿听命！

——摘编自郭启宏：《林则徐》，《剧本》2020年第1期，第7—12页、第43—44页。

资料2：

忠义两全的关天培，谨遵着母亲在其儿时的谆谆教导，时时刻刻把国家放在心上，但是，他也时时刻刻牵挂着母亲。

当林则徐在广东禁烟的时候，正好是关天培母亲的八十大寿，作为孝子的关天培,当然不会忘记如此重要的日子。于是,他请人为母亲绘制了《延龄瑞菊图》,并且亲自在上面题写了《延龄瑞菊图自述》……而关天培又在第二年的时候,邀请了林则徐、邓廷桢在图卷中题诗。林则徐写道:……一品斑衣捧寿卮,九旬慈母六旬儿。功高靖海长城倚,心切循陔老圃知。浥露英含堂北树,傲霜花艳岭南枝。起居八座君恩问,旌节江东指日移。

事实上,这首诗意味深长。……首联说,穿上五彩斑斓的戏装,捧起酒杯,六旬的儿子为八旬的老母亲祝寿。句中用"一品斑衣""九旬慈母"别有含意:"一品"既可以解释为"上品""第一等",又可以理解为官阶。关天培时官居"二品",隐含祝关官阶升迁,而关母时年八十有一,不写"八旬"而写"九旬",则有祝关天培老夫人健康长寿之意。颔联中的"循陔"一词典出《诗经·小雅·南陔》:"循彼南陔,言采其兰。眷恋庭闱,心不遑安。"后以奉养父母为"循陔","老圃"即指关天培。此联说,你在南海劳苦功高,是国家海防的柱石,你急切地想回乡侍奉慈亲,这一点你我心里都知晓。颈联主要描绘了傲霜的秋菊美色花艳岭南,遥祝关母八十寿诞。末联诗人笔锋一转点题:皇上对大臣的起居升迁是关心的,诗中透露了一个信息,我办完"禁烟钦差",将出任两江总督,到那时,我们"旌节东移",一起回江苏,完成你忠孝两全的心愿。

——摘编自夏菲:《关天培传》,北京时代华文书局,2016年,第87—90页。

资料3:

百年痛史湿战衣,千堆忠骨掩萃旗。万里危城风飘絮,烽火南关存一息。龙潭卧虎听风雨,短衣草履古来稀。迟暮丹心驻战马,再听一声,卖荔枝。山河破碎,英雄无觅,残花遍地重收拾。冲冠而起,我在这里,断鸿声中吼一句。笑谈生死,何畏何惧,但求无愧对天地。十万众山,听我号令,誓用狼血祭龙旗。

——摘编自《冯子材·南关令》(作词:谢勇云;作曲:方舒;演唱:周澎),微信公众号"钦州广播电视台",2018年7月28日。

资料4：

油画《镇南关大捷》

（作者：涂志伟，邵增虎；尺寸：280×180cm；创作年代：1988年）

——摘编自中国人民革命军事博物馆网站"馆藏文物"之"艺术品鉴赏"栏目，http://www.jb.mil.cn/gcww/yspjs/yh/201705/t20170531_24193.html。

资料5：

油画《中华英雄——邓世昌》

（作者：陈可之；尺寸：210×146cm；创作年代：2014年）

——摘编自《陈可之油画作品入藏》，中国国家博物馆网站"国博要闻"栏目，2022年9月28日，https://www.chnmuseum.cn/zx/gbxw/202209/t20220928_257438.shtml。

三 赏古代钱币 品中国历史

学科	历史	设计者	王浪花、王伟民	教材版本	统编版
课程内容模块	中国古代史					
相关领域课程	历史、美术、科学、数学等				
活动主题	小钱币，大历史——赏古代钱币 品中国历史				
课时安排	2课时				

活动背景介绍

钱币，是人类经济活动的产物，也是一种文化现象。中国是世界上较早使用钱币的国家之一，使用钱币的历史长达四千年之久。中国古代钱币的发展历史，见证了中国的悠久文明。古钱币的发行及古钱币背后的故事，蕴藏着解读中国社会政治经济演进和中国历史发展脉络的诸多密码。一部中国货币发展史，就是一部中国金融演变史，也是一部浓缩的中国通史。时代不断发展，促使我们追根溯源，去探究钱币的前世和今生，初步了解经济史和金融知识，提升实践能力和金融素养。

活动主题分析

一、课标要求

《义务教育历史课程标准（2022年版）》在学习主题"小钱币，大历史"中指出：本主题的设计，旨在引导学生整理中外历史上货币的发展情况，使学生对中外货币发展史形成基本认识。

二、学情分析

在学习中，学生们对钱币知识已有一定了解，如：小学《语文》课文《贝的故事》等，讲解了有关"钱"的知识；小学《数学》课文《认识人民币》《百分比》等，介绍了人民币及单位换算；初中《语文》课文《卖炭翁》《孔乙己》等，提及过古代"钱币""铜钱"；初中《中国历史》课文《秦统一中国》《西汉建立和"文景之治"》《汉武帝巩固大一统王朝》《盛唐气象》《宋代经济的发展》等展示了"半两钱""五铢钱""开元通宝""交子""会子"等各时期的钱币图片。在生活中,学生们对作为文物的古钱币可能也有了解与认识。但是,学生对于古钱币的认识多限于其基本形制,对于与钱币相关的金融知识的了解还比较欠缺。开展与钱币相关的活动,有助于学生提升兴趣,增强金融素养。

三、活动主题及立意

(一)活动主题

根据课标要求,结合学生的实际情况,活动主题定为"赏古代钱币 品中国历史"。通过古代钱币的鉴赏活动,形象感知古钱币;通过"读""触""悟",了解中国古代钱币发展的基本历程,赏析古钱币所反映的书法艺术与铸造工艺,以及古钱币承载的中国悠久历史文化。

(二)活动立意

一枚枚古钱币,反映出古代中国人民的智慧,也反映出中华民族深厚的文化底蕴。通过赏析古代钱币的一系列活动,有机融合历史、美术、科学、数学等领域的相关知识,对古钱币进行综合探究,让学生感知古钱币背后的文化内涵。

在活动中,通过查找、阅读史料,完成自主学习任务单,培养学生的史料实证等能力;通过研学活动,参观博物馆古钱币展和制作古钱币模型,使学生熟悉古钱币,感受古钱币所隐含的艺术魅力,增强发现美、创造美的实践能力;通过分类整理和展示研学收获,如古钱币照片、图片、模型等,增强观察力、思考力;通过分享活动过程的感悟与收获,增强学生对祖国和民族历史的自豪感和认同感。活动以研学实践为主要形式,以展示研学收获和分享感悟为主要成果。

知识图谱

领域	相关课程内容			
	历史	美术	科学	数学
秦朝	半两钱成为全国通行货币	小篆字体,圆形方孔	用钱范铸造铜钱	半两重量在8克左右
西汉	铸币权收归中央,全国通行五铢钱	小篆字体,圆形方孔,有外廓,更规整	铜范法或泥范法	五铢重量在3.5—4克

（续表）

领域	相关课程内容			
	历史	美术	科学	数学
唐朝	使用开元通宝钱	隶书字体，圆形方孔，正面为"开元通宝"文字，背面有月纹、星纹等	翻砂法铸造	开元通宝钱重量在4克左右
北宋	世界上最早的纸币交子出现	小楷字体，长方形，图案丰富，朱墨间错	造纸术和印刷术发达，用纸制造	计量单位以"贯"为单位
元朝	纸币元钞成为流通货币	汉文、蒙文同存，长方形，图案、文字丰富	桑皮纸制造，铜版印制	计量单位以"文""贯"为单位
明朝	白银成为主要货币	文字为工匠所刻铸，包含铸地名、重量和银匠姓名等信息，元宝形为主	用白银铸造，镌刻文字用阴、阳文两种方法	计量单位以"锭""两"为主，大元宝重五百两，一锭五十两
清朝	白银使用范围扩展到全国	文字含银局名、私银钱号等信息，形状多样，有马蹄形、锤形、馒头形等，亮色与其纯度有关	用白银铸造，各地设有银炉，自行铸造多	计量单位以"锭""两""钱"为主，大、中、小锭分别是五十两、十两、一二两到三五两，碎银重一两以下

目标、任务与方法

一、目标

1.搜集与古钱币相关的图片与材料，梳理古代钱币发展的主要脉络。

2.参观博物馆古钱币展，学会制作其中某一种古钱币的模型，感知古钱币所蕴含的古代劳动人民的智慧。

3.展示研学的成果，分享与交流"读""赏""触"古钱币过程中的思考与收获，提升对中国古代钱币文化的认识。

二、任务与方法

任务1：准备篇——完成自主学习任务单，落实"读"钱之思。

方法：

（1）搜集、整理、阅读、观看中国古代钱币的相关资料，包括文字、图片、视频等。

（2）通过个人自主学习，完成自主学习任务单。

任务2：实践篇——制订并实施研学活动方案，实践"赏"钱之行。

方法：

（1）制订研学方案。

（2）强调相关的注意事项，如准备好照相机和笔记本，进行摄影、摄像，记录观察重点、书写参观心得等。

（3）实施研学方案，有序、有趣、有获地研学。

任务3：展览篇——将参观博物馆古钱币展后的研学成果和制作出的古钱币模型进行展览，展示"触"钱之获。

方法：

（1）分类整理学习的收获，包含研学活动中拍摄的古钱币照片、网络搜索到的古钱币图片、制作的古钱币模型等成果。

（2）布置展示环境，将班级或场地布置成可供参观、展览的形态。

（3）同学们有序参观、欣赏古钱币，观察材质、形状、纹饰、文字等各个方面特征，并作总结和思考。

任务4：分享篇——分享"悟"钱之道，总结活动过程的感悟与收获，体认古钱币承载的中国悠久历史文化。

方法：

（1）回顾活动流程并书写感悟。

（2）选派代表分享感悟。

活动步骤

环节一　布置任务

首先，学生广泛搜集、整理和学习中国古钱币的相关资料，如文字、图片、视频等。其次，布置具体任务如下：

根据任务1，通过自学，完成自主学习任务单，落实"读"钱之思。

根据任务2，制订并实施研学活动方案，实践"赏"钱之行，含参观博物馆古钱币展和实践制作古钱币模型两部分。

根据任务 3，分类整理在博物馆参观过程中拍摄的古钱币照片、网络搜索的古钱币图片、制作的古钱币模型等成果，从而展示"触"钱之获。

根据任务 4，总结活动的收获，分享"悟"钱之道，提炼活动的主题，表达内心的感悟。

环节二　学生自学

☆ 自主学习任务单 ☆

1. 列出中国古代历史上具有代表性的钱币。

预设：半两钱、五铢钱、开元通宝、交子、银锭等。

2. 说一说半两钱的外形特点。

预设：

半两钱——钱币特点：圆形方孔，体现古人天圆地方观念，同时，外圆象征天命，内方代表皇权，也象征君临天下、皇权至上的思想。从此钱币形状固定，半两钱成为全国通行货币。"半两"二字为小篆，是秦朝统一全国后的官方文字，体现了钱币的重量。

3. 北宋时期为什么会出现纸币？

预设：北宋时使用的纸币是交子。商贸的繁荣促进了货币使用量的增长，金属货币携带不方便；雕版印刷技术越来越成熟。

环节三　课堂展示

（一）情境导入

教师：大家知道我国现在的法定货币是什么吗？

学生：人民币。

教师：人民币就是我们生活中的"钱"。钱对我们每个人的生活都十分重要，钱不仅反映出国家的经济发展状况，也折射出民族的历史文化特征。人民币是我们今天的"钱"，那中国古代的"钱"有哪些？今天，就让我们一道"赏古代钱币　品中国历史"。

学生展示自主学习任务单，回答教师提问。

> 设计意图：通过问题创设情境，由今溯古，从而导入活动主题。

（二）活动过程

1. 实践篇：落实"赏"钱之行，完成任务 2 的要求

制订研学方案，要求包括研学时间、研学地点、研学对象、研学任务、研学提示等。

2. 展览篇：展示"触"钱之获，完成任务 3 的要求

展示物品：研学过程中拍摄的古钱币照片、网络搜索的古钱币图片、学生动手制作的古钱币模型等各种成果。

展示方案：全班桌椅布置成可供参观、展览的形态，并将全班同学搜集整理的古钱币按照片、图片、模型的类别做好标签，以分类的方式进行展示。

全班同学在轻松的氛围中参观、欣赏，注意观察古钱币的材质、形状、纹饰、文字等方面的特征。

3. 分享篇：分享"悟"钱之道，完成任务 4 的要求

可针对活动中的某一环节或某一种古钱币分享活动感悟，总结活动收获。

> 设计意图：活动过程通过三步推进，即实践、展示、分享，让学生在"赏"钱、"触"钱、"悟"钱等一系列活动中动起来，提升学生综合探究的能力。

（三）成果展示

1. 实践篇

"赏古代钱币　品中国历史"研学活动方案

研学时间：周末或法定节假日

研学地点：××博物馆（交通方便，距离学校较近）

研学对象：××学校七年级××班级

研学任务：（1）参观博物馆古钱币展，实地观赏中国古钱币，感知古钱币的外形特点，对古钱币有形象的认知。

（2）在博物馆互动体验区制作古钱币模型，增强动手能力，提升创造力（条件有限则返校完成）。

研学提示：（1）时间上安排紧凑，参观时有序，注意人身安全和文物安全。

（2）在参观古钱币展的过程中拍摄自己感兴趣的古钱币照片。

（3）根据拍摄的古钱币照片制作模型。

2.展览篇

(1)照片区(以实际拍摄照片为准)

(2)图片区

①六国及秦朝钱币(参见统编版初中《中国历史》七年级上册,2016年,第47页)

②西汉五铢钱(参见统编版初中《中国历史》七年级上册,2016年,第59页)

③唐朝开元通宝(参见统编版初中《中国历史》七年级下册,2016年,第13页)

④北宋、南宋纸币拓片(参见统编版初中《中国历史》七年级下册,2016年,第45页)

(3)模型区

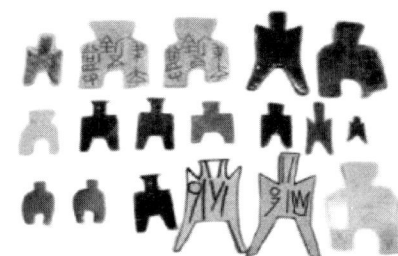

①春秋战国钱币模型1—2组

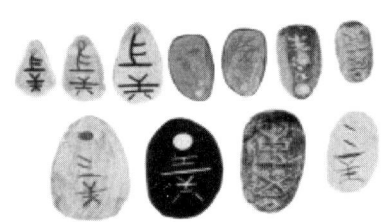
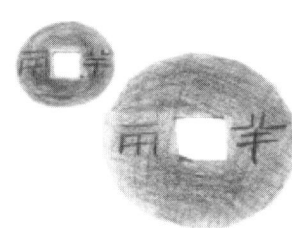

②春秋战国钱币模型3—4组

3.分享篇

"中国古代钱币发展趋势一览表"示例

时期	代表货币	钱币发展趋势
商周时期	铜贝	从自然货币到人工货币
秦朝	半两钱	从杂乱形状到规范形状
西汉	五铢钱	从地方铸币到中央铸币

（续表）

时期	代表货币	钱币发展趋势
唐朝	开元通宝	从文书重量到通宝、元宝
北宋	交子	从金属货币到纸币
明清	银锭	从纸币、宝钞币到白银流通

活动心得示例

一枚枚钱币经过人们铸造，来到世间，就开始了与世间打交道的历程：它们身上的文字和花纹代表着它们的身份，反映着它们生活的时代，它们见证着各式各样的商品贸易，它们辗转在各式各样的场合，它们不断变化着自己的归属地。总之，它们见证着悠久的岁月和历史，它就是历史的缩影。

> 设计意图：通过逐一展示"实践篇""展览篇""分享篇"成果，让学生从形象的感知，到具象的感受，再到抽象的感悟，层层深入，促进学生观察力、审美力、思考力的提升。

环节四 活动小结

教师：在"小钱币，大历史"之"赏古代钱币 品中国历史"的活动中，首先大家查找、阅读史料，完成自主学习任务单，落实"读"钱之思；接着，大家实践"赏"钱之行，参观了博物馆古钱币展和参加了古钱币模型制作活动，对古钱币的外形有形象的感知，对古钱币所隐含的中国艺术魅力和文化有所感受；之后，我们展示"触"钱之获，分类整理和展示全班同学在研学过程中拍摄的古钱币照片、制作的古钱币模型、绘制的古钱币图片和搜集的古钱币实物等，我们在实践中观察，在动手中成长；最后，我们分享了"悟"钱之道，体悟了古钱币承载的中国悠久历史文化，拥有了自己的深刻体悟。总之，整个过程，内容充实，大家的收获满满。让我们未来继续关注"钱"，研究"钱"，并挖掘"钱"背后更多的价值！

活动评价

评价内容	评价标准			评价等级
	A	B	C	
研学实践	1. 能积极参加研学活动，认真用心完成"赏"钱之行。 2. 能制作3种及以上古钱币模型。	1. 较积极参加研学活动，较用心完成"赏"钱之行。 2. 能制作2种及以上古钱币模型。	1. 能参加研学活动，能完成"赏"钱之行。 2. 能制作至少1种古钱币模型。	
钱币展览	能有序合理呈现和展示在研学活动中拍摄的古钱币照片、网络搜索的古钱币图片、制作的古钱币模型等。	能分类呈现和展示在研学活动中拍摄的古钱币照片、网络搜索的古钱币图片、制作的古钱币模型等。	能简单呈现和展示在研学活动中拍摄的古钱币照片、网络搜索的古钱币图片、制作的古钱币模型等。	
分享收获	1. 能清晰正确地分享自主学习任务单上的问题。 2. 能清晰深刻地分享赏古钱币的感悟。	1. 能较清晰正确地分享自主学习任务单上的问题。 2. 能较清晰深刻地分享赏古钱币的感悟。	1. 能分享自主学习任务单上的问题。 2. 能分享赏古钱币的感悟。	

活动延伸

拓展探究：请选择外国的一种古钱币进行探究，从历史、美术、科学、数学等多学科的角度去解读，在此基础上比较它与同时期中国古钱币的异同。

活动反思

跨学科主题学习是新课程标准增加的重要学习板块，与传统教学相比，更重视学习活动的综合性、实践性、多样性、探究性。对教师来说，组织跨学科主题学习活动，不仅要改变教学理念，还要积极探索实践，以学生为主体，引导学生将历史学习与现实探究有机结合，将史料研习与社会实践有机配合，促使学生将学科知识应用于社会问题的探索解决，促进学生的全面发展。

在选择本主题活动时，笔者有如下思考：

首先，呈现课题的综合性。跨学科主题学习是要综合运用多学科知识与技能，贴近社会、贴近生活去探究、解决问题。一枚小小钱币里承载着岁月，包含有历史、美术、科学、数学等多学科的学问；多枚钱币串在一起，就成为一部大历史。我们借此可将多学科领域的知识进行整合，综合利用多种方法，将史料研习与社会实践有机结合。

其次，充分尊重学生的主体性。跨学科主题学习活动应充分体现新课程理念，如：树立以学生为中心的教学观念，重视学生自主探究的学习活动，鼓励教学方式的创新。因此，在主题活动设计时，要让学生学会自主探究和分享。在本主题活动中，学生有独立的思考、阅读、观察，也有集体参与和分享，这些都有助于实现深度学习的目标。

再次，探究过程体现实践性、可操作性。本主题活动以钱币为线索，通过一系列的"动"词连接："读"钱、"赏"钱、"触"钱、"悟"钱，能让学生真正"动"起来。

最后，在制定教学评价标准方面，按照新课标要求的历史学业质量标准，综合评量学生的唯物史观、时空观念、史料实证、历史解释、家国情怀等核心素养的达成度，学生核心素养和学习能力的培育贯穿于主题学习活动始终。

参考资源

一、著作

1. 孟建华：《中国货币简史》，上海书店出版社，2022年
2. 王永生：《三千年来谁铸币：50枚钱币串联的极简中国史》，中信出版集团，2019年
3. 张一晗著绘：《钱趣儿：读钱就是读历史》，湖南少年儿童出版社，2018年
4. 谢宇主编：《中国钱币收藏与鉴赏全书》，天津古籍出版社，2005年
5. 《中国钱币大辞典》编纂委员会编：《中国钱币大辞典：考古资料编》，中华书局，2006年
6. 汪圣铎：《中国钱币史话》，中华书局，2004年

二、网络资源

1. 中国钱币博物馆 http://www.cnm.com.cn/
2. 交子金融博物馆 http://www.jiaozi-museum.com/

附录

资料1：

半两钱是我国货币发展史上的第一个里程碑……

秦朝通过半两钱统一了全国币制，确定了统一货币的种类、名称、形制及单位，由政府垄断了铸币权，第一次从制度上禁止了民间的私铸……将战国时期各种原始形态的货币统一在了圆形方孔式样下，使中国货币的形态从此固定下来，延续使用两千多年直至清末，并影响到周边一些国家及地区，形成了东方货币文化体系，影响深远，意义重大。因此，我们说秦半两钱是中国货币发展进程中的第一个里程碑。

汉武帝在秦朝统一货币形制的基础上，又完成了铸币权的最终统一并确立了五铢钱的铸造标准……五铢钱是汉初币制改革的结果，确立了铜钱的重量标准，是历史上行用时间最长的钱币，对后世产生了重要影响，是我国货币发展史上的第二个里程碑……

唐代是我国古代货币制度的确立时期，开元通宝在货币史上有重要地位，可以被视为我国货币发展史上的第三个里程碑……"开元通宝"是年号钱吗？可能很多人都会认为它是年号钱，因为唐朝有"开元"这个年号，为唐玄宗李隆基所用，因此误以为开元通宝是唐玄宗所铸造的年号钱……开元通宝钱币虽然不是年号钱，但是，却是由它告别了五铢钱的称量货币时代，开创了我国通宝年号钱的新时代，直至清末被机器铸造的铜圆取代，延续使用了1200多年，在我国货币发展史上占有重要的地位……

宋代钱币的复杂性主要体现在，除了使用传统的铜钱之外，又铸造了大量的铁钱以及纸币的发明和使用。嘉定铁钱繁杂的钱文，可谓空前绝后，成为货币史上的不解之谜。交子作为世界上最早的纸币，极富创意……

——摘编自王永生：《三千年来谁铸币：50枚钱币串联的极简中国史》，中信出版集团，2019年，第2、44、116、198页。

资料2：

半两钱因为肩负了统一货币的使命，因此，我们的关注点就不能仅仅限于它的文字、形制以及面值，还要从中国古代货币发展史的视角，来谈谈它所发挥的里程碑式的重要意义。

首先是规定了货币的种类和名称。

秦朝统一后的货币分为"上币"和"下币"二等制。贵金属黄金价值高，主要供社会上层的贵族使用，单位为镒，称为"上币"；以贱金属铜为币材的货币名为"铜钱"或只称"钱"，因为价值较低，主要用于社会下层民众的日常小额使用，单位为半两，称为"下币"。

其次是统一了货币的形制和单位。

半两钱的货币形制为圆形方孔，这象征了古代天圆地方的宇宙观。正面铸"半两"二字，既是纪重，又是货币单位……从此，圆形方孔钱成为中国古代货币的基本形制，并延续使用了两千多年，甚至东亚、东南亚、中亚的很多国家也铸造使用圆形方孔钱，并因此形成了以"圆形方孔"为特征的东方货币文化体系。

再次是垄断了铸币权，禁止民间私铸。

……根据历史分析并证以近年新出土的秦简，我们完全可以证明秦朝是禁止民间私铸的，铸币权完全由政府垄断。

最后是制定了全国统一的货币法。

秦朝统一之后，为了彻底消除六国原来使用的各式旧钱，确保全国货币在种类、名称、重量、形制、单位、铸造等方面的统一，制定了全国统一的货币法。出土秦简中的《金布律》《贲（资）律》就是秦代的货币法令，对有关货币的储藏、流通以及回收等诸多方面都做了具体的规定。

——摘编自王永生：《三千年来谁铸币：50枚钱币串联的极简中国史》，中信出版集团，2019年，第39—41页。

资料3：

明初，白银并不是合法货币，明朝禁用金银交易……后由于政府滥发宝钞，民间开始自发使用白银，官方赋役也逐渐改为白银上缴，白银逐渐成为流通领域中的主要货币。到16世纪中叶，明政府停发宝钞，并正式确立了白银的官方合法地位。但明朝银矿稀缺，国内开采的白银不足以应付政府开支。面对银荒危机，从16世纪中后期开始，明政府开放海禁。通过对外贸易，相当大部分美洲白银流入中国。作为当时世界上最大的经济体，中国以白银为主要货币，从而促使白银成为世界货币。围绕白银,形成了一个世界贸易网络。

——摘编自万明:《明代白银货币化:中国与世界连接的新视角》,《河北学刊》2004年第3期。

资料4:

清江县"扣除力夫"银五十两银锭(明)

大清宝钞二千文(清)

四 丝路瑰宝：文物会说话

学科	历史	设计者	何慧敏、桂璇	教材版本	统编版
课程内容模块	中国古代史					
相关领域课程	历史、地理、语文、科学、艺术等				
活动主题	历史上的中外文化交流——丝路瑰宝：文物会说话				
课时安排	2课时				

活动背景介绍

丝绸之路包括陆上丝绸之路和海上丝绸之路，绵亘万里，延续千年，是古代沟通东方文明的桥梁。历史启迪现实，"一带一路"的倡议提出后，得到了亚非欧许多国家和地区的广泛响应，千年丝路正焕发勃勃生机。

丝绸之路沿线留下了大量见证丝路历史的文物，它们反映了世界各国的文明成就。整理丝绸之路文物资料，了解文物、鉴赏文物、讲述文物故事，可以更具体地感受丝绸之路沿线国家和人民在文化交流中彼此汲取灵感、互学互鉴的历史，认识世界各国的文明都有自己独特的价值，正所谓"美美与共，天下大同"。

活动主题分析

一、课标要求

《义务教育历史课程标准（2022年版）》在学习主题"历史上的中外文化交流"中指出：本主题的设计，旨在引导学生在历史课程学习的基础上，对中外文化交流进行梳理和研究，不仅有助于学生学习历史，而且有助于学生树立正确的世界观和文化观。

二、学情分析

学生对丝绸之路已有一定认识，学习过相关知识，如初中《语文》课文《凉州词》《送元二使安西》《三借芭蕉扇》和《沙漠之舟》等均反映了丝路景象；初中《地理》课文《我们生活的大洲》《我们邻近的地区和国家》《东半球其他的地区和国家》等，介绍了丝绸之路沿线部分地区、国家的地理位置、生态环境、发展现状和文化特征；初中《中国历史》课文《沟通中外文明的"丝绸之路"》《唐朝的中外文化交流》叙述了张骞出使西域、玄奘西行、鉴真东渡等历史事件。学生通过课外读物，对丝绸之路也有一定的了解。但多数学生对于丝绸之路相关文物的了解并不充分，特别是对丝路文物与东西方文化交流之间的联系较少涉猎。基于以上考虑，确定了本活动主题。

三、活动主题及立意

（一）活动主题

根据课标的要求，结合丝绸之路的内容，本活动主题定为"丝路瑰宝：文物会说话"，通过搜集丝路文物相关资料，鉴赏丝路文物，讲好丝路文物的故事，认识丝绸之路对东西方文化交流的重要作用，树立平等、互鉴、对话、包容的文明观。

（二）活动立意

丝绸之路文物是丝路的历史见证，再现了丝路上的文明交流、碰撞与融合。搜集丝路文物资料，了解丝绸之路在东西方文化交流中的作用；鉴赏丝绸之路文物，理解和尊重文化的多样性；开展丝绸之路文物故事会，了解中国与世界的联系，感受人类文化的多样性，认识中华文明对世界文明发展所做的贡献。

知识图谱

领域	相关课程内容				
	历史	地理	语文	科学	艺术
秦汉时期	新疆尼雅遗址、南越王墓、广西北海合浦县墓葬群等	陆上丝绸之路的自然地理、人文地理	与陆上丝绸之路相关的文学篇章，如《乌孙公主歌》《西极天马歌》《霍将军歌》	丝织技术 漆器工艺 玻璃技术 陶瓷工艺	雕塑 壁画
隋唐时期	何家村窖藏、章怀太子墓、长沙铜官窑、法门寺地宫、扬州唐城遗址、"黑石号"沉船等	丝绸之路的自然地理、人文地理	与丝绸之路相关的文学篇章，如《酬南海马大夫》《江南春》《秦州杂诗》	造船技术 罗盘技术 航海技术 颜料配调	金银器 玻璃器皿 珐琅器 织锦
宋元时期	"南海Ⅰ号"沉船、新疆伊犁阿力麻里古城、泉州磁灶窑等	宋代海外贸易路线、宋元时期发达的中西交通	与丝绸之路相关的文学作品，如《题共乐亭》《河中春游有感》《壬午西域河中游春》《赠高善长一百韵》	绘制技术 金银的冶炼技术 鎏镀工艺 ……	书画 乐器 ……

（续表）

领域	相关课程内容				
	历史	地理	语文	科学	艺术
明清时期	"碗礁Ⅰ号"沉船、"南澳Ⅰ号"沉船、广州十三行等	地球知识的更新、早期全球化的开始	与丝绸之路相关的文学作品，如《赠西僧》		

目标、任务与方法

一、目标

1.搜集、整理不同历史时期丝绸之路文物的图文资料，根据搜集的文物图片在地图上标注其出土的地点，了解丝绸之路的时空特点与东西方文化交流的盛况。

2.选取具有代表性的丝路文物，从多学科的视角鉴赏文物，从"文物会说话"的角度撰写文物解说词，体会东西方文化的交流互鉴，理解和尊重文化的多样性。

3.开展丝路文物故事会，分享丝路文物背后的故事，认识丝绸之路在东西方文化交流中的桥梁作用。

二、任务与方法

任务1：整理丝路文物资料

方法：

（1）以小组为单位，通过图书馆或者网络资源平台，搜集不同历史时期丝路文物的图文资料。

（2）整理文物资料，制作表格记录文物基本信息，在地图上标注相应文物出土的地点。

任务2：写丝路文物解说词

方法：

（1）进一步研究、分析文物资料，每位同学挑选最能体现东西方文化交流作用的一件文物。

（2）充分挖掘此文物特征，撰写丝路文物解说词，解说词500字以内。

任务3：讲丝路文物故事

方法：

（1）小组合作交流，搜集、挑选能反映东西方文化对话的丝路文物故事，可适当改编，标明资料出处。

（2）故事分享的形式可以多样，建议小组分工完成，可以选择制作PPT、制作微视频、创意宣传画、自编歌曲、手工制作等方式辅助表达。时间3—5分钟。

（3）通过小组互评，票选出最佳故事大王。

活动步骤

环节一　布置任务

布置任务1，依据研究对象的不同，将学生分为4个小组，每组若干人，分别搜集不同历史时期丝绸之路文物的图文资料。具体人员分配如下：秦汉时期（A组：组员8人）；隋唐时期（B组：组员15人）；宋元时期（C组：组员15人）；明清时期（D组：组员10人）。

任务步骤如下：

（1）小组成员按照要求收集图文资料，甄别、精选20—30件典型文物的相关资料（文物的特征要求能反映东西方文化交流交融的特点）。

（2）整理文物资料，制作表格记录文物相关信息。

（3）各组成员在地图上相应标注文物出土的地点。

（4）了解丝绸之路的时空特点与东西方文化交流的盛况。

布置任务2，可观看《如果国宝会说话》《国家宝藏》等节目、各大博物馆数字化丝绸之路文物展的资源，从"文物会说话"的角度撰写文物解说词。从多学科视角鉴赏文物，特别是能反映东西方文化交流交融特点的文物，撰写解说词。

布置任务3，各小组成员组内合作交流，聚焦东西方文化交流，讲述丝绸之路文物故事。可通过查阅图书馆或网络资源，搜索关键词如"丝绸之路文物故事""丝绸之路文化交流""丝路故事"等，可展开合理想象适当改编，500—800字。分发活动评价表，以小组互评的方式，选出最佳故事大王。

环节二　学生自学

☆ 自主学习任务单 ☆

1.列举与丝绸之路相关的历史人物。

预设：张骞、甘英、法显、玄奘、鉴真、郑和、马可·波罗、鲁布鲁克等。

2.写出与丝绸之路相关的重大历史事件。

预设：张骞出使西域、汉武帝开辟经东南亚至印度的海上通道、班超出使西域、设西域都护、甘英出使大秦、大秦遣使与汉修好等。

3.列举与丝绸之路相关的文物。

预设：鎏金铜蚕、"五星出东方利中国"锦护臂、敦煌飞天壁画、镶金兽首玛瑙杯、唐代陶骆驼载乐舞三彩俑、"黑石号"长沙窑瓷器、《榜葛剌进麒麟图》等。

4.你认为哪件文物称得上是见证东西文化交流的丝路瑰宝呢？说说你的理由。

预设：略（言之成理即可）。

环节三　课堂展示

（一）情境导入

教师：（展示一套"丝绸之路文物"特种邮票，中国邮政2018年5月19日发行）这4枚邮票上的图案名称分别为汉·鎏金铜蚕、汉·鎏金铜马、唐·镶金兽首玛瑙杯、唐·八瓣团花描金蓝琉璃盘，选取的均是陕西省出土的代表性文物。邮票图案以文物为主要元素，背景为行进在丝绸之路上的驼队、汉代画像砖和唐代花卉纹样组成的丝带。邮票上向西和向东行进的驼队，其寓意是什么？你知道这组邮票的主题是什么吗？

学生回答。

教师：什么是丝绸之路？丝绸之路上有哪些遗宝？丝绸之路在东西方文化交流方面发挥了什么作用？今天，让我们一起走进丝绸之路的文物，了解文物、感受文物，透过丝路瑰宝，深入了解丝绸之路，认识我们真实的文明。

学生根据自学成果回答问题，展示已完成的自主学习任务单。

设计意图：创设情境导入新课，点评学生自学成果，肯定优秀者，对有不足者提出学习改进建议。

（二）活动过程

1. 搜集丝绸之路文物相关资料，完成任务1的要求

教师指导学生分组收集不同历史时期的丝绸之路文物资料。

每组学生搜集某一时期20—30件典型文物的图文材料，制作表格，在地图上标出相应的文物发现地点，了解丝绸之路的时空特点与东西方文化交流的盛况。

2. 写文物解说词，完成任务2的要求

各组组长组织全组成员各自挑选最具代表性的文物，撰写文物解说词。分发评价表，小组展示结束后，各组评选出最佳文物解说词。

3. 开展丝路文物故事会活动，完成任务3的要求

各组进一步合作交流、分工协作，开展丝路文物故事会活动，讲述东西方文化交流的生动故事。通过小组互评，票选出最佳故事大王。

> 设计意图：通过教师指导的探究活动，学生互动互助，初步学会在具体的时空条件下对历史事物进行考察，重新建构并内化知识。

（三）成果展示

教师：曾经，丝绸之路绵延万里，"使者相望于道，商旅不绝于途"，"舶交海中，不知其数"。而今，"一带一路"承接了千年前的余韵并将之发扬光大。今天我们与这些文物一起，重走丝绸之路，感受丝路文明交汇碰撞的壮阔画面。请各小组展示自己的研究成果。

1. 鉴赏文物

教师：丝绸之路是不断变化发展的，不仅仅体现在纵横向的延伸，还体现在交流内容的丰富与扩大。请同学们依次展示自己的文物鉴赏成果吧！

学生分小组进行文物鉴赏、专题讨论，撰写文物解说词，展示研究成果。

"葡萄花鸟纹银香囊"鉴赏示例

解说："红罗复斗帐，四角垂香囊"，我就是诗句里的香囊，来自1000多年前的唐代。我的身材圆乎乎的呈球状，非常娇小，外壁直径约4.6厘米，带一根长约7.5厘米的链子，体重36克。我可不是一件普通的饰品，而是妃子和贵人等贵族们日常生活的必备之物。我小小的身躯尽显奢华之色，通体镂空，装饰着枝叶繁茂的葡萄纹理，原制作于西方，汉代由西域传入中国。葡萄蕴含对丰产的期盼和愿望，

扫码看图

花鸟飞翔在葡萄间，动感十足。打造我的匠人熟练使用锤揲、錾刻、镂空、鎏金等工艺，在我身上极度地展示金银器之美。

我是用金属制作的，我的结构也很独特呢！不论佩戴者怎么走动，我肚子里面的香料都不会散落出来，我有能力满足各种环境条件下的使用需求。我是不是特别厉害？这项奇巧的功能性设计体现了匠人对平衡原理的充分理解和运用。持平装置完全符合陀螺仪原理，不论我处在何种状态，总是外部球体在转动，机环使中间的焚香盂跟着转动，而由于重力作用，焚香盂是一直保持平衡的。尽管已经经历了1000多年，我仍然玲珑剔透，转动起来灵活自如，平衡不倒。我身上凝结的科学与巧妙，令现代人叹绝。

2. 讲述丝路文物故事

教师：一陆一海，丝绸之路交织古与今。今天，我们一起探究了丝路瑰宝——丝绸之路文物，下面请各组进一步讲述丝绸之路文物故事。

示例：法门寺的琉璃器

法门寺位于陕西省宝鸡市扶风县城北10公里处的法门镇，始建于东汉末年，被称为"关中塔庙之祖"。寺内的法门寺塔因葬有释迦牟尼的指骨舍利，故名"真身宝塔"。唐贞观年间，法门寺塔改建为4级木塔，但于明隆庆三年（1569年）因地震而倒塌。后又改建为13层八棱砖塔，高47米，极为壮观。

由于塔身重量过大，塔基下又有地宫，上重下轻，建成54年后，在一次地震中塔身开始向西南倾斜。1981年，在风雨交加中法门寺塔的西半侧突然垮塌，塔刹也随即跌落。1987年，重建新塔、清理塔基时，意外发现地宫。除了4枚舍利、121件金银器、14件秘色瓷，地宫还出土了20多件琉璃器。

琉璃器自公元3世纪传入我国后，长期以来，一直被认为是比金银器还珍贵的物品。这批出土的琉璃器，既有琉璃瓶，也有琉璃盘，还有茶杯和茶托，以伊斯兰样式居多，分别由东罗马、西亚和中国制造，是中西交通和文化交流的重要佐证，文物价值极高。

琉璃器皿虽由域外传入，却早已融入唐代人的日常生活，成为其物质文化的重要部分。唐代诗人韦应物就曾以"咏琉璃"为题，盛赞琉璃："有色同寒冰，无物隔纤尘。象筵看不见，堪将对玉人。"而素有"诗鬼"之称的李贺也写道："琉璃钟，琥珀浓，小槽酒滴真珠红。"

文明之间的交流互鉴，既让中国文化远播世界，也促进了各国文化和物产传入华夏。

——摘编自扶风县人民政府网站"旅游－文物古迹"栏目，2022年6月30日，http://www.fufeng.gov.cn/art/2022/6/30/art_7441_1521885.html。

> 设计意图：通过鉴赏文物，了解文物特点，感受文物魅力，讲述文物故事，认识到文物是历史的见证，进而深入了解丝绸之路，感知人类文明在交流互鉴中发展。

环节四 活动小结

教师：丝绸之路是我们的先人开创的一条经济贸易之路、文明交往之路。历史映照现实，"一带一路"的重大倡议提出后，得到了国际社会热情响应和广泛参与。站在新的起点上，各位同学要不断学习本领，锤炼技能，与"一带一路"的伟大实践共发展、同成长。

活动评价

评价内容	评价标准			评价等级
	A	B	C	
撰写文物解说词	1. 选材准确，所选图片中文物能充分反映东西方文化交流的情况。 2. 文物解说词内容紧扣图片所呈现的信息。 3. 解说词语言文字优美，条理清晰。	1. 选材较为准确，所选图片中文物基本能反映东西方文化交流的情况。 2. 文物解说词内容描述了图片所呈现的信息。 3. 解说词文字较为优美，条理较为清晰。	1. 选材大致符合要求，所选图片中文物能部分反映东西方文化交流情况。 2. 文物解说词基本符合要求，基本呈现了图片的信息。 3. 解说词的文字大致符合要求。	
文物故事会	1. 丝绸之路文物故事资料有出处，改编合情合理。 2. 故事内容生动，重点突出东西方文化交流。 3. 语言表达清晰流畅，感情充沛。	1. 丝绸之路文物故事资料有出处，改编合理。 2. 故事内容较为明确，能反映东西方文化交流。 3. 语言表达较为清晰，感情较为充沛。	1. 丝绸之路文物故事资料有出处，改编基本合理。 2. 故事内容大致能反映东西方文化交流。 3. 语言表达基本连贯。	

活动延伸

拓展探究：丝路文物，承载着丝绸之路沿线人们生产生活的状态，通过历史的遗迹，触碰古人情怀，今天的我们也能感受千百年前古人的风雅。请通过小组合作的方式，设计并开展一场网络直播版丝路文物图片展吧。

活动反思

丝绸之路绵亘万里，延续千年，如何在有限的课时内，设计出高质量的探究性、跨学科的主题学习？如何让一名普通的初中生在活动中感受学习丝绸之路的历史意义与文化价值？

阅读是解决问题的法宝。经过反复阅读、思考，我找到了本次活动设计的突破口：以丝绸之路文物为切入点，与文物一起重走丝绸之路，通过文物看东西方文化交流与交融，这是一种让文物"活"起来的创造性探索和尝试。一件文物，不仅体现了创作者的经验、思维与知识，也反映了一个时代的经济发展、科学认识、文学艺术等水平。

我设定了相应的教学目标。为了达成教学目标，设计的学习过程分为自主学习、合作探究、课堂展示三个板块。在自主学习中，学生通过完成任务单，了解丝绸之路的发展脉络与基本信息，初步建立丝绸之路发展变迁的时空观念；在合作探究环节，学生分小组搜集、整理、观察、分析丝绸之路文物图片和相关资料，从历史、地理、科学、艺术等方面认识丝绸之路在东西方文化交流中的作用；在课堂展示中，各小组呈现研究成果，撰写文物解说词，开展丝绸之路文物故事会，认识丝绸之路的时代价值与历史意义。各小组在研究的基础上，集思广益，进一步以拍摄短视频、网络直播、制作海报等多种形式展示研究成果，扩大交流和宣传活动。

丝绸之路文物珍品的种类和数量繁多，相应的研究成果也极为丰富，由于时间和篇幅的限制，笔者只是作了一点抛砖引玉的尝试。笔者后续将尝试聚焦某种类型的文物，设计并开展项目式学习活动。如以瓷器为切入口，结合相关的诗词、控温技术、着色工艺、图案设计等方面的资料，设计主题学习活动。

参考资源

一、著作

1. 戴念祖：《文物中的物理》，北京联合出版公司，2021年
2. 周嘉华：《文物中的化学》，北京联合出版公司，2021年
3. 葛承雍：《绵亘万里长：交流卷》，生活·读书·新知三联书店，2019年
4. 上海博物馆编：《70件文物里的中国》，华东师范大学出版社，2019年
5. 沈从文：《中国文物常识》，天地出版社，2019年
6. 何芳川主编：《中外文化交流史》，国际文化出版公司，2016年
7. 林梅村：《丝绸之路考古十五讲》，北京大学出版社，2006年

二、网络资源

1. 丝绸之路与跨文化交流研究中心 https://iidos.cn/
2. 陕西历史博物馆 https://www.sxhm.com/
3. 敦煌博物馆 http://www.dhbwg.org.cn/

附录

资料1：

中国文明与欧、亚、非三大洲的古代文明很早就开始接触，相互影响，相互交流。这些古文明之间的交往路线一直没有概括性名称。1877年，德国地理学家李希霍芬（Ferdinand von Richthofen）在他的名著《中国》一书中首次提出"Seidenstrassen"（丝绸之路）一名。他对丝绸之路的经典定义是："从公元前114年到公元127年间，连接中国与河中（指中亚阿姆河与锡尔河之间）以及中国与印度，以丝绸之路贸易为媒介的西域交通路线。"这个名称很快得到东西方众多学者的赞同。英国人称为"Silk Roads"；法国人称作"La Route de la Soie"；日本人则称"绢の道"或"シルクロード"，皆为丝绸之路一词的各种译名。

……

随着丝绸之路研究的深入，尤其是考古发现极大地开阔了人们的视野。从时间上，考古新发现把东西方丝绸贸易的开端追溯到公元前4世纪甚至更早时期。从空间上，文献记载和考古发现相互印证，说明张骞通西域不久，罗马帝国首都罗马城就出现了中国丝绸。因此，研究者一般把罗马视为丝绸之路的终点，并把汉唐中国古都长安和洛阳视为丝绸之路的起点。也有学者认为，这条路可以向西伸展到意大利的威尼斯，向东延伸至日本的奈良。因为威尼斯是马可·波罗的故乡，而奈良正仓院珍藏的染织遗宝，超过了十万件，如果加上法隆寺保存下来的丝织物，据说可以囊括中世纪的各类丝绸。

除了沙漠之路这条主干线外，丝绸之路还有许多重要的分支路线，它们是草原之路、海上交通、唐蕃古道、中印缅路、交趾道。在某些时期，有些分路线的重要性不亚于沙漠之路。最早的丝绸贸易就是从草原之路开始的，而唐代以后，东西方的交往逐渐改走海路，并在公元15世纪人类进入大航海时代以后，最终取代了传统的陆路交通。……因此，我们把丝绸之路定义为：古代和中世纪从黄河流域和长江流域，经印度、中亚、西亚连接北非和欧洲，以丝绸贸易为主要媒介的文化交流之路。

——摘编自林梅村：《丝绸之路考古十五讲》，北京大学出版社，2006年，第2—4页。

资料2：

数千年来，商人、教徒、外交家和学术考察者等在这条"流淌着牛奶与蜂蜜"的道路上来来往往，通商、旅行、互动，在推动物质交流丰富性的同时，带来了文化交流的多样性。佛教、伊斯兰教、基督教及西方的天文、历法、医药陆续传入中国，中国的四大发明、养蚕技术也从这里开始走向世界。不论是出使西域的张骞、投笔从戎的班超、西天取经的玄奘，还是七下西洋的郑和，他们的故事都与丝路密不可分。而陕西历史博物馆珍藏的"鎏金铜蚕"，在印度尼西亚发现的千年沉船"黑石号"等出土文物，则是这段历史最好的见证者。以至于瑞典著名探险家斯文·赫定这样感慨道："世界上历史悠久、地域广阔、自成体系、影响深远的文化体系只有四个：中国、印度、希腊、伊斯兰，此外再没有第五个。而这四个文化体系汇流的地方只有一个，那就是中国自敦煌至喀什的环塔克拉玛干古代文明区，此外再没有第二个。"

——摘编自李冰：《丝路文化的历史传承》，《光明日报》2017年8月9日。

资料3：

哈萨克斯坦中央国家博物馆展品中还有三件饰有花卉图案的铜镜复制品。铜镜呈圆形，镜面中心有凸起圆纽，周围有八片艺术化的花瓣。装饰区域有螺旋纹、艺术化花瓣及牡丹花纹饰。铜镜边缘有拱形图案，高于其他部分。此类铜镜在中国元朝时期，由中国北部引入各地。尽管13—14世纪中国的铜镜产量下降，但此类铜镜的仿制品在中国、中亚、西伯利亚等地依然使用广泛，展现了金帐汗国时期的蒙古居民与中原地区居民的文化传统和知识。此铜镜的发现地点、来源尚不明确，但参照与其类似的铜镜，它应该也是在哈萨克斯坦东部地区或者河谷中被发现。

——摘编自阿依特古·哈米特：《丝绸之路引领中国与周边游牧民族的交流》，《光明日报》2019年5月13日。

资料4：

1970年，西安何家村窖藏出土大批唐代器物，其中有酱红色地缠橙黄夹乳白缟带材质的镶金兽首玛瑙杯，这种弯角弧形酒杯，状若羚羊兽角，光泽晶莹鲜润，一端圆雕为大口，光滑流畅，底部另一端雕琢有流的兽嘴，流口外有金盖帽，流口可插细长中空插管，供人饮用美酒。这种角杯起源于希腊酒器——"来通"（rhyton），词源自希腊语"流出"。希腊克里特岛在公元前1500年已经出现这种角杯，是向酒神表示致敬的圣物。所以尽管有人认为它是8世纪唐人的仿制品，但在7世纪前中国从未出现过此物，没有制造这种外来酒器的传统。仅从红色玛瑙的产地以及西亚和波斯曾遣使贡献玛瑙制品，可认为它的器物造型、制作工艺和艺术装饰都是希腊罗马的典型风格，即使是波斯或粟特仿制品，原型也应是由希腊罗马逐渐东传的器物。

——摘编自葛承雍：《从出土汉至唐文物看欧亚文化交流痕迹》，载葛承雍：《绵亘万里长：交流卷》，生活·读书·新知三联书店，2019年，第90—91页。

资料5：

古希腊陶制羊首来通杯（美国大都会博物馆藏）

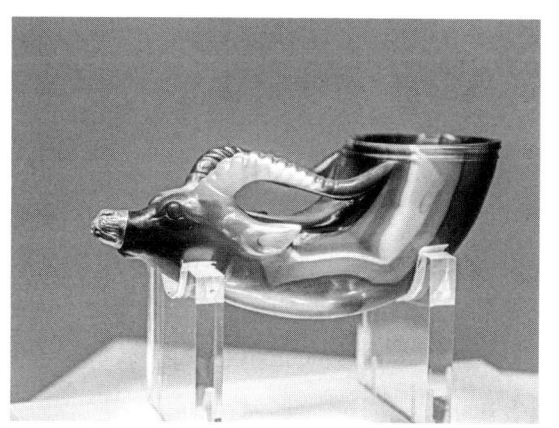

镶金兽首玛瑙杯（陕西历史博物馆藏）

五　"云"览深蓝　"探"踪觅遗

学科	历史	设计者	王新丞、龙欣	教材版本	统编版
课程内容模块	中国古代史、中国近代史、中国现代史					
相关领域课程	历史、地理、语文、科学等					
活动主题	历史上水陆交通的发展——"云"览深蓝　"探"踪觅遗					
课时安排	3课时					

活动背景介绍

中国拥有漫长的海岸线和优良港湾，古代大一统的国家为拓展海洋活动提供了有利条件。汉唐时期，随着海上丝绸之路的开辟和发展，中国古代海上交通的航线已见雏形。宋元时期的造船技术达到世界领先水平，海上丝绸之路进入鼎盛时期。明清时期（鸦片战争之前）已积累足够的远洋技术，郑和下西洋成为世界航海史上的壮举。中国古代海上交通的范围东到日本，西至非洲东海岸，不仅开辟了西太平洋与印度洋之间的海上交通线，还加强了同亚非各国人民的友好往来，增进了彼此之间的经济文化交流。

晚清民国以来，衰弱的国力让远洋交通的发展举步维艰。中华人民共和国成立后，海上交通又焕发了新的生机，特别是改革开放以来，中国海洋运输向海而兴，成为世界上最重要的海运大国之一。

活动主题分析

一、课标要求

《义务教育历史课程标准（2022年版）》在学习主题"历史上水陆交通的发展"中指出：本主题的设计，旨在引导和组织学生梳理、概括不同历史时期水陆交通的建设与发展，对历史上水陆交通发展的问题进行综合探究，有助于培养学生勇于探究、合作交流、沟通表达、实践创新等共通性素养。

二、学情分析

学生对中国海上交通已具备初步认识。通过初中《中国历史》课文《沟通中外文明的"丝绸之路"》《宋元时期的科技与中外交通》《明朝的对外关系》《洋务运动》等,学生了解了有关中国古代至近现代海上交通发展的相关史事。

初中《语文》课文《海底两万里》讲述了对远洋航行的瑰丽想象。初中《地理》课文《陆地和海洋》介绍了亚非地区、太平洋、印度洋等地理方位和相关知识。此外,学生还通过影视剧作品和课外书籍,了解到中国古代航海家的壮举以及其他有关远洋航行的知识。

但是学生对中国海上交通的了解呈现碎片化、片面化特征。为加强学生对海上交通相关知识的体系构建和对海上交通工具发展的整体感知,本主题活动采用云端博物馆讲解、考察实践的方式让学生讲述历史、触碰历史。

三、活动主题及立意

(一)活动主题

根据课标的要求,结合中国海上交通发展的相关内容,活动主题定为"'云'览深蓝'探'踪觅遗"。学生通过担任云端博物馆讲解员、考察造船厂、了解造船技术的发展、动手制作模型等,认识中国海上交通在不同时期的发展与成就,进而提升亲近科学、开展科学探究的意识和能力。

(二)活动立意

从秦汉到明清时期,频繁的古代海上交通为后人留下了丰厚的文化遗产。学生通过对中国航海博物馆云端展厅的了解,得以跨越时空疆界,体验海上交通的无穷魅力。学生通过对造船厂的参观考察,感悟航海人的责任坚守与创新精神。

在学习活动中,学生通过编写主题展厅导览词,发展语言建构与运用能力。学生通过在造船厂的实地研学活动,了解造船厂的发展历程及船只建造的基本过程,动手制作船只模型,在活动中发展实践操作能力,深切感悟时代发展与造船技术进步的联系。

知识图谱

领域	相关课程内容				
	历史	文学	地理	科学	物理
汉唐时期	海上丝绸之路开辟	海洋题材的文学作品	海港分布 海上交通沿线的水文气候分布	造船技术 航海罗盘应用 蒸汽轮船制造 深海探测	弹力 摩擦力 浮力
宋元时期	海上丝绸之路进入鼎盛时期 造船业居于世界领先地位	关于海洋的传说和诗词			
明清时期（鸦片战争之前）	郑和下西洋				
中华人民共和国成立以来	自行研制万吨级远洋货轮"东风号" 国际海事组织 "一带一路" "雪龙号"极地科学考察船 "蛟龙号"载人潜水器	海上冒险小说 绘画作品 影视作品			

目标、任务与方法

一、目标

1.研习中国航海博物馆《大海就在那》专题展览，分小组以"联通大洋""异域奇珍""海史掠影""海贸物语""东西互鉴"等为主题，根据相关资料，撰写各个主题板块的导览词，展现中国古代海上交通发展的概况。

2.实地考察相关造船厂，了解造船厂的发展历程及现代造船工艺，访谈造船厂工人，撰写考察报告，感受中国造船工业的发展成就。

3.综合运用物理、科学课程的相关知识，以小组合作的方式尝试制作船模，提高动手实践的能力，生发亲近科学、热爱科学的情感。

二、任务与方法

任务1：各小组按照主题合作收集相关材料，编写导览词，并通过各主题的内容设计，呈现中国古代海上交通发展历程。

方法：

（1）每 8 人为一个小组，分别从"联通大洋""异域奇珍""海史掠影""海贸物语""东西互鉴"等方面确定所选主题。每个小组通过网络研读和材料研习，梳理与主题相关的文物资料。

（2）根据所选主题，查找相关内容并撰写导览词。

（3）学生借助 5G 网络和多媒体设备，为全校师生导览讲解云端中国航海博物馆《大海就在那》专题展览。

任务 2：实地参观造船厂，聆听造船工人的故事，全面了解造船工业的发展成就并撰写考察报告。

方法：

（1）选择参观地点，联系参观造船厂，安排往返行程。

（2）在工作人员带领下参观厂史馆，考察造船工艺的基本流程。

（3）访谈造船厂的工人，了解有关造船的故事，并撰写考察报告。

任务 3：结合物理、科学、综合实践等知识进行船只设计，并根据现有材料进行船模制作。

（1）根据个人兴趣进行分组。

（2）以小组为单位，学习船模拼接的基本步骤与注意事项。

（3）小组内讨论拼装策略，分工完成船模，并为船模设计 logo 和船名。

活动步骤

环节一　布置任务

布置任务 1，学生广泛阅读关于中国海上交通的相关材料，获得一定的知识储备。学生登录中国航海博物馆官网，对云端展览区内容展开学习，其中专题展《大海就在那》按照主题划分为"联通大洋""异域奇珍""海史掠影""海贸物语""东西互鉴"等五个部分，每个小组对负责区域的文物资料进行了解和收集，并编写导览词，各小组推举一名同学担任讲解员。

布置任务 2，搜集整理造船行业的相关材料，参观相关造船厂，对造船厂工人进行访谈，并撰写考察报告。

布置任务 3，根据个人兴趣进行分组，以小组为单位学习船模拼接的方法与步骤。小组内讨论拼装策略，结合物理、科学等知识分工制作船只模型。

环节二　学生自学

☆ 自主学习任务单 ☆

1. 列举中国古代海上交通发展的主要成就。

预设：汉武帝大力开辟海上交通，汉朝时已形成了多条海上航线，向东可到朝鲜、日本，向西最远抵达印度半岛南端和锡兰，中国的丝绸等物品经过这条航线再转运到欧洲地区，这便是"海上丝绸之路"。两宋时期广州、泉州、明州的造船业在当时世界上居于领先地位，航海技术也较为发达，是当时世界上从事海外贸易的重要国家。元朝时，海上交通范围有更大的拓展，海上丝绸之路进入鼎盛时期。

2. 讲述中国古代的一位航海家的故事。

预设：郑和下西洋的故事。

3. 介绍上海轮船招商局的发展历程。

预设：上海轮船招商局 — 招商局 — 中国人民轮船总公司（香港招商局）— 招商局集团有限公司。

环节三　课堂展示

（一）情境导入

教师：2022年是菲律宾苏禄王访华605周年。为什么当时的苏禄王能够不远万里亲赴中国？这说明中国古代有着发达的海上交通。今天我们就一起来"云"览深蓝，"探"踪觅遗吧！

> 设计意图：以苏禄王访华为切入点，激发学生探究意愿。

（二）活动过程

1. 分组撰写导览词，导览云端博物馆，完成任务1的要求

学生分组合作研习相关材料，各小组选定"联通大洋""异域奇珍""海史掠影""海贸物语""东西互鉴"中的一个主题，并且对展区文物进行梳理，收集文物相关信息，撰写导览词。学生借助多媒体设备对中国航海博物馆云端展厅的《大海就在那》专题展进行实时导览解说。

2.实地参观造船厂，撰写考察报告，完成任务2的要求

学生根据实际情况选择合适的参观地点，在工作人员的讲解下了解造船厂的历史并做好记录，可以主动去了解造船厂曾经生产出哪些著名的舰船，这些舰船背后有哪些故事；寻找造船厂工人进行访谈，了解造船厂的变化、有关造船的故事，并撰写考察报告。

3.动手绘制船只设计图，制作船只模型，完成任务3的要求

学生根据兴趣进行分组，在专业人士指导下制作船只模型，合作设计船只logo和船名。

> 设计意图：引导学生查阅资料，通过小组合作探究，以导览网上博物馆展览的方式梳理中国古代海上交通的发展和成就；通过实地考察、动手实践提升对知识的理解与运用能力。

（三）成果展示

教师：中国拥有绵长的海岸线，面向辽阔海疆，沿海地区的人民在原始社会就曾凭借木舟以求海货。中国拥有数千年的航海传统和海洋文明，这是中华优秀传统文化的重要组成部分。今天我们就跟随五位讲解员，移步换景，共同欣赏中国古代航海的历史、科技、艺术和文化，品读源远流长、博大精深的中华航海文明。

学生：分小组按主题进行导览。

"联通大洋"小组导览示例

工欲善其事，必先利其器。要以人力跨越浩瀚汪洋，造船与航海技术不可或缺。各位观众，首先映入眼帘的是浙江余姚田螺山遗址出土的木桨，遗址中出土了近30件大小不一、形态各异的木桨，其中多数比较完整，且大部分出土于河岸附近。由此可知，通过水路驾舟出行是当时东南沿海地区主要的交通方式。

大家往这边看，山东蓬莱海域出水新石器时代陶甗（音yǎn），器身有大面积海洋微生物附着体，是新石器时代蓬莱先民进行航海活动的遗物。墙上所示的是江苏如皋出土唐代木船，水密隔舱至迟在唐代发明，如皋出土的唐代木船是现存最早的使用水密舱壁的古船。

……

"异域奇珍"小组导览示例

秦汉时期，我国的海外贸易蓬勃发展，以番禺、徐闻、合浦为代表的港口方兴未艾，海上丝绸之路已然初具规模。发达的航运、繁忙的港口促进了中国与海外的密切往来，为中国社会带来新的气象。

这件胡人俑座灯出土于广东广州刘王殿，大约是西汉岭南地区汉墓的常见陪葬品，最早出现于西汉中期，面目体型与西亚和南洋群岛的人相似。此物出土时位于主人棺具前后处，可能是汉代达官富人家中来自海外的男性家奴形象，用以为主人掌灯。

……

"海史掠影"小组导览示例

唐宋以来中国航海事业蓬勃发展，与海外的沟通交流日趋繁盛。海上既有经济、物质交换，更有政治文化交流。唐宋以后，政府对海外贸易管理愈加重视并不断加强，渐渐形成了专门管理海外贸易的机构，即市舶司。在宋朝时，广州、杭州、明州等地市舶司，成为民间商人前往高丽、日本等地方的必经之地，商人们在这里取得签发的公凭。这件文物是明州市舶司签发的公凭（复印件）。它是崇宁四年（1105年）明州市舶司颁发给商人的公凭，上面详细记载了出海贸易的商品，也记录了合法商人应该遵循的法规。

……

"海贸物语"小组导览示例

隋唐以降，海路大通。伴随着陆上丝绸之路的驼铃阵阵，海上丝绸之路亦是帆影幢幢，更因其快捷性与安全性，在中国与西方交往中的重要性逐渐赶超陆上丝绸之路。满载着丝绸、瓷器、茶叶等中国特产的商船络绎不绝，远赴东亚、东南亚、南亚、西亚、欧洲乃至非洲、美洲。

这件明代的漳州窑五彩龙纹罗盘航海图盘，色彩明艳，内部绘有星辰、海岛、波涛、帆船等图案，特别是在底部绘有二十四向位罗盘。中央为阴阳、太极二重圈，写有"天下一"。这种罗盘航海图盘是漳州窑的特色外销品，在国内比较少见，在日本和东南亚都有发现。

……

"东西互鉴"小组导览示例

15世纪开始,科学技术的进步、航海能力的提高,帮助欧洲人开启了地理大发现与全球海上贸易新时代。虽然明清实行海禁与闭关锁国,但政策时松时紧,海上交流的窗口并未完全封闭。不同文明在交融与碰撞中互学互鉴,生动体现于社会风俗与人们的衣食住行中。

这只青花矾红加金彩花卉纹壶是清康熙年间景德镇仿制日本"伊万里瓷"的外销产品。中国作为瓷器的发源地,对东亚国家特别是对日本的瓷器影响巨大。明清易代之际,中国战乱不断,瓷器生产停滞,日本的"伊万里瓷"一度作为中国瓷器的替代品在欧洲畅销,直到康熙时海外贸易才有所复兴,中国匠人又对日本的"伊万里瓷"进行仿制。

……

教师:大家的导览讲解都非常优秀,我们仿佛穿梭时空,与先人面对面交流,一幅幅古代海上交通的繁荣图景如在眼前。在上一节课,我们借助网络穿越时空参观了中国航海博物馆,今天我们走出校园,实地考察造船厂。请同学们跟随工作人员参观,在此过程中做好记录,了解近几十年来造船厂取得的重大成就。在全面了解造船厂的空间结构、造船工序、不同历史阶段造船工业发展的情况后,以小组为单位撰写一篇考察报告,并共同制作一件船只模型。

船只模型制作示例

扫码看图

设计意图：本课共设置三个活动，意在引导学生勾勒出汉唐以来的中国海上交通发展脉络。导览讲解活动不仅是对学生历史知识进行综合考察，同时也发展和提升了学生的语言表达能力。实地考察和动手制作模型需要综合运用科学、物理等学科知识，培养学生实践能力。

环节四　活动小结

教师：我们人类居住的这个蓝色星球，不是被海洋分割成了各个孤岛，而是被海洋连结成了命运共同体。当今世界，国与国的交往因海上交通而愈加紧密。中华人民共和国成立以后，尤其是改革开放以来，中国造船工业和中国海上交通事业的发展日新月异。目前，我国的港口已与世界600多个主要港口建立了航线联系，成为经济往来的重要纽带，在"一带一路"建设中扮演着重要角色。让我们牢记：大海就在那，背海则衰，向海则兴；不能制海，必为海制！

【活动评价】

评价内容	评价标准			评价等级
	A	B	C	
撰写导览词，导览博物馆	1.能通过网络搜集、图书馆查阅等方式获取可信、详细的文物信息。 2.能够概述博物馆的陈列理念，然后勾勒整体轮廓，重点介绍展品的特点、用途和历史背景，撰写语言生动、内容准确的导览词。 3.导览宣讲时落落大方，声情并茂，完整复述导览词内容，并根据听讲的不同年级学生情况，创设一定情境。	1.能通过网络搜集、图书馆查阅等方式获取可信的文物信息。 2.能够概述博物馆的理念，重点介绍展品的特点、用途和历史背景，撰写语言生动、内容准确的导览词。 3.导览宣讲时声情并茂，完整复述导览词内容，能够根据听讲的不同年级学生情况作适当调整。	1.能通过网络搜集、图书馆查阅等方式获取文物信息。 2.能够概述博物馆的陈列理念，介绍展品的特点、用途和历史背景，导览词完整通顺。 3.导览宣讲时能完整复述导览词内容。	

(续表)

评价内容	评价标准			评价等级
	A	B	C	
实地考察，撰写考察报告	1. 考察前完成考察对象的相关背景知识储备，考察中能够根据考察报告单的要求，合理划分不同时期并以此开展活动。 2. 考察中获取信息途径多样，包括实地观察总结、参观厂史馆、访谈造船厂工人等方式，能够总结出各阶段发展特点。 3. 考察报告语句通顺，结构完整，脉络清晰，能够帮助同学形成一定结论和启示。	1. 考察前能够有意识地了解考察对象的相关背景知识，考察中能够根据考察报告单的内容开展活动。 2. 考察中获取信息包括实地观察总结、参观厂史馆等方式，能够指出各阶段发展。 3. 考察报告语句通顺，结构完整，能够帮助同学形成一定结论和启示。	1. 对考察对象的相关背景有一定的认识，考察中能够根据考察报告单的内容开展活动。 2. 考察中获取信息主要依靠参观厂史馆，能够指出各阶段发展。 3. 考察报告语句通顺，能够帮助同学形成一定结论。	
设计与制作模型	1. 可以根据所学，结合中国古代以来的船舶样式，创新设计出造型合理、有文化内涵的船只设计图。 2. 能够根据物理和科学课程的相关知识制作船只模型。	1. 可以根据所学，结合中国古代以来的船舶样式，创新设计出造型合理的船只设计图。 2. 能够根据科学的相关知识制作完成船只模型。	1. 可以根据所学设计出船只设计图。 2. 能够完成船只模型。	

<u>活动延伸</u>

拓展研究：每年的 7 月 11 日是中国航海日，也是世界海事日在中国的实施日期。为丰富校园文化生活，响应国家海洋强国战略，请同学们在班级中举办一场船模展览，陈列分组制成的船模并为每件船模设计富有特色的宣传语。

<u>活动反思</u>

本主题活动的设计旨在从一场海上交通的展览切入，先带领学生去了解中国古代海上交通，之后考察探究中国近现代的造船厂，培养学生跨学科综合素养。

怎样生动有趣地展现一段历史，融入一段情？为达成目标，设计学习过程为自主学习、合作探究、课堂展示三个板块。任务 1 是将信息技术、地理学科与历史学习相结合，使课堂突破时空限制，小导览员的准备过程就是梳理海上交通发展的过程，每件历史文物的用途和时代背景都会引发学生对政治、经济和科技文化之间关系的思考。任务2、3是希望引导学生读万卷书，更要行万里路，知行合一。通过实地考察造船厂并动手实践，了解中国近现代造船工业的发展。

关于学习活动的设计与开展，有几处困难需要克服，如：内陆特别是偏远地区的学生对于海洋的认识存在障碍，对海上交通的兴趣可能较低；自主学习任务比较重，需要足够的知识积累；关于海上交通线的相关文物遗存、文字记载比较少，国内资料比较分散，相对匮乏。

参考资源

一、著作

1. 中国航海博物馆编著：《沧澜航程：中国近代航海史话》，上海书店出版社，2021年

2. 中国航海博物馆编著：《海帆远影：中国古代航海知识读本》，上海书店出版社，2018年

3. 林梅村：《观沧海：大航海时代诸文明的冲突与交流》，上海古籍出版社，2018年

4. 席龙飞：《中国造船通史》，海洋出版社，2013年

5. ［加拿大］陈忠平主编：《走向多元文化的全球史：郑和下西洋（1405—1433）及中国与印度洋世界的关系》，生活·读书·新知三联书店，2017年

二、网络资源

1. 中国航海博物馆 https://www.shmmc.com.cn/
2. 国家海洋博物馆 https://www.nmmc.cc

附录

资料1：

……

各单元专题既相对独立又彼此衔接，涉及航海科技、异域来物、人物事件、海外贸易、宗教信俗、文化互鉴等角度，科技、物质、事件、贸易、宗教、文化六位

一体，基本涵盖中国古代航海的各个方面。东西方商品能够通过海路往来的前提是航海科技的不断提升，正因为古代中国拥有令世界瞩目的航海科技，才能推动"海上丝绸之路"不断走向新的辉煌。

……

自秦汉始，以番禺、徐闻、合浦为代表的港口方兴未艾，海上丝绸之路初具规模。发达的航运、繁忙的港口促进了中国与海外的密切往来，使得琳琅满目的"藩夷宝货"进入人们的视野和生活。航海活动中不仅有物质交换，更有文化交流和政治往来，其中既有航海家的壮举，也有国与国之间的交流与纷争。这些航海人物与事件历经千百年不曾磨灭。……满载着丝绸、瓷器、茶叶、香料等货物的商船在海上往来不绝，中国的商船远及西亚、欧洲乃至非洲、美洲，"海上丝绸之路"繁盛一时。……15世纪以来，欧洲人开启地理大发现与全球海上贸易新时代。虽然明清实行海禁和闭关锁国政策，但与西方的交流并未完全封闭，东西方文化的交流融合是这一时期最大的特色。

——摘编自毛敏：《"大海就在那：中国古代航海文物大展"策展阐释》，《艺术与民俗》2022年第1期。

资料2：

西汉张骞通西域，打通了"陆上丝绸之路"后，中国航海者开辟了第一条印度远洋航路，亦即沿岸航行性质的、以南亚为中介的、间接通达的"海上丝绸之路"。而另一条连接西亚与南亚的航路则是在公元47年，由亚历山大海员希帕勒斯开辟的。在东西方航海者的共同努力下，"海上丝绸之路"终于诞生了。

到了隋唐时期，随着中西交往繁盛和科技进步，中国海员的航海技术又有了进一步提高。一方面远洋地文知识与具有航路指南性质的记载愈趋丰富，另一方面，对远洋季风规律的掌握与应用，也愈趋娴熟，比如从贾耽记载的"广州通海夷道"中可以看到，从狮子国（今斯里兰卡）续航，循阿拉伯海东北岸驶达波斯湾的乌剌国（今奥波拉），仅需37天，则此行必在冬末春初进行，因其时东北季风平和，且海流呈逆时针方向，对航行十分有利。

宋元是中国古代科技史上的黄金时代，也是历史上"海上丝绸之路"的全盛时代。在这四个世纪中，中国海员开辟了横渡印度洋的航路，正如英国历史学家巴兹尔·戴维逊所说,"十二世纪前后,中国船就技术上来讲,已经能够航行到任何船只所能到达的地方去了"。宋元航海技术的内涵非常丰富,诸如航海地理视野的开阔,地文定位技术的深化,叙述性航路指南的成熟,航用海图的使用等,但最重要的则是全天候磁罗盘导航和大洋天文定位技术。

明初,郑和航海术将"海上丝绸之路"推进到一个空前辉煌的历史时期,出现了举世闻名的郑和船队七下西洋。郑和航海术内涵非常丰富,主要体现在集航用海图与航路指南于一身的《郑和航海图》上。

——摘编自孙光圻:《中国航海术开辟"海上丝绸之路"》,《中国社会科学报》2019年12月5日。

资料3:

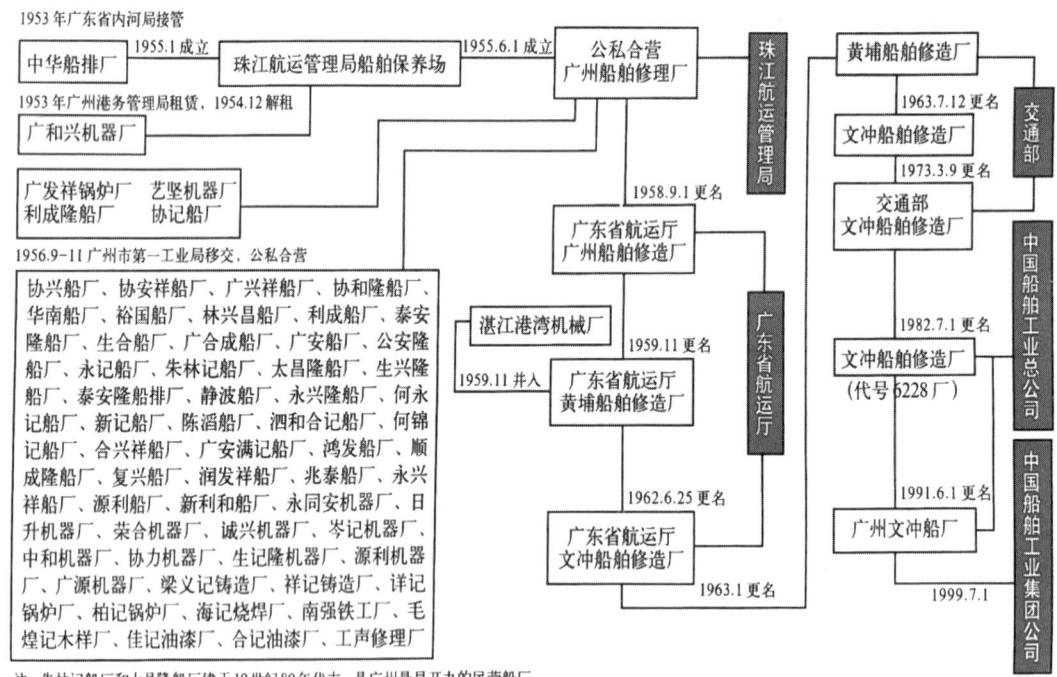

广州文冲船厂历史演变与隶属关系示意图

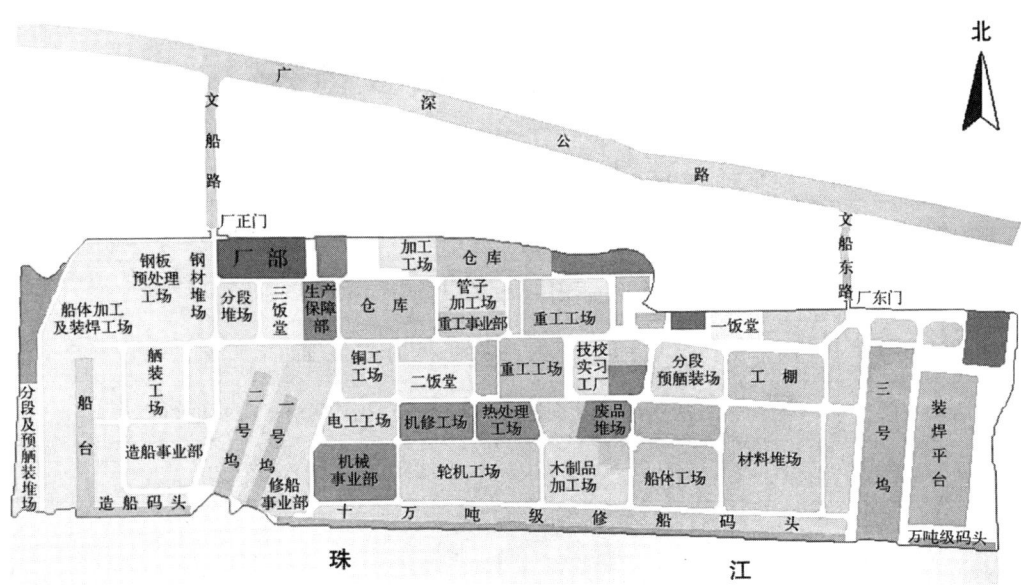

广州文冲船厂厂区平面示意图

——摘编自广州文冲船厂简史编纂委员会编:《广州文冲船厂简史(1955—2000)》书前彩色插图,2001年。

六 中国铁路　载梦前行

学科	历史	设计者	万正龙、张大军	教材版本	统编版
课程内容模块	中国近代史、中国现代史					
相关领域课程	历史、道德与法治、艺术、地理、语文等					
活动主题	历史上水陆交通的发展——中国铁路　载梦前行					
课时安排	2课时					

活动背景介绍

铁路交通作为近代工业文明的典型标志，既是国民经济和社会发展的重要基础，也是国家现代化水平和综合国力水平的集中体现。从1881年中国第一条自建铁路——唐胥铁路开通算起，中国铁路发展至今已有约140年历史，它前行的足迹上承载着国家富强、民族振兴的梦想。

在逐梦的征程上，京张铁路、成渝铁路、宝成铁路、大秦铁路、青藏铁路、京张高铁等的建设留下了一个又一个里程碑。中国铁路从无到有，从有到强，串点成线，连线成网。今天中国高铁通车里程、客货运输量、相关技术已走在世界前列，在发展经济、深化对外开放及维护国家统一等方面发挥着重要作用。中国铁路的发展既是强国梦想的真实呈现，也是推动这一梦想继续前进的重要保障和动力。了解中国铁路的发展脉络，感受中国百年沧桑巨变的过程，有助于学生树立民族自信心，激发建设祖国的志向。

活动主题分析

一、课标要求

《义务教育历史课程标准（2022年版）》在学习主题"历史上水陆交通的发展"中指出：本主题的设计，旨在引导和组织学生梳理、概括不同历史时期水陆交通的建设与发展，对历史上水陆交通发展的问题进行综合探究，有助于培养学生勇于探究、合作交流、沟通表达、实践创新等共通性素养。

二、学情分析

学生通过不同学段课程相关内容的学习，对中国铁路的相关知识有所了解。如：小学《道德与法治》课文《四通八达的交通》《科技造福人类》《屹立在世界东方》等，讲述了铁路交通的特点和对人们生活的影响，展示了改革开放以来中国铁路交通建设取得的伟大成就；初中《语文》课文《背影》有对民国时期火车乘车体验的描写；初中《地理》课文《交通运输》介绍了铁路交通的特点和我国铁路干线的分布。

学生结合自己的生活体验，对铁路交通的特点、高铁建设成就普遍有一定的了解，但是学生对铁路建设的理念关注很少，对发展过程的曲折、成就的巨大，尚缺乏深刻的认识，需要引导学生历史地看待我国铁路的发展步伐，整体体会中国人民的逐梦历程，认识不同阶段的铁路建设成就体现了中国人民对幸福生活和强国梦想的不懈追求。

三、活动主题及立意

（一）活动主题

根据课标，结合中国铁路交通建设的发展历程，本活动主题定为"中国铁路　载梦前行"，在梳理史事的基础上，提炼主题，选取素材，围绕我国铁路交通建设上的重大成就绘制招贴画，增强对中国特色社会主义建设成就的理解与认同。

（二）活动立意

中国铁路交通发展到今天，已延伸到千千万万百姓的生活中。学生从中可以体会国家面貌的巨变和社会生活的变迁，也可以感受国家在改革开放、自主创新上迈出的坚定步伐，以豪迈之情回望中国近现代历史，全面梳理中国铁路发展历程，把今天的所见所感放到更大的历史时空中去考察，选择其中的重大史事进行详细了解，综合应用历史、道德与法治、地理等学科知识分析中国铁路不断前行的内在动力和发展理念，由此实现学生对中国铁路交通的认识从局部到整体、从表面认知到内生情感的提升。

学生围绕活动体会和探究结论设计招贴画，艺术性地表达、宣传中国铁路交通建设成就，弘扬先辈在铁路建设中展现出的崇高精神和优秀品质——热爱祖国、自信自强、艰苦奋斗、攻坚克难，宣讲铁路交通发展在强国征程上所起的作用，展望未来中国铁路的发展图景。

知识图谱

领域	相关课程内容				
	历史	道德与法治	文学艺术	地理	科学
中华人民共和国成立前	唐胥铁路 京张铁路 卢汉铁路 钱塘江大桥	自强不息的民族精神 国情教育	以中国铁路为题材的老照片、影视、文学作品	中华人民共和国成立前中国铁路分布特点 修筑京张铁路在地理上面对的困难	蒸汽机车
社会主义革命和建设时期	成渝铁路 武汉长江大桥 成昆铁路	自力更生、艰苦奋斗的精神 中国人民具有伟大创造精神、团结精神	与本阶段中国铁路交通建设相关的老照片、回忆录、报告文学，表现工程及建设者风貌的美术作品	从地形、区位、资源等角度看铁路交通发展对开发资源、促进经济发展所起的作用	内燃机车 电力机车
改革开放和社会主义现代化建设新时期	大秦铁路 京九铁路 铁路大提速 青藏铁路 武广客运专线	改革开放和社会主义现代化建设的伟大成就	能体现时代变迁、与铁路相关的新闻报道，相关摄影与音乐作品	铁路交通干线的网络优势 各地区独特地质条件下的铁路建设	电气化铁路 动车组
中国特色社会主义新时代	中国铁路12306网站 电子车票 中欧班列 京张高铁	中国特色社会主义新时代新发展理念	与高铁有关的新闻通讯、照片 展现高铁建设成就的文艺作品	"八纵八横"高速铁路网 高铁沿线的地理、人文风光 高铁拉动经济发展 中欧班列沿线国家经济与人文状况	高速列车

目标、任务与方法

一、目标

1.梳理中国铁路交通建设的相关史事，以时间为序编写中国铁路交通发展的大事年表，汇编与重要史事相关的材料，创建资源包。

2. 从多方面对中国铁路交通发展历程中的重大史事进行解读与感悟，从中提炼主题，并选取相应素材，分小组构建招贴画的主题序列。

3. 选择相应的主题序列，组织素材，绘制招贴画，对该主题进行艺术呈现，综合应用多学科知识将学习心得转化为可见、可感、可分享的具体成果。

二、任务与方法

任务1：制作中国铁路交通发展大事年表，创建资源包。

方法：

（1）全班同学推荐与中国铁路交通发展有关的书籍、纪录片、网站等，建立主题活动资源库；翻看历史大事年表示例，如历史教材附录，找到大事年表的基本要素，体会编制要点。

（2）分组编制相应时段内中国铁路交通发展大事年表。为避免重复，建议组长为每位组员划定关注的时间范围。

（3）组内集中讨论，对初步形成的大事年表进行增删，甄选出本组时段内重大史事，分配给组员进行更详细的了解，建立重大史事资源包。资源包用"时间—史事"形式命名，里面既有摘选的文字材料，也有精选的图片、音像资料。

任务2：解读与感悟重大史事，提炼主题，选取相关素材，构建主题序列。

方法：

（1）各组围绕中国铁路阶段发展状况，应用历史、道德与法治、地理、文学艺术等学科视角提出探究问题，以资源包中的重大史事为例展开探究。

（2）对探究结论进行提炼整合，形成简明扼要的主题2—3个，并从史事资料中为每个主题提取丰富、典型的素材，然后在全班分享。

（3）打破时段划分限制，各组围绕本次活动主题，从班级分享的主题中选取一些相关联的，并据此自拟一个大主题，构建主题序列。小组主题确定后要及时告知活动主持人，避免选题重合。

任务3：根据所选主题设计、绘制宣传招贴，参与班内展评活动。

方法：

（1）进一步解读所选主题，运用语文课中学到的相关知识，创作主旨鲜明、具有感染力的文案。

（2）围绕主题甄选、补充素材，运用美术课所学的色彩、构图等知识对素材进行再创作。组内集思广益，拟订招贴设计方案；分工协作，形成作品初稿。

（3）小组代表展示介绍作品的创作思路，指出作品亮点，并分享创作过程中的趣事，接受大家的提问与评价。

活动步骤

环节一　布置任务

布置任务 1，了解学情，推选一位组织能力较强、对话题有相当兴趣的学生担任活动主持人。将学生按中华人民共和国成立前、社会主义革命和建设时期、改革开放和社会主义现代化建设新时期、中国特色社会主义新时代四个时段将学生分成四个小组，各组推举组长 1 名。主持人在班上发布"资料征集令"，师生共同参与，以中国铁路为话题推荐相关书目、网站链接、影音资料，汇集成资源库。组长按时间安排组内分工，组员从资源库中查找阅读资料，在自己分工的时间范围内编制中国铁路发展大事年表，完成后与其他组员的年表依序合在一起。小组集体对初步形成的大事年表进行增删，选择并标记出本时段内的重大史事，然后分头对这些史事进行重点了解，建立相应的资源包，按"时间—重大史事"命名，例如"1957—武汉长江大桥"，尽可能丰富资源的形式和内容。

布置任务 2，小组依据大事年表对本阶段铁路交通发展状况进行概述，指出阶段发展特征，围绕阶段特征，从重大史事切入展开探究活动。小组从不同学科的视角集体商定需要探究的问题，如：铁路发展的阶段特征与当时的历史背景有哪些联系？该阶段人们对中国铁路交通有怎样的记忆？我国科技进步在铁路交通上有哪些表现？铁路交通的发展折射出我国怎样的综合国力和发展活力？我国铁路交通在扶贫攻坚、扩大开放上发挥了什么作用？……每组探究的问题及其数量根据阶段状况和小组人数确定，3—4 个为宜。在组长协调下，对这些问题开展探究，形成探究结论，并附上相应的史事资料。小组对结论进行提炼，形成简明扼要的小主题。活动主持人汇总各组小主题和所选史事资料，整理后发各组分享。小组围绕本次活动主题，选择若干相关联的小主题构建主题序列。

布置任务 3，小组立足主题序列，对相应的史事资料进行深度剖析，从中提取典型的、针对性强的设计素材。应用语文课中的表现手法，变换主题的表述方式，使其简洁好记，有艺术感染力。应用美术课中的色彩、构图知识，设计与主题呼应的版面，对选取的素材进行艺术呈现，形成招贴画作品。在创意设计环节，组长要充分分析组员擅长的领域，既有集体出谋划策，又使组员在宣传文案、素材选取、构图创意、配色绘画、电脑辅助等工作上各尽其能。初稿成形后，组织至少两次组内集体评议会，最终形成与主题序列相应的招贴作品，并对作品进行书面解读。活动主持人组织作品展评活动。各组按活动主题的结构顺序，依次展示招贴作品，现场进行解读，点出作品亮点，简要介绍创作背后的故事。随后接受其他组的点评、提问与建议。各组根据点评对作品进行完善。

环节二　学生自学

☆自主学习任务单☆

1.和家人一起聊天，说一说自己乘坐列车出行的经历和感受，然后请父辈或祖辈人回忆他们过去坐火车的经历，后将聊天内容整理在下面的表格中。

	聊天内容
我的经历	
父辈的经历	
祖辈的经历	

2.网络研学：检索关键词"中国铁路之最"；在央视网搜索观看纪录片《中国高铁》；网上参观中国铁道博物馆；浏览中国国家铁路集团有限公司网站"铁路文化"栏目。根据发现谈谈自己的感受。

预设：中华人民共和国成立后，我国铁路交通建设取得了举世瞩目的成就，高铁已成为展示当代中国科技创新与综合国力的亮丽名片；铁路建设者很了不起；地区之间的距离因为铁路交通的进步大大缩短了……

3.不同时期的火车造型是时代风貌的一部分。请搜集不同时期典型的火车机车及车厢图片，制作资料卡片。

预设：

0号机车	东风4型0001号机车
中国保留至今最古老的蒸汽机车，因车身上有一个大大的"0"字得名。英国苏格兰北英机车公司制造，1881年由洋务企业开平矿务局花24800块大洋采购，用于中国最早的官办铁路，也是中国第一条自建标准轨距铁路——唐胥铁路。	中国铁路第二代电传动内燃机车的首型机车，我国第一台交-直流电传动干线货运机车。在仿制苏联巨龙型内燃机车的基础上改进而成，1973年正式出厂，全长21.1米，设计速度每小时100公里，整备重量138吨。

4.中国铁路交通面貌有哪些明显的变化？这些变化反映出中国在经济、科技、人民生活、国家管理等方面发生着怎样的变化？

预设：铁路建设需要巨大的人力、物力投入，涉及的地域很广，我国铁路建设工程却在持续不断地发展，反映出我国经济实力、国家管理能力越来越强。我国铁路装备技术从最初的购买、仿制，再到技术自主创新，这是我国科技实力增强的一个缩影。铁路交通的发展推动了全国各地乃至中外之间的经济文化交流，极大地改变了人们的生活，坐着火车去旅行对普通中国百姓来说不再是奢望。

环节三　课堂展示

（一）情境导入

教师：同学们，请看图片中这一条独特的铁路：一下一上两条路线交会后向前延伸，看起来像一个"人"字，这就是广为人知的"人"字形铁路。你知道"人"字形铁路位于哪条铁路线上吗？它在中国铁路交通史上有着怎样的地位呢？

学生："人"字形铁路位于京张铁路八达岭段，建于清朝末期，由工程师詹天佑设计。京张铁路是第一条完全由中国人设计建造的铁路。

六 中国铁路 载梦前行 | 81

扫码看图

教师：2019年，在"人"字顶点——青龙桥火车站下方深处，中国第一条智能化高铁线路——京张高铁开通。"复兴号"列车从地下呼啸而过，新老京张铁路蹚过百年历史长河，将"人"字形变成了"大"字形。从"人"到"大"，从第一次自主设计修建到世界最先进水平，从时速35公里到350公里，中国铁路的飞跃，见证了中国人从"站"起来到"强"起来的逐梦历程。

这次活动，我们将一起纵览中国铁路发展历程，探讨铁路交通发展中的中国成就、中国力量和中国智慧，最后绘制招贴画表达、宣讲自己的感悟。

设计意图：通过京张铁路图片创设情境，吸引学生进入中国铁路交通这一学习主题。

（二）活动过程

1. 编制中国铁路交通阶段发展大事年表，制作资源包，完成任务1的要求

在教师的指导下，主持人宣布各组分工和各组组长、组员名单，明确学习任务要求和任务完成时间。组长将大的发展阶段进行适当切分，分配给组员去分工搜集铁路交通发展历程上的大事。主持人注意征集教师和各组同学推荐的书刊、网络等资料，给全班共享。组员将自己梳理出的史事择要推荐给组长汇总，并附上推荐理由，形成本组的阶段发展大事年表。

组长组织小组讨论,对大事年表进行增删,将每一阶段大事数量控制在 4—9 个,然后选择其中的 2—3 件史事进行详细了解,建立资源包。

大事年表示例

发展阶段:改革开放和社会主义现代化建设新时期(1978—2012)	
1992 年	大秦铁路全线竣工,这是我国首条煤运通道干线铁路、首条双线电气化重载铁路。
1997—2007 年	中国铁路十年六次大提速,追赶经济发展步伐,铁路客运形成动车组列车、直达和朝发夕至列车、传统普通旅客列车三大系列。
2006 年	世界首条投入商业运营的磁悬浮列车示范线在上海投入营运。
2006 年	青藏铁路实现全面通车,中国铁路建设水平开始领跑全球。
2008 年	京津城际铁路通车,这是第一条中国拥有完全自主知识产权、时速 350 公里的高速铁路。
2009 年	中国"八纵八横"铁路网主骨架形成。
2011 年	首列中欧班列从重庆出发,成功开行。
2012 年	京广高铁全线贯通。

史事资源包示例:"2006—青藏铁路"

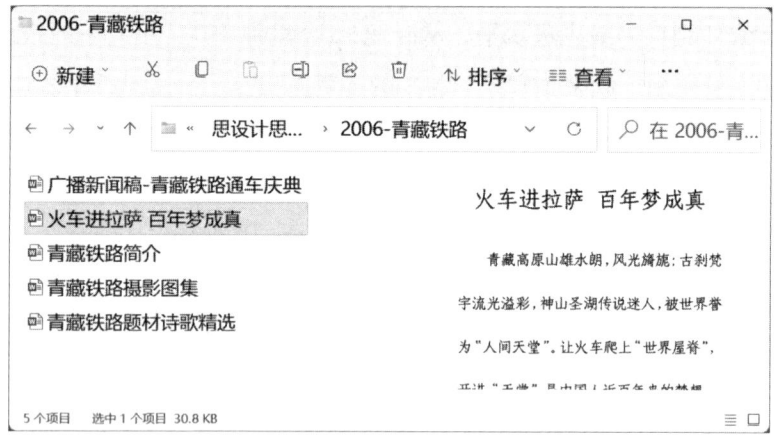

2.构建主题序列,提取招贴设计素材,完成任务 2 的要求

小组依据大事年表和重大史事资源包,集体商议,概述中国铁路交通的阶段发展特征。

围绕阶段特征,组员以历史、道德与法治、地理、文学艺术等多学科视角提出探讨问题。例如:该阶段铁路发展状况与当时的历史背景有什么联系?社会主义建设成就在铁路交通上的具体体现是什么？我国的铁路交通建设贯彻了怎样的发展理念？铁路建设者身上有哪些可贵的精神品质？铁路交通发展给人们生活带来了哪些变迁？我国铁路交通上有哪些让人自豪的自主科技创新？……小组利用史事资源包中的资料开展探究，对得到的结论进行提炼，形成简明扼要的小主题，并从资源包中提取与结论相应的素材，上交活动主持人。

活动主持人收集整理各组得到的小主题和所选史事资料，发各组分享。各组打破阶段划分限制，围绕本次活动主题，选择若干相关联的小主题进行修改、补充、概括，构建主题序列。

主题序列示例

（1）大主题——中国铁路逆袭出圈的秘密。小主题：①全国人民齐心协力；②建设者的艰苦奋斗；③改革开放带来发展动力和发展空间；④自主创新让铁路发展常葆生机。

（2）大主题——中国铁路，中国梦想。小主题：①与列车一起奔跑的综合国力；②中国铁路，联通内外，对内促进民族团结交流、共同发展，对外扩大开放，国际影响力不断提高；③中国铁路建设体现了以人民为中心、共同富裕的发展理念。

（3）大主题——铁路发展中的变与不变。小主题：①铁路网越织越密；②火车机车的身影越来越靓丽；③独立自主、艰苦奋斗的作风不变。

3.设计绘制宣传招贴，完成任务3的要求

小组立足所定主题序列，通过集体商议、甄选、补充用于设计招贴的素材，应用语文课中学习的表现手法，对主题进行加工，变成招贴的文案。小组针对主题序列中的每一个主题创作一份招贴作品。创作前，组长组织组员议定本组作品的风格，如版面、色彩等，避免本组作品风格差异过大。组员按分工设计绘制招贴，撰写一份作品设计说明。

> 设计意图：活动从梳理史事入手，先从整体上了解阶段特征，再以典型史事作为切入点，在真实情景中体会、感悟、发现问题。问题探究方向由学生自主确定，以利于学生各展所长。活动进行过程中，既有小组按阶段分工，也有组内不同任务的分工，使活动对学生而言有能做好的预期。在构建主题序列环节，为使学生对问题形成整体认识，打破小组的阶段划分，按宣讲的不同主题进行分工。

（三）成果展示

教师：纵观我国铁路发展历程，从步履维艰到路越走越广，车越来越快，成就让人惊艳。在这变化的背后，有着怎样神奇的力量？这些变化说明了什么？我们的生活随着中国铁路交通的发展发生了怎样的变迁？今天，大家用招贴画来表达自己对这些问题的思考。

活动主持人组织招贴展评活动，按照活动主题的结构安排各组出场顺序。各组推选代表集中展示作品系列，解读作品，分享创作感受。展示时，先亮明主题，再对作品的色彩、构图、素材等怎样表达主题进行解读。

招贴示例

扫码看图

铁路让生活更精彩

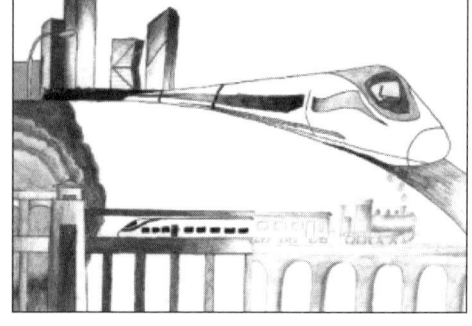
跨越

我们小组拟定的主题是"我们的新时代"。通过近年来我国高速铁路的快速发展表现我国经济、科技实力的提升，展示高铁发展给我们生活带来的影响。第一幅招贴画名为《铁路让生活更精彩》，一列"复兴号"列车正在大桥上奔驰，表现出我国发展的时代面貌，交通基础设施建设日新月异；旁边以绿树、田野为背景，体现了我国的"绿色"发展理念。列车从图画中央穿行而过，形成画面的中心。小主题"精彩"用行书书写，奔放自在，我们可以通过它想象高铁给我们生活带来的丰富多彩。第二幅招贴画名为《跨越》，创作时将蒸汽机车、动车和高铁三个不同年代的火车身影融合在一起，用来呈现我国铁路交通发展过程；用灰色、棕色再到明亮的蓝白色区分层次，形成跨越时空、持续发展、越来越快的视觉感受。

其他同学对作品进行点评、提问。各组根据同学建议对作品进行完善。

教师：一幅幅色彩绚烂、主题鲜明的作品闪现着小组集体的汗水、智慧与想象力。而中国铁路在几代中国人的不懈努力下正承载着国家的富强梦、人民的幸福梦飞速前行，展示着富强、民主、文明、和谐的新时代中国形象。

> 设计意图：招贴是本次主题学习活动的具体成果。公开展示交流可以促进对知识的迁移应用，激发学生学习的成就感。安排提问交流环节，鼓励学生发现问题，能理性面对同伴的评价。

环节四　活动小结

教师：追随中国铁路交通发展的步伐，我们似乎在展开一幅国家发展、民族振兴的壮丽图景，这幅图景正像不断延伸的铁轨一样向未来舒展。如果再纵览我国航空、海运、公路、地铁等其他交通方式的发展成就，相信大家也能找到相似的感受。梦想成真，这是中国人民在党的领导下矢志不渝地长期奋斗的结果。通过这次主题学习活动，我们既宣传了社会主义现代化建设成就和先辈艰苦奋斗的精神，也要激励自己奋发图强，为自己的梦想去奋斗。

活动评价

评价内容	评价标准			评价等级
	A	B	C	
编制大事年表和史事资源包	1.能采取多种方式获取可信史料，并进行有效整合；能将相关史事置于正确的时空中，时序清晰。 2.能全面、准确地归纳中国铁路交通建设主要成就，表述简明。 3.资源包中的资料标题凸显核心内容，围绕核心内容进行恰当的分类整理；资料内容饱满，类型多样，出处标记完整。	1.能采取至少两种方式获取可信史料，并进行整合；能将相关史事置于正确的时空中，时序基本清晰。 2.能全面、准确归纳中国铁路交通建设重大成就，表述简明。 3.资源包中的资料标题反映中心内容，大多数内容围绕中心展开，对原始资料的整理较为清晰；资料内容完整，类型至少有两种，都标有出处。	1.史料来源可信，冗余不多；相关史事时空位置正确，时序基本清晰。 2.能准确归纳中国铁路交通建设重大成就。 3.资源中的资料对活动开展有一定帮助。	

（续表）

评价内容	评价标准			评价等级
	A	B	C	
主题序列构建和招贴作品展示	1. 主题内容准确，思想积极向上；各层级主题观点鲜明、联系紧密，表达简洁生动。 2. 招贴画有视觉冲击力，能迅速将主题传达给观众；素材选取典型，艺术化表现有创意。 3. 作品蕴含的感情充沛，能打动人；展示过程中能清晰解读招贴设计细节。	1. 主题内容准确，思想积极向上；各层级主题观点鲜明、有一定联系，表达顺畅。 2. 招贴画整体美观，有一定吸引力，使观众能清楚知道招贴要表达的主题；选取素材与主题紧密相关，艺术化表现恰当。 3. 作品能传达作者的内在感情；展示过程中招贴的主要设计思路解读清晰。	1. 主题内容准确，思想积极向上；各层级主题观点及其表达明确。 2. 招贴画创作完整，主题醒目；选取素材与主题无冲突，对素材有一定艺术处理。 3. 展示中至少介绍作品的一个亮点。	

活动延伸

拓展研究：策划、组织一场面向全校的招贴作品展评会，向师生宣传中国铁路建设成就，形成一定的影响力。各小组整体参与，形成更大的团队，讨论任务分解，拟订活动方案。活动后撰写新闻报道，在校园平台发布。

活动反思

本次主题学习活动的预期目标是让学生系统了解我国铁路交通的发展历程，尤其是中华人民共和国成立后取得的巨大成就，体会在党的领导下，中国人民在强国征程上的艰苦奋斗精神，激发学生对党、对社会主义的热爱之情和建设国家的热情，进而通过展评活动宣传自己的认识与感受，对身边的同学形成积极影响。

活动开展的基础是资料搜集。在此过程中，教师要明确资料搜集的话题范围和侧重点，而且根据已得资源情况及时提出指导意见，改变搜集的范围要求。共享资源包可以及时更新，供全班同学使用，避免重复工作，是一种有效可行的办法。鉴于此，整个主题活动开展过程中可以通过QQ群、微信群、分类文件夹等线上或线下的方式实现共享和交流，避免小组分工对学习内容进行太明显的分割。

在历史学习中，应用跨学科知识能提升史实解读能力和将文本知识转化成可分享作品的能力，对道德与法治、语文、地理、艺术学科知识涉及较多。最初想把科学知识和数学上的数据图表分析也用上，最后还是没有作刻意安排。在教学实践中，无论学科范围跨度有多大，还是要以历史为中心，根据主题活动开展的需要进行选择。

开展跨学科主题学习活动，可能面临着活动内容与课标、教材内容之间存在一定的偏离。这个偏离的度该怎样把握？经过反思，笔者认为，首先不能不顾课标、教材只围着主题转，导致内容漫无边际；然后应立足历史学科素养这一最终目标，适当放开思路，虽然部分主题内容在教材或课程标准内容要求中并没有提到，但在培养学生学科素养的目标上有一致性，殊途同归。

参考资源

一、著作

1. 张雪永、郑澎主编：《百年铁路与中国道路：逐梦卷》，西南交通大学出版社，2021年

2. 李红昌等编写：《建党百年看中国交通运输发展·铁路篇》，经济科学出版社，2021年

3. 见闻君：《高铁风云》，湖南文艺出版社，2021年

4. 邱丽媛编译：《遗失在西方的中国史：20世纪初的中国铁路旧影》，中国工人出版社，2021年

5. ［英］克里斯蒂安·沃尔玛尔：《DK铁路史：火车、工程师与工业文明的故事》，陈帅译，中信出版社，2021年

6. 才铁军编著：《中国铁路40年》，中国言实出版社，2018年

7. 冯金声：《中国西南铁路纪事》，西南交通大学出版社，2017年

二、网络资源

1. 中国铁道博物馆 http://www.china-rail.org.cn/

2. "新春走基层"中欧班列相关报道，央视《新闻联播》2022年2月12日，http://tv.cctv.com/2022/02/12/VIDESV5rVsOuAUyxRBl95rsK220212.shtml

3. 新华社纪录片《共同的追求——民主自由人权的身边故事》之《慢火车》，http://www.xinhuanet.com/travel/20211214/1c4e35beaa0544ffb36276871eac8499/c.html

附录

资料1：

2022年1月18日，记者从云南昆明海关获悉，自2021年12月3日中老铁路开通运营以来，国际货运快速发展，截至1月17日，昆明海关共监管验放中老铁路国际货物列车153列，总货运量达5.95万吨，货值达10.68亿元。中老铁路运输网已辐射国内9省15个城市，覆盖老挝、泰国、新加坡等10余个共建"一带一路"国家。

——摘编自《中老铁路国际货运总值突破10亿元大关》，中国新闻网，2022年1月18日，https://www.chinanews.com.cn/gj/2022/01-18/9655679.shtml。

资料2：

新中国成立70多年来，中国已编织世界上最现代的铁路网和最发达的高铁网，让流动的中国生机勃勃。

路网四通八达，高铁里程稳居世界第一。

新中国成立之初，我国铁路运营里程仅2.2万公里。70多年来，铁路建设砥砺前行，路网品质不断提升。党的十八大以来，"八纵八横"高铁路网从图纸变为现实，中国铁路跨越塞北风区，蜿蜒岭南山川，驰骋东北雪海，穿梭江南水乡……截至2020年年底，我国铁路运营里程14.6万公里，其中高铁运营里程3.8万公里，较"十一五"末增长近5倍，占世界高铁运营里程的2/3以上。

运量逐年增加，铁路列车成为"国家名片"。

"通了高铁后，往来太方便了！"旅客于瑞琴常年在北京生活，但兄弟姐妹都在河北张家口，"过去坐绿皮车，要晃六七个小时，现在回家只要1个小时。"

新中国成立以来，我国自主建成世界上海拔最高的高原铁路、世界上荷载最重的重载铁路、世界上运营时速最快的智能铁路。具有完全自主知识产权的"复兴号"最短发车间隔约3分钟。2020年，我国铁路客运量22.03亿人次，客运周转量8266.19亿人公里，分别是新中国成立之初的21倍和64倍；铁路完成货物总发送量45.52亿吨，是新中国成立之初的81倍。

带动地区发展，勇当高质量发展火车头。

河南省洛阳市栾川县新南村，铁路小镇依山傍水，列车主题餐吧引人驻足。栾川县副县长周胜展告诉记者:"国铁集团帮咱们投资改建了一批农家宾馆,乡亲们的腰包鼓起来了!"

党的十八大以来,铁路部门充分发挥行业优势,推进建设扶贫,使109个县结束了不通铁路的历史,198个县跨入高铁时代;坚持运输扶贫,81对公益性"慢火车"26年不调价,每年运送沿线群众1200万人,免费托运老乡们的鲜活农产品。

助力节能减排,为实现双碳目标贡献力量。

党的十八大以来,铁路自身能源结构不断调整优化。目前国家铁路电气化率约75%,国家铁路燃油年消耗量已从最高峰1985年时的583万吨下降到231万吨,降幅达60%,相当于每年减少二氧化碳排放1256万吨。

——摘编自《流动的中国生机勃勃(中国交通可持续发展)》,《人民日报》2021年9月26日。

资料3:

在四川大凉山的山区里,每天都有一列火车,车上的主角不是人,而是动物。

遇到一群猪是常有的事情……对初次到访此地的外地旅客来说,有一种魔幻感,因为你的邻座很有可能是一头猪。当你试图分辨猪的哼哼噜噜声想表达什么内容时,列车员可能会提醒你前方到站,将上来一群羊。这种体验不像是坐火车,更像是踏进了一座移动的农贸市场。

在成昆铁路上,这趟从四川省凉山彝族自治州的普雄开往攀枝花南的5633/5634次列车,一直承担着运输农副产品的角色。……除了上述提到的牲畜,这趟列车的旅客,还包括鸡鸭鹅,而且它们都不用买票,免费搭乘。全程376公里的5633/5634次列车,共行驶11小时4分钟,沿途停靠26个站,几乎将大凉山彝族的几大山区聚集地都串联了起来。由于公路交通不便,从铁轨通车那一天起到现在,50年来当地彝族人一直仰赖这列火车和外界沟通。

最良心的是火车票价最高25.5元,最低2元,已经30多年没有浮动过。

——摘编自发财金刚:《四川的这趟火车,猪鸭鹅才是真正的乘客》,微信公众号"不相及研究所",2022年4月20日。

七 水污染防治 守护美丽江河

学科	历史	设计者	孙德生、王小华	教材版本	统编版
课程内容模块	世界近代史、中国现代史					
相关领域课程	历史、地理、道德与法治、科学等					
活动主题	生态环境与社会发展——水污染防治 守护美丽江河					
课时安排	2课时					

活动背景介绍

工业革命后，世界各国先后进入工业时代。在社会生产力得到迅猛发展的同时，环境保护问题凸显，水环境的保护尤其引起了各国的重视。英国、日本等国家率先意识到水污染问题，20世纪50年代以后，水环境保护在全世界范围内兴起。20世纪70年代以后，我国也开启了水环境保护及实践之路，陆续出台了一系列水质标准、水污染排放标准和地方性水污染防治法规，使我国的水污染防治法律法规初步形成了体系，对保护地表水和地下水免受污染起到了重要作用。

但是，目前有些地区仍然存在水环境质量差、水生态受损重等问题，影响了人们的生产和生活，水污染防治任务仍面临挑战。2015年，国务院印发了《水污染防治行动计划》，切实加大水污染防治力度，保障国家水安全。"绿水青山就是金山银山"，水环境保护事关人民群众切身利益，要切实处理好经济社会发展和生态文明建设的关系，尽最大可能守护美丽江河。

活动主题分析

一、课标要求

《义务教育历史课程标准（2022年版）》在学习主题"生态环境与社会发展"中指出：本主题的设计，旨在引导学生对工业革命后的环境问题进行探究，通过模拟新闻演播等方式，加深对环境问题的认识，增强环保意识。

二、学情分析

学生通过多学科课程学习,对水污染知识有初步了解,如,小学《科学》课文《水污染及其防治》运用大量实例说明水污染的特征及危害,要求学生理性看待水污染问题;初中《世界历史》课文《第二次工业革命》《工业化国家的社会变化》提及了水污染带来的严重影响,渗透了绿色生活的理念;初中《地理》课文《水资源》《建设永续发展的美丽中国》提出了我国水资源走可持续发展道路的重要性;初中《道德与法治》课文《共筑生命家园》围绕环境问题提出走绿色发展道路;初中《生物》课文《探究环境污染对生物的影响》说明了人类破坏性活动造成的水污染对生物的严重危害,倡导提高环保意识。

学生对水污染防治的了解多源于教材,对身边现实水环境问题的了解并不深入,部分学生节约、爱护水资源的意识还有待提高,美丽江河建设往往还停留在口头上,人与自然和谐共生、绿色发展的生态环境观念有待加强。同时,学生们对身边水环境有很强的探究欲望,也期望走出教室、参与活动交流,得到同学和教师的赞许。基于此考虑,确定本主题学习内容。

三、活动主题及立意

(一)活动主题

根据课标的要求,结合生态发展史中的水污染问题,本活动主题确定为"水污染防治 守护美丽江河",学生通过了解工业革命后水污染与水环境治理的相关史事,从中汲取经验,引以为戒,对身边的水环境状况开展调研,并以实验操作的形式了解水污染治理,引发对水环境问题的关注,最后以召开新闻发布会的形式,探讨水环境保护问题。

(二)活动立意

生态环境与社会发展是可持续发展的重要内容。本活动旨在以水污染为切入点,通过了解水污染原因以及发展过程,有机融合历史、地理、道德与法治、科学等课程内容,联系现实生活,探索水污染的防治,加深对水环境问题的认识与反思,增强环保意识,树立正确的人地协调观,守护美丽江河。

本活动采用项目学习方式,学生通过调查、搜集水污染的影响与危害,引发对水环境问题的关注;运用采访、新闻播报、水质初步分析实验等方式,体验跨学科活动的魅力,培养学习兴趣;充分利用互联网优势,合作探究搜集资料,从生态发展史的角度探索身边洞庭湖水体污染的演变过程,增强生态文明建设的使命感和责任感。在此过程中,培养学生综合运用历史、地理、道德与法治、科学等多学科知识的能力与素养。举办新闻发布会和撰写的倡议书是本项目学习的主要成果。

知识图谱

领域	相关课程内容			
	历史	地理	道德与法治	科学
1972—1983年	第一次全国环境保护会议《工业"三废"排放试行标准》试行实施《环境保护法(试行)》颁布施行	工业化与城市化进程快速发展	环境保护的32字方针 环境社会教育活动的开展	工业水污染治理
1984—2011年	《水污染防治法》《关于防治水污染技术政策的规定》第三次全国环境保护会议上提出"三大环境政策"和"八项管理制度"	《中国21世纪议程——中国21世纪人口、环境与发展白皮书》	可持续发展战略 科学发展观	城市水环境和重点流域水污染综合整治
2012年至今	生态文明建设《水污染防治行动计划》	绿色发展、低碳发展、循环发展	《中共中央 国务院关于加快推进生态文明建设的意见》 美丽中国建设	水生态的系统科学治理

目标、任务与方法

一、目标

1. 了解我国水污染的原因及发展概况,以及国家为保护水环境所作的努力,认识水污染防治对守护美丽江河的重要性。

2. 制作实地调查表并开展实地调查,了解身边水环境质量,开展水质分析实验和污染水简易净化实验,培养水环境保护的意识和能力。

3. 总结水污染防治策略，以召开新闻发布会的形式，加深对环境问题的认识和反思，探讨水环境保护问题，树立人与自然和谐共生理念。

二、任务与方法

任务1：了解我国水环境问题的发展过程及影响，了解国家在水环境保护方面采取的行动。

方法：

（1）查阅资料，收集中华人民共和国成立以来不同时期我国水环境出现问题的相关资料。

（2）收集国家在水环境保护方面出台的政策法规、召开的重要会议相关资料。

（3）总结、归纳水环境保护对守护美丽江河的重要意义。

任务2：通过实地调查了解洞庭湖附近水环境生态情况，设计、开展水质初步分析实验和污染水简易净化实验。

方法：

（1）制订方案，明确小组任务，设计"家乡水体污染情况"实地调查表。

（2）组织学生按任务开展活动，分别采用实地调查、问题访谈的方式，调查洞庭湖的水环境情况。

（3）开展水质初步分析实验，首先收集样本，采集水样，鉴别颜色、气味、清浊，测定pH酸碱度，观察水中的菌类。

（4）开展初级污水净化实验，通过明矾进行净水，搅拌，沉淀，观察实验现象。

任务3：总结我国水污染防治办法，通过新闻发布会等形式报道水环境情况，为生态环境保护书写倡议书。

方法：

（1）小组合作，交流总结，编写新闻稿，以新闻发布会等形式进行小组汇报展示。

（2）完善补充小组研究成果，围绕生态环境的保护问题，小组研究讨论，提出建议与策略，完成一份倡议书。

活动步骤

环节一　布置任务

根据主题学习内容和目标，制作主题学习资源包，指导学生阅读资源包、搜索相关资料，通过自主学习与合作探究的方式，完成各项任务。

根据任务分配情况，开展活动培训，下发演示文稿，介绍本次跨学科活动的内容与方法，组织学生以自愿原则分组，分为文献研究组、实地调查访谈组、实验分析组三个组别。每个组16人左右，选出组长1人，组员每4人编为1队，围绕任务内容，为不同小组确立各组的活动任务。

布置任务1，开展史料收集，由文献研究组负责文献资料查找。结合我国工业发展情况，由文献研究组第1、2小队负责收集中华人民共和国成立以来不同时期水环境出现的问题等相关史料；由文献研究组第3、4小队收集我国在水环境保护方面出台的政策法规、召开的重要会议等资料，概括我国水环境问题的发展过程及影响。由组长汇总文献研究成果。

布置任务2，开展家乡洞庭湖附近水环境实地探索活动和实验分析活动。由实地调查访谈组利用假期等休息时间，组织组内第1、2小队对附近河湖开展调查；第3、4小队采访附近居民、有关专家；共同填写"家乡水体污染情况"实地调查表，由组长汇总，形成家乡洞庭湖附近水环境情况调研报告等不同形式的研究成果，予以展示。由实验分析组负责水质初步分析实验和污染水简易净化实验的开展。组内第1小队负责实验器材准备和取水样；第2小队负责观察水样的颜色、气味、清浊；第3小队负责测定pH酸碱度以及显微镜观察；第4小队负责开展明矾净水实验；组长汇总结果，做出简要结论，向各组共享信息资料。

布置任务3，组内深入交流，对水污染的原因、发展过程、现状及防治策略等展开探讨并由组长总结重点信息。各组通过新闻发布会等形式发布研究成果，提出倡议，共同书写倡议书，为守护美丽江河建言献策。

环节二　学生自学

☆ 自主学习任务单 ☆

1.水环境大致分为几个层次？我们身边家乡的水环境大致处于什么状态？

预设：

（1）①水质良好，达到饮用标准；②轻度污染，经处理后可作饮用水；③较重污染，可作农业灌溉用水；④重污染，不符合农业灌溉要求。

（2）家乡水环境目前处于轻度污染状态。

2. 根据水环境实地调查采访发现，水污染主要有哪些类型？

预设：自然污染、人为污染。目前来看以人为污染为主要类型，包括工业废水排放、生活用水污染等。

3. 常见的水污染简易处理办法有哪些？

预设：物理法、化学法、生物法。例如：过滤、吸附、降解等。

4. 举例说明身边水环境发展的变化情况。

预设：洞庭湖区是我国重要的商品粮和渔业生产基地，由于人类对洞庭湖区的长期开发活动，在自然与人为因素的双重作用下，近代以来洞庭湖湖泊面积迅速萎缩，生态环境问题日渐突出。洞庭湖区环境治理与保护分为三个历史阶段，经过长期的努力，情况有所改善，但是水污染形势依然十分严峻，主要污染物排放总量仍处于较高水平，水污染的蔓延趋势仍未得到有效控制，许多水域水质仍在下降。我国的水环境安全已经受到威胁，一些不安全的因素和区域已经显现。水环境出现的问题已经制约了经济的发展，危害了人民的健康，影响社会稳定。

环节三　课堂展示

（一）情境导入

教师：（展示两幅"水环境"照片）同学们，这两幅照片分别说明了我们的水环境存在哪些问题啊？

学生回答。

教师：观察图中的水面状况，该区域水环境出现了水体富营养化和严重水污染的情况。请问同学们，我们家乡周边水环境状况是什么样的呢？

学生展示已完成的"家乡水体污染情况"实地调查表，根据小组实地调查情况回答问题，预设如下：

水体名称	×××市×××区（县）××河（湖、溪）	
考察内容	1.水呈何种颜色和状态？	绿色，浑浊。
	2.水面上有哪些漂浮物？	塑料袋、水藻、废旧物品。
	3.沿河两岸有多少个废水排污口？（工厂废水排污口和生活污水排污口各是多少？）排污口的污水是什么颜色？	1个生活污水排污口。污水呈灰黑色。
	4.沿河有哪些工厂企业？有无向河流倾倒工业、生活垃圾现象？	无工厂，有生活垃圾倾倒。
	5.河岸附近农田使用农药、化肥的污水是否流入小河？	是。
实地采访	1.您认为身边这条河是否受污染？ 2.您认为河流受污染的原因有哪些？ 3.请您描述一下这条河没受污染前的景象。 4.您认为治理河流有哪些好的办法？	1.受污染，现在河面垃圾很多。 2.倾倒垃圾，平时你可以看见丢弃的快餐盒、塑料袋、酒瓶等。 3.以前的河水非常清澈，水量很大，水中还有鱼虾，人们的生活用水也是从这里取的。 4.制定保护河流的规章制度，教育群众，依靠群众，对保护好的河段给予奖励。
小结	1.河流已经受到污染，且污染程度比较严重。 2.主要污染源是生活垃圾以及农业生产排污行为。 3.要加强污水治理，管控生活垃圾，加强垃圾分类教育。	

教师：以上是我们身边水环境的状况。我国在步入工业社会之后，生产力水平大为提升，在追求经济发展的过程中，水环境在一定程度上也遭受了破坏。请问同学们，我国水污染现状是什么样的？

学生回答。

教师：近些年，水环境越发受人关注，水环境保护的理念不断深入人心，请小组同学根据教师所给资料，结合小组搜集到的材料，举例说明我国水污染的原因。

学生回答。

教师：在工业革命之后，人们因追求经济效益而忽视了环境问题，不仅仅是水环境问题，各类环境问题都逐渐涌现。环境问题成为人类需要直面的问题。请问同学们，工业革命后还产生了哪些环境问题？

学生：空气污染、森林砍伐、生态环境恶化……

> 设计意图：了解水污染的基本状况，引导学生以自学的方式，从身边入手，联系不同学科知识了解我国水环境状况的变化趋势，提高学生获取关键信息的能力。

（二）活动过程

1. 开展文献研究，完成任务1的要求

文献研究组负责开展文献资料查找，联系我国工业发展，收集不同时期我国水环境出现问题的相关史料，查找我国出台的有关水环境政策，探究我国水环境问题变化过程，了解国家在水环境保护方面采取的行动。

2. 进行身边洞庭湖附近水环境调查结果展示，完成水质初步分析实验和污染水简易净化实验，完成任务2的要求

根据实地调查访谈组开展调查和采访所得的"家乡水体污染情况"实地调查表，形成洞庭湖水环境情况调研报告等成果。根据实验组的分工合作，从取水样，观察颜色、气味、清浊，到测定pH酸碱度和显微镜观察，再到明矾净水实验，最后进行实验现象汇总，展开组内讨论，做出简要活动结论，分享信息资料。

3. 小组讨论，召开新闻发布会，书写倡议书，完成任务3的要求

组内交流，对水污染的原因、现状及防治办法等展开探讨。召开新闻发布会，各组结合相关任务，对相关问题进行简易新闻播报，让学生通过参与，学会利用有效信息解释历史问题的方法。各组结合所学所想，围绕生态环境保护发出倡议，为守护美丽江河献计献策。

> 设计意图：通过查找资料、实验探究、新闻发布会活动，教师指导，学生互助，学生初步学会从多种渠道获取信息，提升发现和解决问题的能力。

（三）成果展示

教师：下面由各组组长准备新闻播报并主持新闻发布会，各小组派代表作为新闻发布会发布人，展示小组的研究成果。

主持人：各组首先对问题清单中相关问题进行简易新闻播报（包括身边水污染情况）。

教师：接下来，我们召开新闻发布会，请主持人和各组发布会发布人准备，其他同学可以以"提问—质疑—解答"的方式进行参与。

主持人主持新闻发布会，各组新闻发布人进行研究分享、发出倡议，并回答同学们的提问。

学生1：如何证明我国生态环境近些年逐渐好转？

学生2：保护水资源，防治水污染，我们具体能做些什么？

……

主持人归纳要点，对发布会进行总结。

教师：保护水资源，保护生态环境，我们可以从日常生活出发，崇尚节约，崇尚绿色消费，践行生态文明理念，认同人与自然和谐共生的理念，走绿色发展道路，践行实现永续发展的中国路径与中国方案。

> 设计意图：通过新闻播报、发布会展示、互动答疑，对生态环境问题进行探究与讨论，交流学习心得和经验，用所学知识解决现实问题，学以致用。

环节四　活动小结

教师：环境问题是人地关系不协调的突出表现。通过水污染情况，我们会发现，不能再一味追求经济的快速增长，必须改变发展观念，协调日渐紧张的人地关系。下面请各组同学就此谈谈你们的收获和感悟。

学生回答。

教师：坚持人与自然和谐共生，坚持生态文明建设，生态兴则文明兴，生态衰则文明衰；贯彻创新、协调、绿色、开放、共享的新发展理念，使青山常在、绿水长流、空气常新；树立忧患意识，增强生态文明建设的使命感和责任感，实现中华民族永续发展。

活动评价

评价内容	评价标准			评价等级
	A	B	C	
水质分析、净化实验	1. 样本采集符合相关规范要求，具有代表性。 2. 实验步骤正确规范、操作精准；实验现象观察细致，记录准确。 3. 实验结果分析全面、合理。	1. 样本采集比较符合规范，比较有代表性。 2. 实验步骤较为规范、操作准确；实验现象观察较为细致，记录比较准确。 3. 实验结果分析比较合理。	1. 样本采集基本合规，基本具有代表性。 2. 实验步骤熟悉，操作基本规范；实验现象观察及时，记录基本准确。 3. 实验结果分析基本合理。	
新闻发布会	1. 新闻报道紧扣主题，内容具体、准确。 2. 新闻发布人语言流畅，言之有物，表现力强；仪表大方得体，主持清新自然。 3. 新闻发布会问答中回复及时，问题阐释清晰。	1. 新闻报道契合主题，内容比较充实。 2. 新闻发布人语言流畅，吐字清晰，具有一定表现力；仪表自然，主持连贯。 3. 新闻发布会问答中回复及时，问题阐释比较清晰。	1. 新闻报道基本围绕主题，内容真实。 2. 新闻发布人语言基本流畅，表述清晰；仪表自然，主持基本连贯。 3. 新闻发布会问答中能做出回复，问题阐释基本清晰。	

活动延伸

拓展探究：人类社会发展史是一部浓缩的生态环境兴衰史，也是人类文明随着生态环境的兴衰而兴衰的历史。请同学们选择一个生态文明建设比较好的城市，搜集资料，出一次墙报，展示该城市生态面貌及发展状况，说明其做法。

活动反思

本主题学习活动，以水污染为切入点，探究工业社会发展对生态环境的影响，将所学的历史课程与其他多学科知识与技能结合起来，贴近社会现实去发现并解决问题，使学生感知觉、思维、情感、价值观等全面参与，作为学习活动主体全身心投入社会探究活动，实现深度学习的目标。在活动设计方面，要注重通过学生自身实践活动，引起学生对水污染问题的关注，培养学生防治环境污染的意识，按照新课标要求的历史学业质量标准，综合评量学生核心素养的达成度，将核心素养的培育贯穿于主题学习活动始终。应该在改变传统教学理念，引导学生研习实践，将主题学习活动与社会发展有实践性、操作性、趣味性地联系在一起,实现深度学习等方面再下功夫。

参考资源

一、著作

1. 徐静、张静萍、路远主编:《环境保护与水环境治理》,吉林人民出版社,2021年

2. 水环境治理产业技术创新战略联盟、深圳市华浩淼水生态环境技术研究院主编:《中国水环境治理产业发展研究报告(2019)》,中国环境出版集团,2020年

3. 石效卷、井柳新:《我国水环境问题、政策及水环保产业发展》,中国环境出版社,2016年

4. 李世书:《中国工业化进程中的生态风险及其应对》,社会科学文献出版社,2016年

5. 胡若隐:《从地方分治到参与共治:中国流域水污染治理研究》,北京大学出版社,2012年

6. 陈阿江:《次生焦虑:太湖流域水污染的社会解读》,中国社会科学出版社,2009年

7. 于秀娟主编:《工业与生态》,化学工业出版社,2003年

二、网络资源

1.《2020中国环保产业发展状况报告》,中华人民共和国生态环境部科技与财务司、中国环境保护产业协会,2020年11月6日,https://www.mee.gov.cn/ywgz/kjycw/tzyjszd/hbcy/202011/P020201106355662242838.pdf

2.《2019年中国生态环境统计年报》,中华人民共和国生态环境部,2021年8月27日,https://www.mee.gov.cn/hjzl/sthjzk/sthjtjnb/202108/W020210827611248993188.pdf

3.《2016年中国水资源公报》,中华人民共和国水利部,2016年7月11日,http://www.mwr.gov.cn/sj/tjgb/szygb/201707/t20170711_955305.html

附录

资料1：

2019年，全国地表水监测的1931个水质断面（点位）中，Ⅰ～Ⅲ类水质断面（点位）占74.9%，比2018年上升3.9个百分点；劣Ⅴ类占3.4%，比2018年下降3.3个百分点。主要污染指标为化学需氧量、总磷和高锰酸盐指数。

2019年，开展水质监测的110个重要湖泊（水库）中，Ⅰ～Ⅲ类湖泊（水库）占69.1%，比2018年上升2.4个百分点；劣Ⅴ类占7.3%，比2018年下降0.8个百分点。主要污染指标为总磷、化学需氧量和高锰酸盐指数。开展营养状态监测的107个重要湖泊（水库）中，贫营养状态湖泊（水库）占9.3%，中营养状态占62.6%，轻度富营养状态占22.4%，中度富营养状态5.6%。

2019年，监测的336个地级及以上城市的902个在用集中式生活饮用水水源断面（点位）中，830个全年均达标，占92.0%。其中地表水水源监测断面（点位）590个，565个全年均达标，占95.8%，主要超标指标为总磷、硫酸盐和高锰酸盐指数；地下水水源监测点位312个，265个全年均达标，占84.9%，主要超标指标为锰、铁和硫酸盐，主要是由于天然背景值较高所致。

2019年，全国10168个国家级地下水水质监测点中，Ⅰ～Ⅲ类水质监测点占14.4%，Ⅳ类占66.9%，Ⅴ类占18.8%。全国2830处浅层地下水水质监测井中，Ⅰ～Ⅲ类水质监测井占23.7%，Ⅳ类占30.0%，Ⅴ类占46.2%。超标指标为锰、总硬度、碘化物、溶解性总固体、铁、氟化物、氨氮、钠、硫酸盐和氯化物。

——摘编自《2019中国生态环境状况公报》，中华人民共和国生态环境部，2020年6月2日，https://www.mee.gov.cn/hjzl/sthjzk/zghjzkgb/202006/P020200602509464172096.pdf，第17—32页。

资料2：

当前，我国水环境污染形势仍然非常严峻，主要体现在以下四个方面：第一，水环境质量差；第二，水资源保证能力脆弱；第三，水生态环境受损严重；第四，水环境风险隐患较多。

水环境质量发展趋势堪忧。根据《2015年中国环境状况公报》，我国地表水好于Ⅲ类的水体比例大约为64%，劣于Ⅲ类的水体比例大约为36%。可见，仍存在近四成的水体水质令人担忧。从总体上说，我国西部地区水环境质量优于东部地区；经济落后地区水环境质量优于发达地区。经过"九五""十五""十一五""十二五"20多年向污染宣战，我国大江大河水体水质，特别是干流水体水质有较为明显改善；"三河三湖"（淮河、海河、辽河和太湖、巢湖、滇池）治理初见成效。但是在局部地区，一些小沟小河，特别是围绕在老百姓周边的水体，仍存在黑臭现象；工业、农业和生活污染排放负荷大，远远超过环境容量，水体污染依旧非常严重。因此，水环境质量的改善，不仅限于国家层面的高度重视，对于某些局部环节，基层工作更是重中之重。只有每一个小环境、小水体都清洁了，质量都改善了，整体的环境质量才能得到真正改善。

——摘编自石效卷、井柳新：《我国水环境问题、政策及水环保产业发展》，中国环境出版社，2016年，第1—2页。

资料3：

加快补齐水环境治理短板，持续打好碧水保卫战。住房和城乡建设部、生态环境部和国家发展改革委联合发布《城镇污水处理提质增效三年行动方案（2019—2021年）》（建城〔2019〕52号），推进生活污水收集处理设施改造和建设，尽快实现污水管网全覆盖、全收集、全处理。城镇污水处理由污水处理厂提标改造向管网、泵站、厂站等全系统的提质增效转变，从污水处理达标排放向水环境改善、实现水生态修复目标转变。生态环境部等九部委联合印发了《关于推进农村生活污水治理的指导意见》（中农发〔2019〕14号），提出开展农村黑臭水体排查识别、推进农村黑臭水体综合治理、开展农村黑臭水体治理试点示范和建立农村黑臭水体治理长效机制等主要任务。生态环境部发布《农村黑臭水体治理工作指南（试行）》（环办土壤函〔2019〕826号），全面推动农村地区启动黑臭水体治理工作。

——摘编自《2020中国环保产业发展状况报告》，中华人民共和国生态环境部科技与财务司、中国环境保护产业协会，2020年11月6日，https://www.mee.gov.cn/ywgz/kjycw/tzyjszd/hbcy/202011/P020201106355662242838.pdf，第28页。

八 探青岛工业遗产 寻青岛纺织历史

学科	历史	设计者	秦梦瑶	教材版本	统编版
课程内容模块	中国近代史、中国现代史					
相关领域课程	历史、地理、语文、艺术、劳动等				
活动主题	在身边发现历史——探青岛工业遗产 寻青岛纺织历史				
课时安排	3课时				

活动背景介绍

近年来，很多工业遗产"变身"创意园区、景观公园、博物馆，成为火爆一时的"网红"打卡地。工业遗产作为历史与现代的光影交汇点，承载着城市记忆，刻印着发展足迹，它能够吸收时代元素，释放活力，温暖人心。2020年6月，国家颁布相关文件，致力于打造一批集城市记忆、知识传播、创意文化、休闲体验于一体的"生活秀带"，此举助力越来越多的工业遗产走上活化变身之路。

青岛拥有良好的海港和较为完整的工业体系，被誉为"近现代民族工业摇篮"之一。20世纪50年代至90年代初，青岛纺织工业为青岛的经济发展做出巨大贡献，是青岛工业现代化发展的重要"推动者"。青岛纺织工业历经百年兴衰沉浮，它所留下的遗产见证了工业文明对这座城市的深刻影响。进一步保护与利用青岛纺织工业遗产，传承和发展工业文化、品牌文化，充分发挥历史优势，有助于青岛纺织工业适应当代发展潮流。

活动主题分析

一、课标要求

《义务教育历史课程标准（2022年版）》在学习主题"在身边发现历史"中指出：本主题的设计，旨在从物质文化遗产和非物质文化遗产入手，引导学生从身边的生活探寻其中反映的历史，拉近学生生活与历史之间的距离，提升学生对历史的认知，发展历史思维。

二、学情分析

学生在小学、初中学段各学科的学习中,虽然并未接触过与工业遗产有直接关联的内容,但通过不同学段相关课程的学习,对我国工业的发展已有基本了解,如:小学《道德与法治》课文《我国工业的发展》介绍了新中国成立以来我国钢铁工业、煤炭工业和电力工业的跨越式发展;初中《地理》课文《工业》介绍了工业的含义及作用、我国工业的空间分布和主要的工业基地及特点;初中《中国历史》课文《洋务运动》《经济和社会生活的变化》《新中国工业化的起步和人民代表大会制度的确立》介绍了中国近现代工业发展的基本历程。但由于课文中涉及工业领域的篇幅有限,学生对于伴随工业化进程而形成的工业文化、工业遗产、民族工业发展等内容不太关注,也不熟悉,较少思考中国特色工业精神有哪些,以及工业遗产的价值和作用等。

三、活动主题及立意

(一)活动主题

根据课标的要求,从青岛纺织工业遗产入手,本活动主题定为"探青岛工业遗产 寻青岛纺织历史",通过搜集青岛纺织工业发展资料、前往青岛纺织谷研学、开展工业遗产摄影展活动,让成长中的青少年了解家乡的纺织工业发展历程,加深对工业文化价值观的认同感,树立工业遗产保护意识。

(二)活动立意

青岛的工业曾有着无数的中国之最,是我国进入工业时代的重要历史见证。选择以青岛纺织谷作为研学对象,探究青岛纺织工业发展历程与工业遗产的保护与利用,能够有机融合历史、地理、劳动、语文等课程,帮助学生开拓视野,在实践活动中培育核心素养,从而能更好地为社会主义工业化建设贡献力量。

在学习活动中,学生通过搜集不同时期青岛纺织工业发展的资料,了解家乡纺织工业发展历程;通过青岛纺织谷研学,了解在青岛工业发展中涌现出的劳动模范的事迹,感知中国特色工业精神中的工匠精神和劳模精神;通过开展工业遗产摄影展,讲述照片背后的故事,了解工业遗产的价值与作用,树立工业遗产保护意识。

知识图谱

领域	相关课程内容				
	历史	地理	劳动	语文	艺术
新民主主义革命时期	民族工业的发展	影响纺织工业选址的自然因素、经济因素、社会因素	纺织业生产的基本工艺流程 坚定理想信念、以民族振兴为己任的劳动精神 百折不挠、艰苦奋斗的革命精神 精益求精、追求卓越的工匠精神 开拓创新、砥砺奋进的时代精神	工业题材的文学作品，如工业文学、小说、散文等	与此阶段民族工业有关的音乐、美术作品，包括绘画、雕塑、建筑等
社会主义革命和建设时期	新中国成立后的工业建设 新中国成立后青岛纺织工业发展历程	影响纺织工业发展的自然因素、社会经济因素和生产技术因素			歌颂新中国工业建设的音乐、美术作品，包括绘画、雕塑、建筑、戏剧等
改革开放和社会主义现代化建设新时期	社会主义市场经济体制 改革开放后青岛纺织工业发展历程	青岛纺织品的海外市场拓展			歌颂改革开放以来工业建设的艺术作品，包括音乐、绘画、雕塑、建筑、戏剧、电影等
中国特色社会主义新时代	青岛纺织工业新发展 工业文化遗产的建设	纺织行业数字化转型			进入新时代以来工业建设的艺术作品，包括音乐、绘画、雕塑、建筑、戏剧、电影等

目标、任务与方法

一、目标

1.成立"研学旅行自管会"，开展研学旅行自主管理活动。在小组合作交流中提升团结协作能力和自主管理能力。

2.搜集整理与青岛纺织工业发展相关的资料，梳理青岛纺织工业发展历程，认识纺织工业在青岛工业发展中的重要地位。

3.了解在青岛工业发展中涌现出的劳动模范的事迹，感知中国特色工业精神中的工匠精神和劳模精神，增强责任担当，营造崇尚工匠精神的校园氛围。

4.以工业遗产摄影展为主，展示研学成果，围绕工业遗产的价值和作用展开研讨，树立工业遗产保护意识。

二、任务与方法

任务1：建立"研学旅行自管会"，开展研学旅行自主管理活动。

方法：

（1）在班级内组建研学旅行小组，每10人为一组，选出一名小组长负责相关事宜，各小组明确各自的探究问题，在研学过程中共同致力于问题的解决。

（2）在班级中建立"研学旅行自管会"，由班委负责相关事宜。召开旅行安全纪律研讨会，确保研学过程中各项工作安全有序地进行；发放纺织谷的研学教材、研学旅行手册、宣传资料等，引导学生利用网络收集与本研学主题相关的资料，为后期的探究做准备；明确评价机制，在研学结束后评选出最佳研学小组和优秀学员。

任务2：在研学过程中，分小组搜集、整理相关资料，了解近现代青岛纺织工业发展历程、相关工业流程，初步认识青岛纺织工业遗产的价值。深入厂房进行生产情景体验，亲身感受在纺织品生产中可能遇到的困难，讲述在青岛纺织工业发展中涌现出的劳动模范的事迹。

方法：

（1）分组搜集、整理青岛纺织工业遗产保护和再利用的典型，并绘制成表格，表格内容需要有原厂厂名、建厂年代、改造项目名称、开发年代、产业类型，结合提供的参考资料梳理近现代青岛纺织工业发展历程。

（2）结合教师提供的视频，了解纺织业生产的基本工艺流程，分工合作绘制简易版纺织品生产流程图。

（3）开展小组合作制作扎染作品活动，深入厂房进行生产情景体验，亲身感受在工业生产中人们遇到的困难以及探讨解决问题的方法，从而体会劳动的快乐与不易。

（4）通过互联网、图书馆、走访等方式，探寻纺织业背后的劳模故事。

任务3：各小组在第三课时进行问题探究成果展示，举办摄影展，讲好工业遗产背后的故事，感受工业遗产的重要价值，并开展"保护和弘扬家乡工业遗产"的倡议活动。

方法：

（1）各小组通过讲解工业遗产、介绍劳动模范、展示 vlog 等方式展示本小组问题探究的成果。

（2）开展工业遗产摄影展活动，讲述照片背后的故事，在此过程中，学习利用有效信息解释历史问题的方法，从而能够在表达自己的见解时言而有据、推论得当。

（3）开展"保护和弘扬家乡工业遗产"的倡议活动，以纺织谷为例探究：作为中学生，你能为保护和弘扬家乡工业遗产做些什么？各小组结合青岛纺织工业遗产的现状，思考如何充分挖掘家乡工业遗产的历史文化价值和社会经济价值，围绕家乡工业遗产的保护和利用问题，提出建议与策略。

活动步骤

环节一　布置任务

根据主题学习内容和目标，制作主题学习资源包，指导学生阅读资源包，搜索相关资料，完成各项任务。

布置任务 1，开展研学旅行自主管理活动，建立"研学旅行自管会"。基于自主性和互补性原则，根据学生的智力、能力、性格、心理素质、性别等情况将学生分为 5 个小组，每个小组 10 人，其中组长 1 人。在各个小组内召开旅行安全纪律研讨会，确保研学过程中各项工作安全有序地进行。每个小组各有一个主要探究问题，在研学过程中共同致力于问题的解决。

（1）一组主要探究青岛近现代纺织工业发展状况。

（2）二组主要探究工业遗产的价值及保护和再利用工业遗产的原因。

（3）三组主要探究在青岛近现代纺织工业发展历程中涌现出的劳动模范，了解他们的事迹，并挖掘他们身上有哪些精神值得我们去学习。

（4）四组主要探究在纺织工业生产过程中，人们会遇到的困难及解决方法。

（5）五组主要探究中学生怎样保护和弘扬家乡工业遗产。

布置任务 2，青岛近现代典型工业遗产主要有博物馆、产业园、景观公园、商业、办公楼这五种产业类型，每小组各负责一种，从原厂厂名、建厂年代、改造项目名称、开发年代、产业类型等方面搜集有关青岛近现代典型工业遗产再利用的情况。搜集完毕后，按照开发年代的时序进行排列，整理绘制成青岛近现代典型工业遗产再利用情况图表，明确表格中属于纺织工业遗产的内容，结合提供的参考资料，梳理近现代青岛纺织工业发展历程。结合教师提供的视频，了解纺织业生产的基本工艺流程，小组分工合作绘制简易版纺织品生产流程图。在青岛纺织谷，开展小组合作制作扎染作品、生产情景体验等活动，探寻纺织背后的劳模故事等。

布置任务3，小组长组织组内分工，派一名同学通过讲解工业遗产、介绍劳动模范、展示vlog、展示表格等方式展示本小组的问题探究成果。开展工业遗产摄影展，派一名代表上台作报告，讲述照片背后的故事，并且为"保护和弘扬家乡工业遗产"建言献策。

环节二 学生自学

☆ 自主学习任务单 ☆

1. 青岛近现代纺织工业发展状况如何？

预设：青岛是中国最早的纺织工业基地之一。在新中国成立后的计划经济时代，它曾与上海、天津鼎足而立，在全国纺织行业中共享"上青天"的美称，改革开放之后逐渐走向下坡路。

在百年的历史进程中，青岛纺织业为推动青岛城市化进程、哺育岛城的工商业以及推动全国纺织工业的发展做出了重大贡献，对青岛市的城市文化、城市精神、城市形象的培育发挥了不可替代的作用。

2. 什么是工业遗产？青岛如今有哪些典型的工业遗产？

预设：工业遗产是指人类在工业活动中保存下来的，与技术进步、生产制造、配套服务等相关的，具有一定价值的物质文化遗产和非物质文化遗产。青岛比较典型的工业遗产有青岛啤酒博物馆、青岛烟草博物馆、纺织谷等。

3. 青岛有哪些典型的纺织工业遗产？我们为什么要保护和再利用这些工业遗产？

预设：青岛纺织博物馆、纺织谷、"红棉纺"艺术坊等，这些工业遗产不仅具有历史价值，还有技术价值、社会价值、文化价值、审美价值和经济价值。

4. 作为中学生，你能为保护和弘扬家乡工业遗产做些什么？

预设：略。

环节三　课堂展示

（一）情境导入

教师：（展示两组青岛纺织厂图片）同学们，请看两组图片。思考：第一组图片呈现了怎样的情景？图片中的人在做什么？

学生回答。

教师：第一组图片展示的是20世纪70年代的青岛纺织厂织绸车间，女工们正在热火朝天地忙碌工作着。纺织业是青岛的母亲工业，如果你的祖父母是老青岛人的话，想必他们的记忆中都会有关于纺织业的碎片。新中国成立后，青岛纺织工业已经成为中国纺织行业的主力军，并且涌现出郝建秀等众多劳动模范。第二组图片是青岛的哪里？和第一组图片有何关联呢？

学生回答。

教师：在众多纺织工厂中，国棉五厂是青岛纺织骨干企业之一，是青岛市内保留的建成年代最早、规模最大、工业体系最完整的纺织工业遗产。为了更好地适应时代发展，老国棉五厂经过改革创新，摇身一变，化身"纺织谷"，成为青岛纺织业的新名片。昔日旧工厂，今朝梦工厂，这是青岛工业遗产保护和再利用的典范。什么是工业遗产？青岛如今典型的工业遗产有哪些？究其历史，青岛近现代工业发展状况如何？在工业生产中人们会遇到哪些困难，人们又如何解决这些困难呢？今天，我们一起走进历史长河，在探寻青岛工业遗产的同时了解岛城纺织历史。

学生根据自学成果，展示已完成的自主学习任务单。

教师：工业遗产是指人类在工业活动中保存下来的，与技术进步、生产制造、配套服务等相关的，具有一定价值的物质遗产和非物质遗产。我们的家乡青岛作为中国重要的工业城市，拥有丰富的工业遗产资源，也是我国较早进行工业遗产再利用的城市之一。不难发现，在工业遗产再利用的产业类型中以产业园、博物馆项目为主，少量为景观公园和商业、办公楼。你参观过上述博物馆或者是产业园吗？在参观的过程中你有何感受？对相应工业的发展历史有多少了解？

学生回答。

教师：这些工业遗产，它们就像是"青岛近代工业的活化石"。工业遗产见证了工业活动对历史和今天所产生的深刻影响，见证了科学技术对于工业发展所做出的突出贡献，也见证了工业发展对经济社会的带动作用。

> 设计意图：铺垫基础知识，引导学生以自学的方式，结合资料，联系地理学科知识，整理青岛近代典型工业遗产再利用情况，掌握青岛现存典型工业遗产的基本情况，初步学会阅读史料，获取关键信息。

（二）活动过程

1. 研学前准备工作

开展研学旅行自主管理活动，建立"研学旅行自管会"。学生干部主持召开旅行安全纪律研讨会，确保研学过程中各项工作安全有序地进行，并且发放纺织谷的研学教材、研学旅行手册、宣传资料等。基于自主性和互补性原则，根据学生的智力、能力、性格、心理素质、性别等情况将学生分为5个小组，每个小组10人，其中组长1人。每个小组各有一个主要探究问题，在研学过程中共同致力于问题的解决，在第二课时中展示研究成果。各小组探究问题如下：

（1）青岛近现代纺织工业发展状况如何？

（2）工业遗产都有哪些价值？为什么我们要对其加以保护和再利用？

（3）在青岛近现代纺织工业发展历程中，有哪些劳动模范令你印象深刻？他们身上都体现了什么精神？

（4）在纺织工业生产中人们会遇到哪些困难？人们如何解决这些困难？

（5）参观完纺织谷，你有何感受？作为中学生，你能为保护和弘扬家乡工业遗产做些什么？

2. 青岛纺织谷研学系列活动

（1）了解纺织历史，解码城市记忆

在讲解员的带领下，通过珍贵的历史图片和斑驳的机器，了解青岛纺织的百年历史进程。

（2）假如机器会说话

在纺织科普互动展厅，通过互动，了解高科技纺织知识和现代高科技纺织的发展趋势。进一步思考：工业遗产都有哪些价值？我们为什么要保护和再利用这些工业遗产？

（3）走进劳模生活，感知昔日辉煌

通过走进纺织谷工业遗址中的青岛印染厂、国棉九厂、国棉三厂粉刷油漆车间，想象几十年前印染工人、纺织工人的车间工作场面，感受产业工人的勤奋劳动和忘我奉献精神，通过多种途径探寻纺织业背后的劳模故事。

（4）体验纺织工艺，感受纺织魅力

参观纺织谷车间等工业遗产，了解纺织业生产的基本工艺流程，补充完善研学前绘制的工业产品生产流程图。亲身体验扎染工艺，分小组进行，分别用四种不同的扎染方式来染制围巾，了解不同的扎染工具、仪器，亲身体验纺织生产中会遇到哪些困难、如何解决这些困难。

（5）定格最美瞬间，我和纺织谷有个约会

在纺织谷研学的过程中，同学们拿出相机或手机拍摄自己感兴趣的内容，寻找过去的工业印记，用相机定格最美瞬间。开展工业遗产摄影展，分享照片背后的故事。每个小组选择感兴趣的5张照片进行解读，追忆那段机器轰鸣、纱布流淌的纺织往事，并且为"保护和弘扬家乡工业遗产"建言献策，每个小组派出一名代表分享。

> 设计意图：通过一系列的活动，教师指导、学生互助，对历史问题进行探究与讨论，交流学习心得和经验，提高表达与交流能力。通过开展摄影展等方式，学会用所学知识解决现实问题，培养社会责任感。

（三）成果展示

学生分小组进行专题展示与讨论，各组通过讲解工业遗产、介绍劳动模范、展示vlog、展示表格等方式展示本小组问题探究的成果。

教师：昔日旧工厂，今朝梦工厂，改造升级是老国棉五厂没落中的希望，对工业遗产的保护和再利用也为青岛人留住乡愁与记忆，再续城市之光。请各组开展工业遗产摄影展活动，讲述照片背后的故事，并且为"保护和弘扬家乡工业遗产"建言献策。

学生发言1：

（展示郝建秀工作照片）这张图片记录了郝建秀工作时的场景。劳模精神是工业精神中的重要内容，我们给大家讲一讲郝建秀的故事吧！新中国成立后，青岛纺织业拥有过不少辉煌，做出过不少贡献，特别值得一提的是我们青岛纺织业的骄傲——郝建秀。她在实践中开创出科学纺纱法，使得生产效率大为提高，全国纺织总工会专门组成研究会对其加以总结命名并推广为"郝建秀工作法"。郝建秀的模范事迹传遍全国,成为新中国第一代劳模的杰出代表,毛泽东、周恩来、刘少奇等党和国家领导人数次接见郝建秀,她是青岛的骄傲!郝建秀之所以能在平凡的岗位上干出耀眼的业绩,是因为她有着艰苦奋斗、爱岗敬业、争创一流的精神,有着为祖国和人民干好事业的坚定决心。我们在日常生活中,要努力学习这种以民族振兴为己任的主人翁精神,敢为人先,努力拼搏,尽力做好每一件事。为了让大家更好地了解家乡工业遗产,在了解的基础上保护,我们小组在研学时收集图片、影像资源,制作了关于纺织谷的大国重器 vlog,请大家来欣赏……随后我们还打算做关于工业遗产的系列短片,希望同学们也能积极参与。

学生发言 2:

(展示同学们参观梳棉机的照片)这张图片是在纺织谷室内展馆拍的。这里以前是生产车间,现在摆设了一些当年的纺织机械。图片上的机器是梳棉机,这是 20 世纪 80 年代制造的纺织机械。据讲解员介绍,图片中梳棉机的作用是将棉卷内的棉花进行梳理、除杂、排除短绒、分解成单根纤维,经转移形成棉网,再集束成棉条。这台设备在当时比较先进,投入使用后产量提高了 4 倍,生产效率大大提高。可以窥见,生产技术的进步确实能推动生产力的发展。这台机器看上去饱经沧桑，有着浓浓的历史气息，我似乎能透过时光看到几十年前的它在日夜不休地运转，为青岛纺织工业的发展倾尽全力。随着城市发展前进的步伐，纺织企业不断变革，曾经的宽阔厂房、轰鸣车间、忙碌纺纱机，都留在时光记忆的长廊里。但是参观完纺织谷，我发现它将纺织历史和现代文化结合得很巧妙。谷内的各个展馆、每一个老物件，都在从不同角度向我们展示着纺织文化，诉说着纺织历史……作为新时代的少年，我们要珍惜和保护这些工业遗产，尽可能地挖掘它的价值，课后我们小组打算绘制系列手抄报，来介绍这些纺织机械，让更多的同学了解它们。

教师：国棉五厂被国家工业和信息化部列入国家工业遗产名单，青岛纺织谷就是在国棉五厂旧址上对其进行全面修复和创新利用建成的。为了更好地保护和利用纺织工业遗产，我们要充分挖掘其丰厚的文化底蕴、特有的工业精神、独有的经济价值和社会价值等，为它的发展注入新的活力和动力。

> 设计意图：展示研究成果，升华主题，再次理解保护和弘扬工业遗产的价值与重要性。

环节四　活动小结

教师：回望百年前的中国，纺织工业是最重要的工业门类，是国家最重要的经济支柱，直接左右着中国城市的发展格局，"诞生于世纪之交，成长于乱世烽火，积淀于建设时期，成熟于改革开放"。2005年，国棉五厂的时代结束，2014年，在原址之上，青岛纺织谷诞生了。今天，我们通过工业研学，实地考察了纺织谷的方方面面，了解到青岛纺织工业遗产的发展情况，感知到工业遗产的重要价值，也通过一系列特色活动，为保护和弘扬家乡工业遗产做出了努力。历史的车轮滚滚向前，期待越来越多的工业遗产走上活化变身之路，在新时代彰显它们的价值。

活动评价

评价内容	评价标准			评价等级
	A	B	C	
研学旅行自管会	1."研学旅行自管会"各项工作细则清晰明确，工作流程科学高效，分工明确。在研学过程中表现出强烈的团队意识和合作精神。 2.旅行安全纪律研讨会主题明确，形式新颖，懂得自然灾害或突发事件发生时主动规避危险的知识，掌握并运用安全避险的5种方法。 3.严格遵守研学的规定与安排，填写的研学旅行手册内容丰富、形式新颖。	1."研学旅行自管会"各项工作细则完备，工作流程完整。在研学过程中表现出较强的团队意识和合作精神。 2.旅行安全纪律研讨会主题明确，懂得自然灾害或突发事件发生时主动规避危险的知识，掌握并运用安全避险的3种方法。 3.遵守研学的规定与安排，填写的研学旅行手册内容丰富。	1."研学旅行自管会"具备一定的工作细则和工作流程。在研学过程中能够与其他同学合作。 2.召开旅行安全纪律研讨会，懂得自然灾害或突发事件发生时主动规避危险的知识，掌握并运用安全避险的2种方法。 3.能够遵守研学的规定与安排，基本完成研学旅行手册的填写。	
研学活动	1.通过网络搜集、图书馆查阅、调查研究等至少4种方式获取各种可信史料，并对材料进行适当的整合和解读，能运用材料解决本小组的研究问题。 2.掌握4种制作扎染作品的方法，熟练绘制1—2种纺织品的生产流程图。 3.充分了解在青岛纺织工业发展中涌现出的3位劳动模范的事迹。	1.通过至少3种方式获取各种可信史料，并对材料进行适当的整合和解读。 2.掌握2—3种制作扎染作品的方法，较为熟练地绘制1—2种纺织品的生产流程图。 3.了解在青岛纺织工业发展中涌现出的1—2位劳动模范的事迹。	1.通过2种方式获取各种可信史料，对材料进行简单的整合和解读。 2.掌握1—2种制作扎染作品的方法，能够绘制出1—2种纺织品的生产流程图。 3.基本了解在青岛纺织工业发展中涌现出的1位劳动模范的事迹。	

（续表）

评价内容	评价标准			评价等级
	A	B	C	
研究成果分组展示	1.展示小组研究成果时，形式新颖、见解独到，在表达自己的见解时言而有据、推论得当，将研究内容与现实生活紧密关联。 2.摄影作品画质清晰，与主题关联度高。 3.讲述生动具体，富有感染力。 4.能提出3条有价值的保护工业遗产的建议。	1.展示小组研究成果时，观点明确、重点突出，能够联系现实生活。 2.摄影作品画质清晰，贴合主题。 3.讲述生动形象。 4.能提出1—2条有价值的保护工业遗产的建议。	1.展示小组研究成果时，层次分明、贴合主题。 2.摄影作品画质清晰。 3.讲述流畅自然。 4.能提出1—2条保护工业遗产的建议。	

活动延伸

拓展探究：你的一分钟可以发生什么？青岛的一分钟可以发生什么？观看城市形象宣传片《青岛一分钟》，了解我们家乡每一分钟的成就与发展，最后开展"青岛的一分钟，我的一分钟"vlog创作活动。

活动反思

本主题设计旨在从青岛纺织工业遗产入手，通过工业文化实地研学，引导学生将资料解读与实地调研结合起来，探寻身边的工业遗产与文化，发挥自身的主观能动性，拉近生活与历史之间的距离，提升对历史的认知，发展历史思维。

为达成学习目标，笔者设计了三项任务，主要通过青岛纺织谷工业文化研学活动完成。三项任务相互关联，逐层递进：任务1是开展研学旅行自主管理活动，建立"研学旅行自管会"，为研学活动做好准备；任务2是在研学过程中，开展小组合作梳理近现代青岛纺织工业发展历程、制作扎染作品等活动，认识工业遗产的价值，感知中国特色工业精神；任务3是在研学后进行成果展示，主要以摄影展的方式讲好工业遗产背后的故事，树立工业遗产保护意识。三项任务完成后，基本达成预设的教学目标。

在活动过程中，主要考虑了以下问题：为什么选择"探青岛工业遗产 寻青岛纺织历史"这一主题？对于学生而言，能够进行工业文化研学，将资料解读与实地调研结合起来，切身了解家乡的工业文化遗产，学习兴趣会比较高；对于教师而言，可以通过工业文化教育来落实新课标中的历史课程核心素养，使成长中的青少年认识到劳动的社会意义，崇尚劳动精神，自觉为社会主义工业化建设贡献力量。

本活动的设计与实施，还有一些问题需要完善和探索改进，如：在青岛纺织谷实地研学的时间有限，如何在有限的时间内让学生高质量参与各项活动；除了青岛纺织谷工业遗产外，如何引导学生对其他的工业遗产进行深入探究；如何指导不同学习特性的学生进行跨学科的学习研究等。

参考资源

一、著作

1. 严鹏、陈文佳：《工业文化遗产：价值体系、教育传承与工业旅游》，上海社会科学院出版社，2021年

2. 杨培禾、刘立编著：《研学旅行课程设计与实施》，首都师范大学出版社，2021年

3. 李岑虎主编：《研学旅行案例选评》，旅游教育出版社，2021年

4. 严鹏：《简明中国工业史》，电子工业出版社，2018年

5. 王新哲、孙星、罗民：《工业文化》，电子工业出版社，2018年

6. 严鹏：《富强竞赛：工业文化与国家兴衰》，电子工业出版社，2017年

7. 工业和信息化部工业文化发展中心：《工匠精神——中国制造品质革命之魂》，人民出版社，2016年

二、期刊文章

1. 严鹏、陈文佳、孙星：《工业文化是劳动教育的重要课程资源》，《教育论坛》，2021年第2期

2. 贾超、王梦寒、于洋、吴逸伦：《青岛工业遗产保护利用历程及现状调研》，《城市建筑》，2019年第19期

3. 徐雪松、林希玲：《纺织工业遗产的保护与利用——以青岛市为例》，《江苏工程职业技术学院学报》，2018年第3期

附录

资料1：

青岛是我国较早进行工业遗产保护利用的城市。2001年被改造成博物馆的青岛第一啤酒厂是迄今为止青岛工业遗产保护利用最为成功的代表，目前已接待游客量达800万人次，积极推动了周边经济业态的发展，形成了特色鲜明、商业密集的旅游饮食聚集区，并成功带动了对周边工业遗产的保护。针对青岛第一啤酒厂、同泰橡胶厂、青岛丝织厂、青岛印染厂的保护利用顺利带动了台东片区的顺利转型，具有重要的引领意义。

在政策的鼓励下，具有开发条件的工业遗产陆续被改造成创意园区，着力发展第三产业，例如，青岛四方机车厂被改造成青岛工业设计产业园区，青岛红星化工厂被改造成红星印刷科技创意产业园，青岛国棉五厂被改造成纺织谷文化创意产业园，青岛国棉六厂被改造成M6电子信息创意产业园。该阶段对青岛工业遗产的活化利用进行了深入探索，无论企业、政府还是个人开发都加大了开发力度和资金投入，活化利用效果和经济效益均优于早期活化利用案例，取得了较好的社会影响。

——摘编自贾超、王梦寒、于洋、吴逸伦：《青岛工业遗产保护利用历程及现状调研》，《城市建筑》2019年第19期。

资料2：

工业精神是在工业化过程中产生和发展，为工业生产活动提供深层次动力和支持的一种社会主导取向和共同价值观。工业精神内涵可以简单地理解为有利于工业发展的文化和心理。工业精神外延包括时代精神和民族精神，具体包括创新精神、创业精神、工匠精神、诚信精神、劳模精神、协作精神和企业家精神等。工业精神要求的是合理、能够推动工业和社会进步、符合价值理想、顺应发展总趋势的工业精神文化。

工匠精神是工匠对自己生产的产品精雕细琢、精益求精，追求完美和极致的精神理念。工匠精神的内涵可以从三个方面体现：敬业、精业、勤业。敬业即对所从事的职业有一种敬畏之心，视职业为自己的生命，是从"技"到"道"真谛的领悟，是工匠对职业精神和人生境界的追求；精业即精通自己所从事的职业，达到技艺精湛的地步，它体现了工匠的创造精神与工作态度，那些在中国历史上被称为

"能工巧匠"的，不只是因为他们技艺熟练，更重要的原因在于他们身上所具有的创造性品质；勤业即积极、勤奋、坚守、永不懈怠地从事自己的职业，表现出对工作的执着、对产品的负责。

工匠精神是一种态度，一种信仰，一种追求，一种品质，一种财富；工匠精神也是一份挚爱，一份专注，一份坚持，一份执着，一份诚信。它是一种对工作精益求精、追求完美与极致的精神理念与工作伦理品质，包含了严谨细致的工作态度，坚守专注的意志品质，自我否定的创新精神及精益求精的工作品质。

劳模精神指的是劳动模范者在社会实践中所表现出的价值观、道德观和精神风尚，内涵十分丰富，具体来说，包括了劳模那种坚定理想信念、以民族振兴为己任的主人翁精神；勇于创新、争创一流、与时俱进的开拓进取精神；艰苦奋斗、艰难创业的拼搏精神；淡泊名利、默默耕耘的"老黄牛"精神和甘于奉献、乐于服务的忘我精神；紧密协作、相互关爱的团队精神。

总体来看，劳模精神的内涵在不断丰富。"以知识创造效益、以科技提升竞争力，实现个人价值、创造社会价值"成为劳模的价值追求，"知识型、创新型、技能型、管理型"成为当代劳模的鲜明特征，充满活力和感召力的劳模队伍为推动国家的经济建设、政治建设、文化建设、社会建设及生态文明建设做出了重大贡献。

——摘编自王新哲、孙星、罗民：《工业文化》，电子工业出版社，2018年，第253—254页。

资料3：

工业遗产是指人类在工业活动中保存下来的，与技术进步、生产制造、配套服务等相关的，具有一定价值的物质遗产和非物质遗产。

（1）物质遗产。物质遗产主要包括工业文物、工业建筑及工业遗址三部分。

工业文物：从历史、技术、科学角度看，具有突出的普遍价值的工业制成品，包括机器设备、生产工具、办公用具、生活用具、历史档案、商标徽章、文献、手稿、图书资料、契约合同、商号商标、产品样品、手稿手札、招牌字号、票证簿册、照片拓片、音像制品等涉及企业历史的记录档案等可移动文物。

工业建筑：从历史、艺术或科学角度看，在建筑式样、分布均匀或与环境景色结合方面具有突出的普遍价值的单立或连接的工业建筑单体或群体，包括作坊、厂房、仓库、码头、桥梁、故居及办公建筑、工业市镇等。

工业遗址：从历史、科技、社会学角度看，具有突出的普遍价值的人类引入新技术形成的工业工程或自然与人造工程等地方，包括工人的住宅、使用的交通系统及其社会生活遗址等。

（2）非物质遗产。非物质遗产包含生产工艺流程、生产技能、原料配方、商号、品牌、记忆、口传等相关的工业文化形态，具有特殊贡献的个人或群体及其先进事迹报告或口述史。

——摘编自王新哲、孙星、罗民：《工业文化》，电子工业出版社，2018年，第355—356页。

九 行摄中的中国大运河

学科	历史	设计者	师琴、张颖	教材版本	统编版
课程内容模块	中国古代史					
相关领域课程	历史、地理、道德与法治、语文、艺术等					
活动主题	在身边发现历史——行摄中的中国大运河					
课时安排	2课时					

活动背景介绍

2014年6月22日，在卡塔尔首都多哈召开的第38届世界遗产大会现场，随着大会主席玛雅萨一声"祝贺中国"，中国第46个世界遗产项目正式产生！这个世界遗产就是中国大运河。中国大运河纵贯中国中东部地区，包括隋唐大运河、京杭大运河、浙东大运河三部分，全长3200千米，途经8个省级行政区，连通海河、黄河、淮河、长江和钱塘江五大水系，是世界上开凿时间较早、沿用时间最久、长度最长、规模最大、发挥作用最突出的人工运河。

开通大运河是解决中国南北社会和自然资源不平衡的重要举措。隋朝时期完成了大运河第一次全线贯通，形成了以洛阳为中心，北抵涿郡，南至余杭，沟通南北的隋朝大运河。唐朝时，进一步疏浚修整，形成隋唐大运河。元朝在原有基础上，对大运河进行截弯取直，直接沟通北京和江南，形成了自元朝以来的"京杭大运河"，此后一直延续使用。

历经两千余年的变迁，大运河成为不断适应社会和自然变化的动态性工程，以世所罕见的时间与空间促进了不同地区之间的经济、文化交流，在国家统一、政权稳定、经济繁荣、文化交流和科技发展等方面发挥了不可替代的作用，对中国乃至世界历史都产生了巨大和深远的影响。

活动主题分析

一、课标要求

《义务教育历史课程标准（2022年版）》在学习主题"在身边发现历史"中指出：本主题的设计，旨在从物质文化遗产和非物质文化遗产入手，引导学生从身边的生活探寻其中反映的历史，拉近学生生活与历史之间的距离，提升对历史的认知，发展历史思维。

二、学情分析

学生通过多学科课程学习，已初步了解大运河的相关知识，如：初中《语文》课文《梦回繁华》围绕《清明上河图》描述了汴河两岸的繁华景象与社会生活状况；初中《中国历史》课文《隋朝的统一与灭亡》中有"开通大运河"的内容，叙述了开通大运河的目的、过程、范围与影响；初中《地理》课文《河流》介绍了京杭运河的概况。此外，多数学生能够通过生活体验与课外阅读，知晓隋朝开通了大运河，能够认识大运河的航运功能。

但多数学生对大运河的认识是碎片化的、零散的，对大运河的历史脉络未形成清晰认知，未关注或较少关注大运河的文化遗产与现实价值，且很少有学生思考大运河为什么是南北方向、大运河如何影响着我们的现实生活等问题。

三、活动主题及立意

（一）活动主题

根据课标的要求，结合中国大运河的内容，本活动主题定为"行摄中的中国大运河"，运用反映大运河历史的相关照片，讲好中国大运河的故事，树立运河遗产保护、文化传承意识。

（二）活动立意

中国大运河是中华文明的重要标识，是祖先留给我们的宝贵遗产。选择以大运河的历史与文化为核心概念，解读中国大运河的照片，探究大运河的发展历程与现实价值，有利于引导学生从身边的历史入手，有机融合历史、地理、道德与法治、语文、艺术等课程，探究大运河的前世今生，感受中国古代人民的智慧和创造力，认识源远流长、博大精深的中华文明。

在学习活动中，学生通过搜集反映不同时期大运河历史的相关照片，并对照片按照时序进行排列，了解大运河的历史文化与发展脉络；通过解读照片，观察大运河的生态环境与园林风光，了解大运河对人们社会生活的影响，知道中国大运河的分布特点与大运河的重要作用；通过讲述与聆听大运河故事，了解大运河的社会价值与现实意义，树立运河遗产保护意识。在学习过程中，培养综合运用历史、地理、道德与法治、语文、艺术等多学科知识的能力与素养。

知识图谱

领域	相关课程内容				
	历史	地理	道德与法治	语文	艺术
春秋战国时期	邗沟、鸿沟的开凿与改造	邗沟、鸿沟的分布特征 运河沿线的自然环境、地形地貌、水资源分布特点	古镇文化 津渡文化 人与自然和谐共生 国家治理能力	大运河题材的文学作品，如诗歌、文章等	大运河题材的音乐、美术作品，包括雕塑、油画、杂剧、昆曲、京剧、表演艺术等
隋唐时期	隋炀帝时开凿通济渠、永济渠，重新疏浚邗沟，开挖江南河 唐朝时期疏浚、改建部分河道	通济渠、永济渠、江南河的分布特征 运河沿线的自然环境、地形地貌、水资源分布特点		大运河题材的文学作品，如唐诗、宋词等	
元明清时期	元朝开凿会通河、北通卫河 明清时期改建河道和水工设施	会通河、北通卫河的分布特征 运河沿线的自然环境、地形地貌、水资源分布特点		大运河题材的文学作品，如元杂剧、明清小说等	
中华人民共和国成立以后	对大运河河道进行现代化治理	运河分布特征 水系与水路交通网 运河沿线的自然环境、地势地貌 水路运输对于国家和区域发展的强大影响力		大运河题材的文学作品，如运河文学、船工号子等	

目标、任务与方法

一、目标

1.搜集、整理反映大运河历史的相关照片，根据照片内容，按时序对照片进行排列,了解大运河变迁的历史脉络,编制照片集。

2.解读照片集中的照片,了解我国大运河的空间分布及发展,并在中国地图上进行标识,探索大运河的开凿与发展对社会生活的影响,认识大运河的历史价值和现实作用。

3.了解运河文化的主要呈现形式,感受运河沿线的文化风貌,探寻运河遗产,讲好运河故事,树立运河遗产保护、文化传承意识。

二、任务与方法

任务1:搜集、整理反映大运河历史的相关照片,按时序排列,从中提炼出有关大运河历史变迁的关键信息与基本线索,编制照片集。

方法:

(1)各个小组通过互联网、图书馆等方式搜集反映大运河历史的相关照片。

(2)将搜集到的照片按照时序进行排序,绘制大运河重要事件时间轴。

(3)自拟主题编制大运河历史发展照片集。

任务2:选择感兴趣的照片,了解中国大运河的空间分布及发展,认识大运河的开凿与发展对社会生活的影响,分析大运河的时代价值与现实意义。

方法:

(1)整理反映大运河历史的照片集,挑选感兴趣的照片,结合已学知识,对选择的照片展开解读,了解大运河的空间分布及发展,叙述与大运河历史变迁有关的关键史事。

(2)在中国地图上标注大运河的主要遗产点位,探究大运河的开凿与发展对社会生活的影响。

(3)挖掘照片背后的运河历史,围绕不同的侧重点探究大运河的时代价值与现实意义。

任务3:从文学、艺术、建筑、古迹遗址等方面,探寻大运河遗产,讲述运河故事,感受大运河的"新生机",为运河遗产保护写倡议书。

方法:

(1)联系现实生活,搜寻与大运河相关的文学、绘画、雕塑、建筑、古迹遗址等,围绕某一个方面,讲述运河故事。

(2)开展"保护大运河倡议书"活动。各小组结合大运河建设的现状,从大运河文化遗产保护传承、生态环境保护修复、文化和旅游融合发展、利用机制创新等方面，思考如何充分挖掘大运河丰富的历史文化资源，将大运河保护好、传承好、利用好，完成一份倡议书，围绕大运河的保护和利用问题，提出建议与策略。

活动步骤

环节一　布置任务

根据主题学习内容和目标，制作主题学习资源包，指导学生阅读资源包、搜索相关资料，完成各项任务。

布置任务1，按照照片所反映的主题将学生分为文物古迹、自然人文景观、民情风俗、文学艺术4个小组。每个小组12人左右，其中组长1人。每个小组中每3人一队，又分为4支小分队，分别搜集反映不同历史时期大运河开凿和发展的照片，如：小分队1搜集反映春秋战国时期大运河的照片；小分队2搜集反映隋唐时期大运河的照片；小分队3搜集反映元明清时期大运河的照片；小分队4搜集反映中华人民共和国成立之后大运河的照片。搜集完毕后，组长汇总，先按照历史发展的时序进行排列，然后每个小组选取具有代表性的若干照片，编制相关的大运河照片集。

布置任务2，4个小组分别派代表对大运河照片集的内容进行解读，阐述大运河的空间分布及发展，围绕大运河的时代价值与现实意义展开探讨。

组内讨论挑选感兴趣的照片，分析大运河的空间分布及发展，在中国地图上标注大运河遗产点位，探究大运河的开凿与发展对社会生活的影响。对选择的照片展开解读，围绕不同的侧重点分析大运河的时代价值与现实意义：

（1）文物古迹组探讨怎样保护大运河沿线的历史文化遗产，如何深入挖掘文物古迹的时代价值；

（2）自然人文景观组探讨如何加强运河水道整治工程，引入生态理念，发展绿色航运，努力建成"畅通、高效、平安、绿色"的现代化航道；

（3）民情风俗组探讨怎样将运河文化中文学、艺术、习俗等与形式多样的非物质文化遗产串联起来，理解运河文化；

（4）文学艺术组探讨怎样挖掘、聚合、拓展运河沿线城市的文化旅游资源，促进运河文化带经济建设等问题。

布置任务3，4个小组探寻运河遗产，研讨如何讲好"中国大运河"的故事，并书写300字左右的倡议书，为运河遗产保护建言献策，增强保护运河遗产、传承运河文化的意识。

环节二　学生自学

☆自主学习任务单☆

1.中国大运河经历了哪几个发展阶段？绘制大运河重要事件时间轴。

预设：中国大运河有两千多年的历史，其开凿、发展与演变，主要分为三个阶段。早期运河的开凿始于公元前5世纪；隋朝时期完成了第一次大贯通，形成了沟通南北的大运河；元朝因政治中心迁往北京，将大运河改线为直接沟通北京和南方地区，完成了第二次大贯通，后明清继续沿用。

吴国开挖邗沟	隋炀帝开凿通济渠	元朝政府开凿会通河
公元前486年	公元605年	公元1289年

2.中国大运河的空间分布情况怎样？

预设：大运河途经8个省级行政区，几乎贯穿了中国中东部的主要地区。南北向大运河南至浙江杭州、北至北京；东西向大运河西至河南洛阳、东至浙江宁波。大运河沿线自北向南横跨两大自然气候带——温带季风气候、亚热带季风气候，水资源分布在地区和空间上存在极大差异。

3.大运河的生态环境变化对人们的社会生活有哪些影响？

预设：大运河的生态环境变化和运河流域的经济文化对运河沿线人们的社会生活有重要影响。运河的发展刺激了沿岸地区的商业发展，也给运河沿线带来了大量的人流，在运河沿岸的一些水陆交汇点或交通枢纽地区，应运而生了一座座商贸城市。运河孕育着两岸特有的民情风俗，人们沿着大运河逐水而居，形成了独特的"水上人家"生活模式。扬州、苏州、杭州等历史城镇的运河街区均展现了大运河对生活方式的塑造。

4.中国大运河项目为什么能够入选世界文化遗产名录？

预设：对于大运河的价值，中国大运河申遗文本是这样描述的："大运河是世界上唯一一个为确保粮食运输（漕运）安全，以达到稳定政权、维持王朝统一的目的，由国家投资开凿和管理的巨大工程体系。它是解决中国南北社会和自然资源不平衡的重要措施，以世所罕见的时间与空间尺度，展现了农业文明时期人工运河发展的悠久历史，代表了工业革命前水利水运工程的杰出成就。它实现了在广大国土范围内南北资源和物产的大跨度调配，沟通了国家的政治中心与经济重心，促进了不同地域间的经济、文化交流，在国家统一、政权稳定、经济繁荣、文化交流和科技发展等方面发挥了不可替代的作用。大运河由于其广阔的时空跨度、巨大的成就、深远的影响而成为文明的摇篮，对中国乃至世界历史都产生了巨大和深远的影响。"

5. 搜集反映大运河历史的相关照片，从文学、艺术、建筑、古迹遗址等方面，探寻身边的运河遗产文化。

环节三 课堂展示

（一）情境导入

教师：（展示杭州、扬州、天津运河的照片）同学们，观察这些城市的照片，大家能发现它们的共同点是什么吗？

学生回答。

教师：这些城市有一个共同点——都有一条河流穿城而过，这条河流就是中国大运河。河流与运河沿岸是最佳的城市衍生地。大运河开通后，人员的大量聚集、人员和物资的交流，推动形成了一个又一个的城镇。南有镇江、常州、无锡、苏州，北有天津、德州、沧州，就连元明清三朝首都北京，都被称为"从大运河上漂来的城市"。作为世界遗产的中国大运河途经三十余个城市，所以中国大运河的遗产也分布于全国各地。那么，什么是运河？中国运河的发展经历了哪几个主要阶段？在我们的身边有哪些运河遗产呢？下面，让我们一起来探寻行摄中的中国大运河。

学生根据自学成果回答问题，展示已完成的自主学习任务单与大运河重要事件时间轴。

教师：运河是人工开凿的通航水道，将不同河流、湖泊和海洋等水域连接起来，目的是利用有利地形，避开地理上的天然障碍，缩短运输线路，发挥水运航道的作用。同学们，你们知道中国大运河、隋唐大运河、京杭大运河、浙东大运河几者之间的关联吗？

学生回答。

教师：中国大运河由隋唐大运河、京杭大运河、浙东大运河三条运河组成，是世界上开凿时间较早、沿用时间最久、规模最大的一条人工运河。它全长3200千米，途经北京、天津、河北、山东、安徽、河南、江苏、浙江8个省级行政区，沟通了海河、黄河、淮河、长江、钱塘江五大水系。

> 设计意图：通过运河沿岸的城市照片创设情境，引发思考，导入新课。引导学生以自学的方式，联系地理学科知识，整理大运河变迁的主要脉络及历史地图，掌握中国大运河的基本情况，初步学会阅读史料，获取关键信息。

（二）活动过程

1.制作照片集，完成任务1的要求

学生分为4个小组，分工合作。由组长安排，每3位组员一队，根据不同的历史时期分为4支小分队。各小分队按照指定任务，通过网络平台检索关键词"大运河""隋唐大运河""京杭大运河""浙东大运河"等，或者阅读主题学习资源包及相关书籍，搜集反映大运河历史的相关照片。每支小分队精选照片15张，将照片按照历史发展的时序进行排列后，交给组长整理汇总。组长整理照片，组织组员共同绘制一份大运河重要事件时间轴。每组讨论选取具有代表性的30张照片，编辑名称，确定主题，利用PDF软件制作反映大运河历史的照片集。

2.解读照片，完成任务2的要求

每个小组选择感兴趣的10张照片进行解读，结合时间轴，介绍大运河的变迁历程，在中国地图上标注照片所反映的大运河主要遗产点位，叙述大运河的空间分布及发展，探究大运河的开凿与发展对社会生活的影响。各组派代表对照片集的主题进行解读，联系历史与现实，围绕大运河的时代价值与现实意义展开探讨。

3.讲述运河故事，书写倡议书，完成任务3的要求

各组联系现实生活，搜寻与大运河相关的文学、绘画、雕塑、建筑、遗址古迹等，结合各组主题，研讨如何讲好"中国大运河"的故事。书写一份300字左右的倡议书，为运河遗产保护建言献策。

> 设计意图：通过小组合作探究，搜集解读照片，结合多学科知识，对大运河的历史发展与社会价值进行探究与讨论，交流学习心得和经验，提高表达与交流能力；通过书写倡议书等方式，学会利用所学知识解决现实问题，学以致用。

（三）成果展示

教师：（汇集各小组研究成果，组织全班同学开展研讨交流，并适时进行指导与引导）下面，请各小组展示自己的研究成果。

学生分小组进行专题展示与讨论，展示研究成果，以电子照片展示、历史图片串讲、思维导图解读等方式讲述"中国大运河"的故事。

教师：中国大运河不仅在古代发挥了重要作用，在今天仍具有重要的交通与水利功能。请各组完成"我写保护大运河倡议书"活动，结合自己的所学所想，围绕大运河的环境建设、遗产保护等方面提出合理建议，我们一起为保护大运河献计献策。

"保护大运河倡议书"示例1

亲爱的同学们：

　　大家好！

　　跨越了2500年的中国大运河，作为世界上最长的运河，也是世界上开凿较早、

规模最大的运河,承载了无数的智慧、勇气、温情和决心,是中国人民与自然共同完成的诗篇。曾经她滋养了沿岸居民的生活,见证了中国的兴衰荣辱;如今她又作为中华民族的一张名片,向全世界传递着中国的文化。在日新月异的新时代,大运河以全新的面貌融入奋进新征程,继续发挥着灌溉、防洪和航运的功能。

为此,我谨向肩负着中国伟大复兴使命的少年们发出如下倡议:

一、传播文化,做传播运河历史、文化的宣讲人。主动了解大运河的历史,加深对运河文化的理解与认同,增强民族自豪感。我们可以通过演讲、写作、志愿服务等多种形式,讲述运河故事,传播运河文化。

二、保护青山绿水,做大运河生态环境的守护者。我们要通过参与运河保护活动,践行绿色健康的生活方式,从我做起,积极致力于植绿护绿,节约用水,保护水资源。

点点星火,汇聚成炬!同学们,让我们迅速行动起来,携手共同保护好我们的大运河!

倡议人:某某某

"保护大运河倡议书"示例2

亲爱的同学们:

大家好!

中国大运河是隋唐大运河、京杭大运河、浙东大运河的总称。她纵贯华夏,承载文明,推动了各地经济社会发展,流芳万世,福泽千秋。然而,由于对运河环境的重视与保护不足,运河沿岸生态空间挤占较为严重,环境风险源数量较多,资源环境形势比较严峻。为了改善运河的生态环境质量,传承祖先留下的伟大遗产,我倡议同学们做到以下几点:

1. 了解中国大运河的历史,观看相关纪录片,广泛宣传,让大家都来走近大运河;

2. 以身作则,不在运河中垂钓、游泳,不向河中倾倒垃圾、污水或废弃物;

3. 积极参与植树造林等活动,并号召身边亲友共同努力;

4. 从节约一滴水做起,合理用水,努力为减少河湖萎缩的状况贡献力量。

同学们,保护大运河,人人有责!大运河一带文化遗产丰富,传承着中华民族的悠久历史和文明,保护好她是我们的共同责任。聚流成河、积沙成塔,做美丽运河的捍卫者,我们需要你的一臂之力!

倡议人:某某某

教师:2014年,中国大运河被联合国教科文组织正式批准列入世界文化遗产名录,成为中国第46个世界遗产项目。为了将大运河保护好、传承好、利用好,我们要充分考虑运河遗存的保护与利用、运河文化的传承与弘扬、运河功能的利用与发挥、运河城市经济的发展等多方面的内容,让古老而又充满活力的大运河焕发新的生机。

> **设计意图**:展示学生研究成果——保护大运河倡议书,升华主题。

环节四 活动小结

教师:有人说,中国大运河属于独一无二的"活"的文化遗产,是记载着大运河沿线民众生活印记的活化石。它历经2500多个春秋,沉淀了兴衰更迭的家国记忆;流淌3200千米,汇聚了劳动人民的创造智慧。从历史流向未来,今天的大运河正生机焕发,千年水脉将继续奔流不息,彰显时代风采。

活动评价

评价内容	评价标准			评价等级
	A	B	C	
制作照片集,解读照片	1.搜集的照片画面清晰,排列时序完全正确,能充分反映大运河变迁的历史脉络。 2.制作的反映大运河历史的照片集紧扣小组任务与目标,主题清晰,板块分明,美观度高。 3.解读照片时能全面准确分析大运河的空间分布与发展,叙述关于大运河历史变迁的关键信息。	1.搜集的照片画面较清晰,排列时序正确,能大致反映大运河变迁的历史脉络。 2.制作的反映大运河历史的照片集与小组任务及目标相联系,分板块呈现主题,美观度较高。 3.解读照片时能分析大运河主要河段的范围,较准确地叙述关于大运河历史变迁的关键信息。	1.搜集的照片张数符合要求,排列时序基本正确,能够呈现大运河变迁的主要阶段。 2.制作的反映大运河历史的照片集与小组任务及目标有关联。 3.解读照片时能叙述大运河主要河段的起止范围,基本呈现关于大运河历史变迁的关键信息。	

（续表）

评价内容	评价标准			评价等级
	A	B	C	
讲述运河故事，书写倡议书	1.讲述运河故事时，能将运河遗产文化与现实生活紧密相连，表述生动具体，观点鲜明，具有感染力。 2.倡议书逻辑清晰，内容充实，重点突出，语言优美流畅，格式准确。	1.讲述运河故事时，清楚运河遗产文化与现实生活的联系，观点较明确。 2.倡议书逻辑较清晰，内容较充实，语言流畅，格式规范。	1.讲述运河故事时，知道运河遗产文化与现实生活之间的大致联系。 2.倡议书内容合理，格式较为规范。	

活动延伸

拓展探究：你的身边有运河遗产吗？写完倡议书，你知道我们在生活中该如何保护大运河的文化遗产吗？了解身边的运河历史文化，用实际行动保护大运河遗产，开展"保护运河，从我做起"实践活动，最后，将你的实践过程录制成短视频吧！

活动反思

"在身边发现历史"的跨学科主题学习活动将历史与现实紧密相连，引导学生既关注身边丰富的现实生活，又关注、挖掘生活中无处不在的历史，探究生活中的历史积淀。本次主题学习从中国大运河遗产和文化入手，引导学生搜集、整理、分析与大运河相关的照片，探寻身边的大运河历史与文化，提升对大运河变迁历程的认知，在发展历史思维的同时，学会关注现实生活，认识大运河的时代价值与现实意义，树立运河遗产保护、文化传承意识，涵养家国情怀。

在设计学习活动时，主要思考与解决了以下问题：①为什么选择以"行摄中的中国大运河"为主题？选择以大运河为知识点，在身边发现历史，源于大运河遗产的丰富性与重要性。中国大运河纵贯大半个中国，蜿蜒千里，流淌千年，是我国古代劳动人民的伟大创造，无论是在交通上、经济上还是文化上都曾起到过重要的作用。探究身边的运河遗产，需要综合运用跨学科的知识和方法。②如何引导学生进行深度学习？引导学生深度学习，需要将自主学习与合作探究相结合。学生在自主学习阶段对大运河的历史发展形成基本认知；在合作探究阶段，分小组收集资料、整理成果、收获感悟，最终学以致用，尝试将研究成果付诸实践。在学生学习的同时，教师适时指导。③如何对目标达成度进行评价？围绕关键的活动环节与学习成果设计评价量表。"制作照片集，解读照片"环节主要考查学生搜集资料、获取关键信息、形成正确的时空架构、学会历史解释的能力；"讲述运河故事，书写倡议书"环节主要考查学生有理有据地论述观点、联系现实生活表达自己的理解与看法、学以致用的能力。

本活动设计的主要亮点是充分利用照片，连接大运河的"前世"与"今生"。学生通过搜集、整理照片，对大运河的发展脉络形成初步了解；再进一步观察、解读照片，了解我国大运河的空间分布及发展，将反映大运河历史的照片与实际生活相联系，认识大运河的时代价值与现实意义；最后围绕照片，从历史、地理、道德与法治、语文、艺术等方面讲述大运河的故事，书写保护大运河倡议书，树立运河遗产保护、文化传承意识。在活动中，充分考虑运河开凿与地形地貌、运河发展与国家治理、运河史实与文学艺术作品等多方面的联系，引导学生深入探究、广泛涉猎，运用多学科的知识、技能与方法开展学习。

本活动的设计与实施，还有一些问题需要完善与探索，如：大运河是由多元文化区域串联而成的巨型文化网空间，如何体现不同区域历史文化的差异性，运用地方史资料，突显地方特色；大运河没有经过的地区或区域，如何引导学生进行深入探究；如何指导学生进行实地调研等。

参考资源

一、著作

1. 史念海：《中国的运河》，山东人民出版社，2022年
2. 梁志刚主编：《话说运河：流淌着的遗产》，北京出版社，2020年
3. 全汉昇：《唐宋帝国与运河》，重庆出版社，2020年
4. 刘世昭：《流淌的史诗：京杭大运河骑行记》，北京出版社，2018年
5. 胡其伟、周晨、姜浩：《阅读运河》，上海交通大学出版社，2014年
6. 安作璋主编：《中国运河文化史》，山东教育出版社，2001年
7. 席龙飞、杨熺、唐锡仁主编：《中国科学技术史·交通卷》，科学出版社，2004年

二、网络资源

1. 中国大运河博物馆　https://canalmuseum.net/
2. 京杭大运河博物馆　http://www.canal-museum.cn/

附录

资料1：

大运河在唐以前称为沟、渠、漕渠、运渠、漕河，宋代始有运河之称，元明以来渐成通称。元以前，著名的运河有春秋末吴所开的邗沟，战国初魏所开的鸿沟，汉武帝时所开的漕渠，东汉末曹操所开的白沟，隋炀帝时所开的通济渠、邗沟、江南河、永济渠和宋代的漕运四河等。元代修浚利用一部分隋唐以来原有运河和某些天然河道，又在今山东临清市、济宁市间先后开凿了济州河、会通河，在今北京市、通州区间开凿了通惠河，因而形成了一条自大都（今北京市）出发，可以经由通惠河、白河、御河（永济渠）、会通河、济州河、泗水、黄河、淮扬运河（邗沟）、浙西运河（江南河）直达杭州的沟通海河、黄河、淮河、长江、钱塘江五大流域的南北大运河（隋永济渠、通济渠、邗沟、江南河亦沟通五大流域，后人亦称之为运河）。元末山东境内淤废。明永乐初重开会通河，此后四百余年除通惠河一段通塞不常外，其余各段，经常通航（局部地段曾改易运道），成为当时南粮北运、公私商旅往来的主要水运通道。

——摘编自中国历史大辞典编纂委员会编纂：《中国历史大辞典》，上海辞书出版社，2000年，第1296—1297页。

资料2：

大运河联通了由于自然环境差别而分割的若干地理区域，将其转化成一个大的具有共性的人文环境。在便利交通运输、繁荣两岸商业的同时，也孕育了运河两岸特有的民情风俗，深刻影响着沿线人民的生活方式。人们沿着大运河逐水而居，沿运河而兴起的城镇打下了鲜明的运河烙印。在南方，运河水系与城市水系巧妙连接，形成了独特的"枕水人家"居住模式，扬州、苏州、杭州、绍兴等历史城镇的运河街区均生动展现了大运河对生活方式的塑造。

大运河流经的地区是中国东中部最为核心的地区，沿线人口达到3亿。大运河用她的乳汁哺育着依河而居的人们，并在他们的生活中留下了鲜明而又深刻的印记，成为跨越南北各文化区一代代人的共同记忆。"不是生母，便若乳娘"，大运河通过对沿岸风俗传统、生活方式的塑造，与运河沿岸广大地区的人们产生了深刻的情感关联，成为他们共同认可的"母亲河"。2020年11月13日，习近平总书记在视察扬州运河三湾时指出，千百年来，运河滋养两岸城市和人民，是运河两岸人民的致富河、幸福河。

——摘编自姜师立：《运河王朝：从东周到明清》，中国地图出版社，2021年，第3—4页。

资料3：

大运河所带来的便利的南北交通，惠及了运河沿岸城市，开创了运河沿岸百花齐放的戏曲局面。我们考察中国戏曲艺术分布可以发现，运河沿岸城市是戏曲种类最为密集、戏曲演出最为繁荣的区域之一，并且呈现出两大特征：其一，戏曲发展重镇密集，济宁、扬州、南京、苏州、杭州在历史上都是戏曲繁荣发展的重要城市；其二，戏曲艺术交流频繁，京腔、梆子腔、昆山腔以及一些地方小戏都在这里交流融合，乃至形成新的种类。

……

大运河的开通对唐诗宋词的发展和成熟产生了一定的影响。其一，围绕大运河的开凿进行评价、议论而产生的一些诗词对唐宋诗词乃至后世的诗歌创作产生过一定影响。这种影响最典型的要属白居易的《隋堤柳》。……其二，隋炀帝举全国之力开通运河并沿堤遍植柳树，促使《水调》《柳枝》等曲调形式产生。这些乐曲在当时广为流传，与唐宋诗词中一些著名体式的产生有着直接的关联。……其三，随着运河的开通，派生出的一些与运河水系相关的称谓，诸如一些河名、地名及其景点，也逐渐成为唐宋诗词创作者在创作诗词时常使用的文化符号。

……

明清通俗小说的发展、繁荣与京杭大运河有着至为重要的关系。我国最有影响力的古典小说名著，无一例外地诞生于运河城市，并带有运河沿线的文化烙印。明清通俗小说的创作主体主要是运河沿岸的文人与民间说唱艺人，运河岸边的文人投身小说创作是促成明清通俗小说走向文体成熟的一个重要因素，他们对运河沿岸城市与市镇中商业生活等方面的关注促进了小说题材的拓展。

——摘编自梁志刚主编：《话说运河：流淌着的遗产》，北京出版社，2020年，第79、112—113、117页。

资料4：

在大运河沿线，有这样一批手艺人仍在坚守。安徽淮北大鼓传承人曹廷虎，河南洛阳济世堂李占标膏药传承人李瑞成，河南新安窑传承人王志成，天津面塑手艺人温明英，山东聊城木版年画传承人徐秀贞，江苏常州乱针绣传承人周明敏，江苏无锡手工银丝面传承人胡法律，浙江杭州张小泉剪刀代表性传承人丁纪灿等。这些手艺人各个精通绝活，并不断发扬传承。学者徐雯雪在对大运河江苏段非物质文化遗产进行梳理的过程中发现，全国共有1372个国家级非物质文化遗产代表性项目，其中江苏省共有145项。国家级非物质文化遗产名录将非物质文化遗产划分为十大门类，其中包括民间文学，传统音乐，传统舞蹈，传统戏剧，曲艺，传统体育、游艺与杂技，传统美术，传统技艺，传统医药，民俗；江苏省占有量排名前三类别的分别是传统技艺类（33项），如南京云锦木机妆花手工制造技艺、宜兴紫砂陶制作技艺、雕版印刷技艺、扬州漆器异饰技艺、茶点制作技艺（富春茶点制作技艺）等；传统美术类（27项），如桃花坞木版年画、剪纸、苏绣、泥塑、常州梳篦等；传统戏剧类（22项），如昆曲、京剧、苏剧、扬剧、木偶戏、淮剧、徐州梆子等。

——摘编自沙勇主编：《大美"非遗"：大运河边的"守艺人"》，江苏人民出版社，2020年，第4—5页。

十 改革开放中的"春天印迹"

学科	历史	设计者	刘岩	教材版本	统编版
课程内容模块	中国现代史					
相关领域课程	历史、地理、道德与法治、科学、艺术等				
活动主题	探寻红色文化的历史基因——改革开放中的"春天印迹"				
课时安排	3课时				

活动背景介绍

1994年,歌曲《春天的故事》响彻大江南北,这首歌曲后来成为改革开放的代名词,而改革开放的故事还要从1978年讲起。1978年,中国共产党十一届三中全会拉开了改革开放的序幕,18颗红手印按下了勇毅改革的开启键;次年,改革开放总设计师邓小平在南海边画下了一个圈,深圳等经济特区成为改革开放的排头兵;四十多年来,改革开放的浪潮席卷了从农村到城市、从沿海到内地的每一个角落。如今中国已经成为世界第二大经济体,城市化进程不断加快,人民生活水平显著提高。伟大的变革孕育的改革开放精神,是中国共产党人精神谱系的重要组成部分。

2018年,为了庆祝改革开放40周年,中国国家博物馆举办了"伟大的变革——庆祝改革开放40周年大型展览",这为学生了解改革开放伟大历程与感悟改革开放精神提供了丰富的素材。

活动主题分析

一、课标要求

《义务教育历史课程标准(2022年版)》在学习主题"探寻红色文化的历史基因"中指出:本主题的设计,旨在引导学生通过学习中国近现代史的相关内容,加深理解中国共产党领导中国人民进行革命斗争和社会主义建设的艰苦历程,深切感受中国共产党人的大无畏牺牲精神和人民群众的无私奉献精神，认识中国共产党人的不懈努力是历代仁人志士追求民族独立、人民解放理想的延续。

二、学情分析

四十多年的改革开放对于中国人来说，是可以触摸到的历史。通过义务教育阶段的各科学习，学生对相关知识已有不少了解，如：小学《语文》课文《千年圆梦在今朝》，从航天角度为学生展示了改革开放的巨大成就与中国航天人的不懈奋斗；初中《道德与法治》课文《我国基本制度》涉及了改革开放以来在政治、经济领域制度建设所取得的成果；初中《中国历史》八年级下册第三单元到第六单元，用四个单元的篇幅介绍了改革开放以来的历史进程；初中《地理》八年级上册第二章到第四章介绍了中国的自然环境、自然资源和经济发展。学生在课外活动中，通过博物馆、网络、报纸、杂志等对改革开放的历程也有所了解。

三、活动主题及立意

（一）活动主题

根据课标的要求，结合"伟大的变革"线上展览内容，确定本活动主题为"改革开放中的'春天印迹'"。通过制作改革开放相关成果表，多角度了解改革开放伟大成就；通过线上研学，搜集资料，制作资源包，体会改革开放对推动中国特色社会主义发展的重大作用；通过绘制手抄报，增强对改革开放精神的理解。

（二）活动立意

随着改革开放的深入发展，我国的综合国力不断增强，人民生活水平逐步提高。改革开放和社会主义现代化建设取得了举世瞩目的伟大成就，中华民族正在逐步实现从站起来到富起来的伟大飞跃。

通过引导学生参观"伟大的变革"大型展览的网上展馆，了解改革开放以来中国特色社会主义建设的伟大成就，使学生体会并认识以改革开放精神为重要内容的红色文化的价值，增强对新时代中国特色社会主义发展的认同。

知识图谱

领域	相关内容				
	道德与法治	历史	地理	科学	文学艺术
1978年12月—1989年6月	邓小平理论	十一届三中全会 家庭联产承包责任制 经济特区的建立 "一国两制"的构想 城市经济体制改革 南方谈话 对外开放领域的扩大 香港、澳门回归 西部大开发战略 中国加入世界贸易组织 东北地区振兴战略 中部地区崛起战略 取消农业税 《反分裂国家法》的颁布 2008年北京奥运会 2010年上海世界博览会 中国共产党成立一百周年 中国特色社会主义进入新时代 完成脱贫攻坚、全面建成小康社会的历史任务	中国水资源分布特点及南水北调工程对解决水资源地区分布不均的作用 改革开放以来我国铁路建设的成就 农业现代化的历程及重要性	载人航天 探月探火 深海深地探测 超级计算机 卫星导航 量子信息 核电技术 新能源技术 大飞机制造 生物医药等	能展现改革开放风貌的小说、诗歌、散文 能体现改革开放以来时代变迁的歌曲 与改革开放相关的图片展、美术展等展览
1989年6月—2002年11月	"三个代表"重要思想				
2002年11月—2012年11月	科学发展观				
2012年11月以来	习近平新时代中国特色社会主义思想				

目标、任务与方法

一、目标

1.搜集、整理改革开放的相关资料,全方位了解改革开放在各领域中的成就,从多学科视角列举出相关的成果,并制作改革开放相关成果表,认识中国改革开放以来的巨大变化。

2.观看"伟大的变革"网上展览,开展线上研学。自拟主题,制作相关资源包,并编制手抄报的文字稿,体会改革开放对促进中国特色社会主义发展的推动作用。

3. 根据自拟主题的文字稿及汇编的资料，绘制手抄报并进行展示，增强对改革开放精神内涵的理解和对新时代中国特色社会主义发展的认同。

二、任务与方法

任务1：搜集、整理并分析与改革开放相关的资料，制作改革开放相关成果表（可从经济发展、对外开放、理论创新、文学艺术、科学技术等领域列举）。

方法：

（1）通过教材、图书馆、网络搜集整理资料，了解改革开放所取得的成就。

（2）小组讨论交流，列举改革开放成果，制作改革开放相关成果表。

任务2：观看网上展览，进行线上研学，制作相关资源包，编写手抄报文字稿。

方法：

（1）通过观看网上展览，进行线上研学，根据主题搜集网上展览中有关改革开放重要成果的照片、视频、图表或文字资料，制作资源包。

（2）小组合作交流，根据主题从资源包中选取素材，编写手抄报文字稿。

任务3：绘制手抄报，并结合手抄报内容，谈谈对改革开放精神的理解。

（1）小组合作，根据文字稿及选取的资料，绘制手抄报。

（2）各小组展示手抄报，结合手抄报内容，谈一谈对改革开放精神的理解，增强对新时代中国特色社会主义发展的认同。

> 活动步骤

环节一　布置任务

布置任务1，将学生分为4个小组，每个小组10人左右，推选组长1人。小组成员搜集整理相关资料，了解改革开放伟大成就，并以表格的形式列举改革开放取得的成就（可从经济发展、对外开放、理论创新、文学艺术、科学技术等领域列举）。

布置任务2，各组自拟主题（各组主题可参考但不局限于经济发展、对外开放、科技创新），自主参观"伟大的变革"网上展览（网址：http://ggkf40.cctv.com/），根据主题搜集网上展览中有关改革开放的照片、视频、图表或文字资料，制作资源包。从资源包中选取相关资料，编写手抄报文字稿。

布置任务3，各小组根据手抄报文字稿和从资源包中选取的相关资料，绘制手抄报，并在班级中进行展示。各组组长有序组织组员结合手抄报内容，谈谈对改革开放精神的理解。

环节二　学生自学

☆自主学习任务单☆

1.列举与改革开放相关的主要史事。

预设：1978年，安徽凤阳小岗村的包干到户；深圳、珠海、汕头、厦门4个经济特区的建设；香港、澳门回归；2008年举办奥运会；2020年12月17日，探月工程"嫦娥五号"任务取得圆满成功……

2.请结合实际，谈一谈改革开放给你的生活带来的变化。

预设：可从衣、食、住、行四个方面回答。

3.如果让你绘制与改革开放相关的手抄报，你最想展示哪些内容？

预设：神舟飞船、"超级工程"、经济特区建设成果……

环节三　课堂展示

（一）情境导入

教师：（展示比雷埃夫斯港鸟瞰图）这是"伟大的变革"展览中的一张图片，同学们知道这是哪里吗？

学生回答。

教师：这是比雷埃夫斯港。第二次世界大战结束时，它是希腊第一大港。但是，到了21世纪初，"比港"设施严重老化。2008年，在希腊人的运营下，"比港"亏损甚至达到了1300万欧元。就在"比港"最困难的时候，中国远洋集团与希腊签署了为期35年的特许经营权协议，正式接管了"比港"二号、三号码头。这也是中国企业首次在海外接管整个港口。到了2019年，经过中国公司11年运营，"比港"的货运吞吐量上涨6倍，成为了地中海第一大港。因为中国人的加入，"比港"的提货时间从原来的4—6小时缩短为10分钟，提货效率大大提高。在中国企业取得辉煌成就的同时，中国人民的购买力也在不断提升。中国之所以能够取得辉煌成就，与一场"伟大的变革"分不开，这场变革就是改革开放。

> 设计意图：通过希腊港口图片，介绍港口发展变化，创设情境，导入改革开放的主题，引发学生兴趣。

（二）活动过程

1. 制作改革开放相关成果表

学生分为4个小组，搜集、整理资料，多角度、多领域了解改革开放成果（可从经济发展、对外开放、理论创新、文学艺术、科学技术等领域了解），制作改革开放相关成果表。教师适时指导，并请同学展示。

2. 观看"伟大的变革"网上展览，进行线上研学

各小组自拟主题，自由观看"伟大的变革"网上展览第二至第五展区，根据主题搜集网上展览中有关改革开放重要成果的照片、视频、图表或文字资料，制作资源包，从资源包里选取资料，编制手抄报文字稿。

3. 绘制手抄报并展示交流

各小组根据主题绘制手抄报并在班级进行展示。各组展示的过程中，由组长组织组员结合手抄报内容，谈一谈对改革开放精神的理解。

> 设计意图：通过制作改革开放相关成果表，了解改革开放伟大成就；通过以问题为导向的自主研学，培养从多元性、结构层次性、时序性等角度把握历史事物的思维品质；通过团队协作等，将创意或方案转化为手抄报，进一步感悟改革开放精神的内涵。

（三）成果展示

教师：经过搜集、整理、分析材料，同学们完成了改革开放相关成果表制作，下面请同学展示你所编制的改革开放相关成果表。

"改革开放相关成果表"示例

经济发展	对外开放	理论创新	文学艺术	科学技术
产业结构不断优化	特区迅速发展	邓小平理论"三个代表"重要思想 科学发展观 习近平新时代中国特色社会主义思想	文化产业高速增长	超级杂交稻
基础设施建设成就斐然	浦东新区快速发展		积极申报53处世界遗产	青藏铁路通车 高铁快速发展
人民生活水平不断提高	"一带一路"建设取得重大成就		推动文化典籍资源数字化	载人航天和探月工程的发展
现代市场体系日益完善	中国为世界发展做出重大贡献		传统文化通过《我在故宫修文物》等节目融入现代生活	北斗导航系统的建设使用
区域协调发展态势不断增强			对外文化交流品牌日益成熟	中国天眼"FAST"落成启用
绿色发展成就显著				5G信息通信技术的发展

教师:通过改革开放相关成果表,同学们简明扼要地展示了中国改革开放取得的重大成果,我们感受到了改革开放给现代中国带来的翻天覆地的变化。接下来请同学们观看网上展览,自拟主题搜集改革开放成果相关资料制作资源包,并编制手抄报文字稿。

学生根据主题自主搜集资源,制作资源包,从资源包中精选资料,编制手抄报文字稿。

"经济发展"主题资源包样例

成果	资料
经济总量不断增长	1978—2017年,中国国内生产总值年均增长9.5%,经济总量占世界份额从1.8%增至15.2%(第四展区第一单元) 视频《世界部分国家国内生产总值(1978—2017)》(第四展区第一单元)
产业结构不断优化	改革开放40年间,中国制造业持续快速发展,建成了门类齐全、独立完整的现代产业体系,规模跃居世界第一(第五展区第三单元)

（续表）

成果	资料
基础设施建设成就斐然	中国铁路运营里程2017年增长到12.7万公里，其中高铁达到2.5万公里，占世界高速铁路总量的三分之二。高速公路从无到有，2017年年底达到13.65万公里，规模世界第一；2005年开始，民航客运量已排名世界第二位；沿海港口设施的大型化、专业化、现代化达到世界先进水平，吞吐量稳居世界首位；建成世界上规模最大、功能最全的水利基础设施体系（第五展区第二单元） 信息技术建设触达祖国的每一个角落，如视频《信息天路》（第五展区第二单元）
人民生活水平不断提高	食材的多样，讲究荤素搭配、营养均衡，如视频《年夜饭的变迁》（第四展区第四单元） 全国居民人均可支配收入从1978年到2017年实际增长22.8倍（第四展区第四单元） 人民住房宽敞、整洁、明亮 附图 全国居民人均可支配收入变化（1978—2017） 附图 北京市丰台区租赁型职工集体宿舍内部空间设施 附图 湖北省武汉市青山区棚户区改造前后
现代市场体系日益完善	97%以上的商品和服务价格实现市场调节；土地、资本等生产要素市场加快发展（第四展区第一单元）
区域协调发展态势不断增强	如表1，中西部地区在中国出口总额中所占的比重从9.3%增长到16.2%（据第四展区第八单元部分内容） 表1 中西部地区在中国出口总额中所占的比重（单位：%） | 2000 | 9.3 | | 2017 | 16.2 |
绿色发展成就显著	视频《东北虎豹国家公园》（第四展区第五单元） 推动生态文明建设的重大战略性基础设施——南水北调中线（第五展区第二单元） 东部地区的森林城市（第五展区第二单元） 西部城市公共卫生设施建设（第五展区第二单元） 附图 南水北调中线工程河北段 附图 浙江省衢州市森林城市打造市民休闲游憩的场所 附图 小图为未改造的旱厕，大图为云南省昆明市西山区草海大坝城市公厕

教师：同学们已经完成了资料精选和手抄报文稿编制，接下来请同学们以小组为单位，绘制手抄报，并结合手抄报内容，谈谈对改革开放精神的理解。

各小组学生展示手抄报，结合手抄报内容，谈对改革开放精神的理解。

学生发言示例:

在青藏铁路的建设过程中,我们解决了冻土这个土木工程界的世界性难题,克服了高寒、缺氧;在南水北调工程建设中,长江设计院进行多次新老混凝土接合实验,成功加高了丹江口大坝,在复杂的地质条件下建设穿黄隧洞,成功实现了长江水穿越黄河北上。这些"超级工程"的建设,体现了我们勇于尝试、勇于攻坚、积极创新的精神。

"攻坚精神"手抄报示例

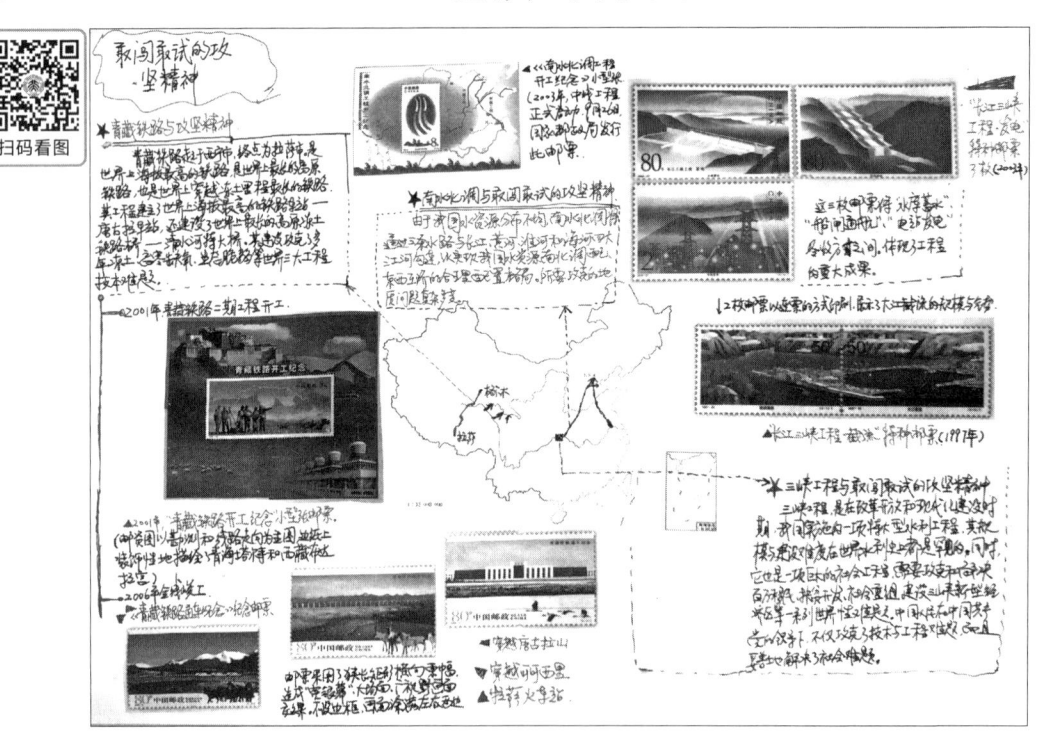

设计意图:展示学生成果,提升对改革开放的理解与认识,升华活动主题。

环节四 活动小结

教师:2018年是改革开放四十周年,这四十年,我们实现了人均GDP从385元人民币到突破1万美元大关的转变,完成了从传统计划经济到社会主义市场经济的转变。我们坚持"引进来"与"走出去"并重,致力于构建开放型经济新体制,逐渐由经济全球化的参与者、追随者向经济全球化的推动者、促进者转变;我们不断统筹城乡发展、区域发展，探索实现共同富裕。这四十年是坚持解放思想、实事求是的四十年，是革故鼎新、敢为人先的四十年，是敢闯敢试、勇于攻坚的四十年，是脚踏实地的四十年，是勇于担当的四十年。伟大的变革孕育伟大的精神，我们当从实践中总结经验，从精神中汲取力量，做全面建设社会主义现代化国家的接班人。

【活动评价】

评价内容	评价标准			评价等级
	A	B	C	
资源包制作	1.能够结合小组具体任务，多渠道、多角度搜集视频、图表、文字等，资料丰富，种类多样。2.资料出处标注完整、规范。3.能够对所搜集的资料进行分类整理，并打包成不同的文件夹，文件夹命名突出资料核心内容。	1.能够结合小组具体任务搜集资料，种类较为丰富。2.资料出处标注基本完整、规范。3.能够对所搜集的资料进行分类整理，并打包成不同的文件夹，文件夹命名基本反映资料核心内容。	1.大致能够结合小组具体任务搜集资料。2.资料出处标注大致完整、规范。3.能够对所搜集的资料进行大致的分类整理，并打包成不同的文件夹，文件夹命名大致反映资料核心内容。	
手抄报绘制	1.手抄报各板块内容完整。2.选材契合主题，类型丰富，中心内容突出，文笔优美。3.排版设计新颖，能通过色彩、图画和字体搭配营造美观的视觉效果。	1.手抄报大部分板块内容完整。2.内容基本体现主题，但中心内容不够突出，文字与素材基本契合。3.内容形式单一，结构、形式基本合理。	1.手抄报部分板块内容完整。2.内容大致紧扣主题，文字与素材部分契合。3.排版结构大致合理。	

【活动延伸】

拓展探究：为了让更多的同学了解改革开放的伟大成就，请同学们自由分工，与学校协商场地，组织、策划一场以"寻找春天的印迹"为主题的校园手抄报展览。

【活动反思】

本次跨学科主题学习活动通过学生搜集相关资料、开展线上研学和制作手抄报的形式展开。设计本活动时，笔者主要思考以下问题：为什么选择"改革开放中的

'春天印迹'"这一主题？如何组织学生开展学习探究活动？学生完成本次学习活动有哪些难点？

改革开放作为重大变革，既具有历史性也具有现实性，适合进行跨学科主题学习。其进程推进体现了历史学科的时序性，其事件在地理学科的空间中展开，涉及的政治、经济制度又与道德与法治学科相互关联，在改革开放的进程中产生的大量文学艺术作品的解读又需要学生的语文、艺术等学科能力。因此，选择"改革开放中的'春天印迹'"这一主题，有利于培养学生的综合能力。

本活动的设计围绕改革开放的学习主题，在搜集史料时实行自主学习，在整理成果时进行小组合作。在学习过程中贯穿线上与线下结合、动脑与动手结合、归纳与演绎结合。学生需要调动知识、能力、价值观等多方面的素养，最终才能形成优质手抄报，达成成果的过程也是深度学习的过程。

本主题学习活动对于初中学生来说，具有一定的难度。主要表现在学生需要在有限的时间内在海量的信息中找到目标资源，并将目标资源通过一定的时空逻辑进行结构化整理。在此过程中，教师需对"伟大的变革"线上展馆的主要内容心中有数，并随时关注学生的学习进展情况，注意在学习过程中进行必要指导。

参考资源

一、著作

1.《改革开放简史》编写组编著：《改革开放简史》，人民出版社、中国社会科学出版社，2021年

2.任保平、岳利萍、郭晗等：《西部大开发20年：中国西部地区繁荣发展道路》，社会科学文献出版社，2019年

3.高尚全：《中国改革开放四十年：回顾与思考》，人民出版社，2018年

4.路遥：《平凡的世界》，北京十月文艺出版社，2017年

5.欧阳淞、高永中主编：《改革开放口述史》，中国人民大学出版社，2014年

6.［美］傅高义：《邓小平时代》，冯克利译，生活·读书·新知三联书店，2013年

二、网络资源

"伟大的变革——庆祝改革开放40周年大型展览"网上展馆 http://ggkf40.cctv.com/

附录

资料1：

凤阳县梨园公社小岗村18户农民，冒着风险，在包干合同上按下了手印。小岗村创造的包干到户，就是"保证国家的，留足集体的，剩下都是自己的"。这个方法简便易行，成效显著，受到农民欢迎。四川、甘肃、云南、广东等省份的一些地方也放宽政策，采取了类似做法。这些大胆尝试，揭开了农村经济改革的序幕。

……

1982年，党中央发出"一号文件"，明确指出包括包产到户、包干到户在内的各种责任制，都是社会主义集体经济的生产责任制。

——摘编自《中国共产党简史》编写组编著：《中国共产党简史》，人民出版社、中共党史出版社，2021年，第232、233页。

资料2：

1980年8月26日，随着第五届全国人大常委会第15次会议对《广东省经济特区条例》的批准，深圳经济特区正式宣告建立。深圳经济特区的创立是党中央、国务院、广东省及深圳各方共同努力的结果，承担着改革开放"窗口"和"试验田"的使命，承担着建立社会主义市场经济体制、探索改革开放的发展路径、示范和促进国内其他地区的改革发展的使命。深圳经济特区在发展过程中所取得的成就是有目共睹的。截至1985年年底，深圳市地区生产总值从1980年的2.7亿元增加到了1985年的39.02亿元，增长约13.5倍；人均生产总量从1980年的835元增加到了1985年的4809元，增长约4.8倍；对外贸易总额从最初的0.18亿美元增加到了1985年的13.05亿美元，增长约72倍。深圳经济特区在短期内所取得的巨大经济成效证明了改革开放和特区设立的正确性，正如邓小平在深圳视察后对经济特区的总结，"深圳的发展和经验证明我们建立经济特区的政策是正确的"，"办特区是我倡议的，看来路子也走对了"。

——摘编自陶一桃、鲁志国等：《中国经济特区发展（1978～2018）》，社会科学文献出版社，2018年，第239页。

资料3：

表3 中国三大区域2015年部分行业国内市场占有率统计（单位：%）

	东	中	西
电气机械和器材制造业	76.6	16.7	6.8
计算机、通信和其他电子设备制造业	79.6	12.9	7.4
仪器仪表制造业	77.8	14.4	7.8
烟草制造业	21.8	36.0	42.2
有色金属冶炼和压延加工业	28.9	29.7	41.4

——摘编自张其仔主编：《中国产业竞争力报告（2020）No.9："十四五"产业竞争力提升的方向和路径》，社会科学文献出版社，2020年，第241—242页。

十一 读诗话峥嵘 品意悟"初心"

学科	历史	设计者	闻江琳、周晓宇	教材版本	统编版
课程内容模块	中国近代史					
相关领域课程	历史、语文、道德与法治、音乐、地理等				
活动主题	探寻红色文化的历史基因——读诗话峥嵘 品意悟"初心"				
课时安排	2课时				

活动背景介绍

中国共产党成立后,领导广大人民进行了艰苦卓绝的革命斗争,于山河破碎、民族危亡的险境中取得了民族独立和人民解放,在这一过程中创造了极具中国特色的红色文化。中国共产党人革命斗争的过程中不仅有坚定的革命信念,也有以诗寄情言志的浪漫情怀,他们创作的反映革命斗争的大量诗歌,是红色文化的重要组成部分。

毛泽东、董必武、朱德、陈毅、张爱萍等人创作的诗歌,有的提出"谁主沉浮"的重大问题,思考革命的前途;有的记录"革命雄师会井冈"等行军足迹;还有的低吟"三军征途哭奇男",缅怀战友……这些诗歌呈现了革命先辈为什么要坚持、怎样坚持中国共产党为中国人民谋幸福、为中华民族谋复兴的初心和使命,其抒发的思想感情既是红色文化的具体表现,也是激励全党全国人民不断奋斗的力量源泉。

活动主题分析

一、课标要求

《义务教育历史课程标准(2022年版)》在学习主题"探寻红色文化的历史基因"中指出:本主题的设计,旨在引导学生通过学习中国近现代史的相关内容,加深理解中国共产党领导中国人民进行革命斗争和社会主义建设的艰苦历程,深切感受中国共产党人的大无畏牺牲精神和人民群众的无私奉献精神，认识中国共产党人的不懈努力是历代仁人志士追求民族独立、人民解放理想的延续。

二、学情分析

学生通过不同学段相关内容的学习，对建党之初、大革命时期和土地革命战争时期的相关史事有一定程度的了解。初中《中国历史》课文《中国共产党诞生》《毛泽东开辟井冈山道路》《中国工农红军长征》叙述了中国共产党成立、中国革命新道路的探索、红军长征等内容，展现了伟大建党精神、井冈山精神和长征精神等。初中《语文》课文《老山界》描述了红军长征途中翻越瑶山老山界的情景，《沁园春·雪》借陕北茫茫雪野的景象抒发革命豪情，《梅岭三章》表达了诗人对革命必胜的信念，"名著导读"栏目推荐的《红星照耀中国》记录了作者在中国西北革命根据地实地采访的所见所闻。初中《道德与法治》课文《守望精神家园》指出在长期奋斗中形成的革命精神是中华民族精神的具体体现。初中《音乐》"歌曲欣赏"中《沁园春·雪》将北国风光有声化，《四渡赤水出奇兵》展现了领导人高超的军事指挥艺术。

在对相关知识有一定了解的基础上，可以进一步借助诗歌这一表意抒情、韵味悠长的文学体裁，在革命诗歌中探寻中国共产党领导中国人民进行革命斗争的伟大征程，感悟中国共产党人始终把为中国人民谋幸福、为中华民族谋复兴作为初心与使命的责任与担当。

三、活动主题及立意

（一）活动主题

根据课标的要求，结合诗歌鉴赏与朗诵的相关知识和基本技能，本活动主题定为"读诗话峥嵘 品意悟'初心'"，引导学生通过鉴赏和朗诵革命诗歌，了解革命斗争的艰难曲折和革命先辈的豪迈情怀，感悟中国共产党人的初心与使命。

（二）活动立意

本活动旨在以革命诗歌为切入点，引导学生通过鉴赏，结合意象体会诗人营造的意境，感受革命先辈坚持斗争的精神和坚定的信念；通过朗诵，传达诗人的情思，抒发对革命先辈的崇敬和钦佩之情。

在学习活动中，学生通过搜集毛泽东、陈毅、张爱萍等人创作的革命斗争题材的诗歌,梳理诗歌内容所反映的相关史事,了解诗歌创作的背景;综合运用历史、语文、道德与法治、音乐、地理等学科的知识赏析诗歌;朗诵诗歌,直抒胸臆,体会诗人的革命英雄主义精神和革命乐观主义精神。本学习活动的主要成果是诗歌朗诵会。

知识图谱

领域 (六首革命诗歌)	相关课程内容				
	语文	历史	道德与法治	音乐	地理
《西江月·秋收起义》	诗歌鉴赏的基本要素,如意境、意象、感情基调等 诗歌朗诵技巧	秋收起义	井冈山精神	反映秋收起义的音乐作品,如《秋收起义歌》	湘赣边界的自然环境
《红四军军次葛坳突围赴东固口占》		红四军与江西红二、四团会师	井冈山精神	游击战争题材的音乐作品	赣南闽西的地理位置和自然环境
《渔家傲·抢夺娄山关》		中国工农红军长征	长征精神	长征题材的音乐作品,如《长征组歌·四渡赤水出奇兵》	娄山关的地理位置和自然环境
《翻夹金山》		中国工农红军长征	长征精神	长征题材的音乐作品,如《长征组歌·过雪山草地》	夹金山地貌 夹金山气象
《七律·长征》		中国工农红军长征	长征精神	音乐欣赏《沁园春·雪》《长征组歌》	长征路上的地形地势和自然环境
《梅岭三章》		南方红军游击战争	革命英雄主义精神 革命乐观主义精神	游击战争题材的音乐作品	梅岭山脉的自然环境

目标、任务与方法

一、目标

1.搜集与整理毛泽东、陈毅、张爱萍等人创作的革命斗争题材的诗歌,了解诗歌的创作背景,把握诗歌的内容。

2.品味革命诗歌,欣赏诗人展现的精妙艺术构思,体会诗人抒发的思想感情,写一段赏析文字。

3.举办诗歌朗诵会,抒发对革命先辈的崇高敬意和钦佩之情,理解、感悟为中国人民谋幸福、为中华民族谋复兴的初心和使命是激励中国共产党人不畏困难、勇往直前的精神动力。

二、任务与方法

任务1:搜集并整理毛泽东、陈毅、张爱萍等人创作的革命斗争题材的诗歌,了解诗歌的创作背景,概括主要内容。

方法:

(1)通过线上搜索、阅读书籍等方法搜集相关诗歌。

(2)查阅资料,了解诗人创作诗歌的时间、地点和相关经历,指出诗歌涉及史事。

(3)给理解时感到有难度的字词加上注释,翻译诗句,概括诗歌的主要内容。

任务2:鉴赏诗歌,体会诗中蕴含的情感,写一段赏析文字。

方法:

(1)有感情地诵读诗歌,把握诗歌的感情基调。

(2)在交流讨论中分析诗中的意象,感受诗人营造的意境。

(3)运用多学科的知识,进一步挖掘诗歌的画面美、音乐美等特点,揣摩其中蕴含的情感,体会诗人的思想感情。

(4)整理归纳后,写一段赏析文字。

任务3:举办诗歌朗诵会,在朗诵中传达诗人的思想感情,抒发崇敬革命先辈的情感,赞扬中国共产党人始终坚持为中国人民谋幸福、为中华民族谋复兴的初心与使命的责任和担当。

方法:

(1)小组合作进行朗读准备,选择感兴趣的诗歌,标出重音、停连、节奏,以及语气、语调、语速等。

(2)有感情地朗读,然后互相评价、交流,再朗读几次,看看朗读效果是否变得更好。

（3）确定朗诵形式，如独诵、齐声合诵、是否配乐、是否设计动作等，并进行排练。

（4）推荐主持人，制作节目单，拟写串词，举办诗歌朗诵会。

活动步骤

环节一　布置任务

布置任务1，学生分为3个大组，即一组、二组和三组，每组有10名学生，其中1人为组长。3个大组分别搜集毛泽东、陈毅、张爱萍创作的革命斗争题材的诗歌。组内分工合作，通过查阅资料，了解创作背景，指出诗歌涉及的相关史事。在共享资料的基础上，每人选择一首诗歌，添加注释或旁批，用自己的语言概括诗歌的主要内容。组长负责协调组织。

布置任务2，各大组组内讨论，选择1—2首感兴趣的诗歌进行赏析，如一组可以赏析毛泽东创作的《七律·长征》《西江月·秋收起义》，二组可以赏析陈毅创作的《红四军军次葛坳突围赴东固口占》《梅岭三章》，三组可以赏析张爱萍创作的《翻夹金山》《渔家傲·抢夺娄山关》。各大组学生先尝试有感情地朗读诗歌，明确其感情基调是欢快的还是忧愁的，是奔放的还是深沉的，等等。然后大组内10名学生平均分成5个小组，即A—E小组。A小组结合资料，提出问题，组织组员思考探究，进一步理解诗歌的主题和诗人的情感，如第一大组A小组可以提出"怎样理解诗人说'红军不怕远征难'"的问题。B小组找出诗人运用了哪些意象，说说诗人营造了怎样的意境。C小组通过绘制与诗歌主题相关的地图，掌握诗歌涉及的行军足迹。D小组查找与诗歌背景事件相关的音乐作品，学着唱一段，再读一读诗歌，感受诗歌展现的音乐美、韵律美。E小组在收集整理以上小组学习成果的基础上，写一段鉴赏文字，归纳概括本组的学习成果。

布置任务3，各组内组长组织组员确定朗诵篇目，每组准备2—3首为宜；明确朗诵形式，排练朗诵，或独立展示，或合作展示。学生自荐或推荐主持人。主持人拟定诗歌朗诵节目单，并准备简单的串词，组织诗歌朗诵会。准备就绪后，学生展示。

环节二　学生自学

☆自主学习任务单☆

1.你知道毛泽东、陈毅、张爱萍等人创作了哪些革命斗争题材的诗歌?

预设:毛泽东:《七律·长征》《西江月·秋收起义》等。陈毅:《红四军军次葛坳突围赴东固口占》《梅岭三章》等。张爱萍:《翻夹金山》《渔家傲·抢夺娄山关》等。

2.你知道这些诗歌的创作背景吗?请列出与诗歌内容相关的史事。

预设:《七律·长征》——中国工农红军长征;《西江月·秋收起义》——秋收起义;《红四军军次葛坳突围赴东固口占》——红四军与江西红二、四团会师;《梅岭三章》——南方红军游击战争;《翻夹金山》——中国工农红军长征;《渔家傲·抢夺娄山关》——中国工农红军长征。

3.选择其中一首诗歌,分析诗歌的意象,体会诗人的情感。

预设:陈毅的《梅岭三章》写于1936年冬天,当时陈毅在梅岭山脉指挥部队进行游击战争。诗人选取"泉台""阎罗""烽烟""血雨腥风"等意象,形象地概括了当时重兵围困、腿伤难行的险境;诗中"旌旗""捷报""自由花"等意象又显示出诗人在生死关头仍有昂扬的斗志,对革命必胜抱有坚定的信念。

环节三　课堂展示

(一)情境导入

(出示诗歌材料:

绿原无垠漫风烟,蓬蒿没膝步泥潭。野菜水煮果腹暖,干草火烧驱夜寒。

坐地随意堪露宿,卧看行云逐浪翻。帐月席茵刀枪枕,谈笑低吟道明天。)

教师:请同学们先读一读这首诗,然后说说这首诗的主要内容。

学生:草地广袤无垠,沼泽遍地,人在上面行走很容易陷进泥潭里面……这首诗描写的是红军长征途中过草地的情景。

教师:诗中描写红军草地行军时的生活是怎样的?说说它带给你的阅读感受。

学生:广阔的草地应该是美丽的、令人向往的,但是在这片草地上红军充饥靠"野菜",驱寒靠"干草",可见草地上生活条件十分恶劣,我不由为红军战士的艰难处境担心。颈联和尾联写红军夜晚休息时只能幕天席地,但是诗人与战友卧看行云翻涌，十分豪迈，枕着刀枪低声谈笑，对革命前途非常乐观。我既为红军遇到险境感到担忧，也钦佩他们不畏艰难、勇于斗争的气概。

教师：如此看来，我们朗读这首诗的时候要体现出身处险境从容不迫、迎难而上坚持斗争的意味。此外，朗读时还需要注意语气和节奏。请大家一起朗读这首诗，朗读时注意体会诗人表达的思想感情。

学生朗读。

教师：革命诗歌用简洁凝练的语言勾勒了如火如荼的革命斗争形势，传达了诗人的内心感受。今天，我们一起读一读毛泽东、陈毅、张爱萍等人创作的革命诗歌，感受诗歌中记录的峥嵘岁月。

学生整理自学任务单，为之后的学习做准备。

> 设计意图：创设读诗的情境，导入新课；引导学生分析、朗读诗歌，初步掌握从革命诗歌入手感受人物形象、体会人物精神的方法；联系语文、音乐等学科知识，掌握诗歌朗诵的基本方法。

（二）活动过程

1. 搜集并整理诗歌，把握主要内容，完成任务1的要求

学生分为三个大组，根据本组任务搜集不同诗人创作的革命诗歌。组长负责协调组织。分工合作，查阅资料，了解诗歌的创作背景，概括诗歌的主要内容。

2. 合作探究，鉴赏诗歌，完成任务2的要求

由组长安排，各大组确定本组赏析的诗歌篇目。大组内每2人为1个小组，各小组按指定任务，运用历史、语文、音乐、地理等学科的知识对诗歌进行赏析。小组间交流探究的成果，每个大组最终呈现对诗歌进行赏析的文稿。

3. 朗诵诗歌，领悟"初心"，完成任务3的要求

由组长安排，确定朗诵篇目，标出语调、重音、停连等，选择合适的朗读手段来传达诗歌的情感。主持人负责完成诗歌朗诵会的准备工作。举办诗歌朗诵会，学生朗诵展示，在朗读与倾听中感悟中国共产党人的"初心"。

> 设计意图：通过分析材料和鉴赏诗歌，初步学会从多种渠道获取历史信息；通过朗诵诗歌，瞻仰英雄先辈的丰功伟绩，体会中国共产党人和革命先辈的英勇无畏；引导学生提出问题与解决问题，开展深度学习，内化知识，运用知识。

(三)成果展示

教师:(汇集各小组鉴赏诗歌的成果,组织全班同学举办诗歌朗诵会,开展交流讨论,并适时进行指导与引导)下面,请各小组展示自己的研究成果。

学生通过分享诗歌鉴赏文稿、诗歌朗诵等方式进行成果展示,开展组与组之间的交流与互动。

成果示例1

组别:第一大组

诗歌:《西江月·秋收起义》

赏析:

1927年8月7日,中共中央在汉口召开紧急会议,决定在湘鄂粤赣发动秋收暴动。这首词写的是"八七会议"结束后,毛泽东前往湘赣边界领导秋收起义的事情。这首词分上下两片。上片写秋收起义队伍的名称和旗号,以及队伍行军前进的方向;下片描写了秋收起义爆发的情景。上片前两句"军叫工农革命,旗号镰刀斧头"直接点明了参加起义的武装队伍实际是中国共产党领导下的工农革命武装。后两句中,"匡庐"指江西庐山一带,"潇湘"指湘江和潇水。"不停留"说明军情紧急,"直进"就是交代武装队伍径直向湖南进军。诗人描绘了武装队伍目标明确、勇往直前的行军场面。下片"地主重重压迫,农民个个同仇"这两句引起读者很多思考和感触。中国共产党一直重视开展土地革命,让农民成为土地的主人,让农民翻身得到解放,真正用行动诠释了"为中国人民谋幸福"。结合中国近代史所学知识,广大农民获得了土地,热烈拥护中国共产党,他们纷纷参加红军或者支援前线,为中国共产党领导人民夺取新民主主义革命的胜利做出了巨大贡献。"秋收时节暮云愁,霹雳一声暴动"两句中,"暮云"是黄昏时的云彩,本应霞光迷人,但是诗人赋予"暮云"以"愁"的情感,可能是描写天色阴沉的景象,也好像预告了即将发生的武装暴动;"霹雳"仿佛是暴雨前的雷电,也仿佛是武装队伍进攻前的怒吼。诗人借天色将变的自然气象,赞扬了农民暴动的强大力量,展现了秋收起义必将胜利的坚定自信。

成果示例2

朗诵会前的准备:关注朗诵技巧,进行排练,能够通过朗诵较好地传达出诗人的思想情感；主持人拟定节目单，撰写串词。

主持人：我们用诗句追寻革命先辈的身影，用诗歌的韵律契合奋斗的脚步。下面有请×××等同学表演诗朗诵（第一大组的朗诵篇目为《西江月·秋收起义》，男女生合诵，配乐为《秋收起义歌》）。

> 设计意图：通过汇报展示，对历史问题进行探究与讨论，交流学习心得和经验，提高表达与交流能力；分组讨论，合作探究，主要通过朗诵的方式展示研究成果，用所学知识解决现实问题，学以致用。

环节四　活动小结

教师：中国共产党从诞生之时起，就把为中国人民谋幸福、为中华民族谋复兴作为自己的初心和使命，中国共产党不忘初心、牢记使命、不懈奋斗的坚定步伐，踏出了中华民族走向复兴的道路。青年学生应该成为时代的先锋，在成长的过程中，需要用先进思想武装头脑。革命诗歌作为红色文化的重要组成部分，来源于中国革命的具体实践，承载了崇高的革命信仰。这些红色文化和红色印记为我们留下了宝贵的精神财富。希望同学们读诗之后有所收获，坚定理想信念，坚持不懈奋斗。

活动评价

评价内容	评价标准			评价等级
	A	B	C	
朗诵准备	1.熟记朗诵内容。 2.能够正确注明重音、停连、节奏、语气、语速、语调等。	1.熟记朗诵内容。 2.能够较为熟练地运用朗诵的基本技巧。	熟记朗诵内容。	
朗诵展示	1.表演者仪容仪表整洁，精神状态良好。 2.能把握诗歌的感情基调，朗诵声情并茂，能引起听众的共鸣。 3.朗诵形式恰当，如有配乐、配视频，需与内容相符，能创造良好的艺术效果；如果是合诵，能展现良好的合作效果。	1.朗诵流利、完整。 2.朗诵有感情，比较有感染力。 3.朗诵形式能达到较好的展示效果。	朗诵流利，朗诵节目完整。	

活动延伸

拓展研究：革命诗歌等红色文化根植于中国共产党的革命实践，革命实践凝练了伟大的革命精神。组织学生分享朗诵诗歌后，可以引导学生思考联系生活实际，围绕革命先辈的榜样作用进行交流讨论，说说新时代的中学生应该如何继承并弘扬革命精神。整理这些感受和思考后，写一段读后感。

活动反思

本主题活动设计旨在从鉴赏、朗诵毛泽东、陈毅、张爱萍等人创作的革命斗争题材的诗歌入手，引导学生感受革命过程之艰辛和中国共产党人革命信念之坚定，理解中国共产党人的初心和使命。

为达成目标，设计学习过程中学生需要完成三项任务。首先，学生要搜集并整理诗歌，知道诗歌的主要内容。通过阅读《毛泽东诗词赏析》等书籍和线上查找资料，学生可以搜集许多革命诗歌，再结合中国共产党的成立、井冈山革命根据地的建设和中国工农红军长征等相关史事，找出诗人在诗作中写了哪些人、哪些事，把握诗歌的主要内容。然后，对诗歌进行鉴赏。熟练运用语文读诗、地理识图等学科所学知识和技能，赏析诗歌，体会诗人的思想感情。这一过程中，学生需要把在诗歌中了解到的历史和诗歌语言的巧妙之处、意境的动人之处等内容清楚地表达在所写的赏析文字中，这对学生的语言组织能力提出了较高的要求。最后，朗诵诗歌。这是成果展示的环节，教师需要鼓励学生发挥所长，通过多样的朗诵形式丰富展示效果，运用声、光、影、音使平面的知识立体化。通过有感情地朗诵诗歌，感悟中国共产党人始终把为中国人民谋幸福、为中华民族谋复兴作为初心和使命的重大意义。三项任务，层层递进，既对学生提出了要求，也要求教师担任好学生学习的指导者。

关于学习活动的设计与开展，还有一些需探索的问题：怎样设计实践活动，使学生深入理解革命实践中凝聚的革命精神和红色文化中蕴含的红色基因；如何利用本地红色文化资源，引导学生探寻本地的红色基因，结合地域特色，开展相关活动等。

参考资源

一、著作

1. 刘青松：《长征路上的地质故事》，广东科技出版社，2022年
2. 李遇春主编：《红色诗歌经典概论》，武汉大学出版社，2022年
3. 刘统整理注释：《红军长征记：原始记录》，生活·读书·新知三联书店，2019年
4. 黄辉映编著：《毛泽东诗词赏析》，四川人民出版社，2018年
5. 黄仲芳、罗庆宏主编：《井冈山斗争口述史》，江苏人民出版社，2015年
6. 李俊文、常伟僮编著：《播音主持基本功训练掌中宝：诗歌·散文》，中国传媒大学出版社，2015年
7. 董必武法学思想研究会编：《董必武诗选（新编本）》，中央文献出版社，2011年

二、网络资源

搜韵网　https://www.sou-yun.cn/

附录

资料1：

沁园春·长沙

独立寒秋，湘江北去，橘子洲头。看万山红遍，层林尽染；漫江碧透，百舸争流。鹰击长空，鱼翔浅底，万类霜天竞自由。怅寥廓，问苍茫大地，谁主沉浮？

携来百侣曾游。忆往昔峥嵘岁月稠。恰同学少年，风华正茂；书生意气，挥斥方遒。指点江山，激扬文字，粪土当年万户侯。曾记否，到中流击水，浪遏飞舟？

西江月·秋收起义

军叫工农革命，旗号镰刀斧头。匡庐一带不停留，要向潇湘直进。
地主重重压迫，农民个个同仇。秋收时节暮云愁，霹雳一声暴动。

忆秦娥·娄山关

西风烈，长空雁叫霜晨月。霜晨月，马蹄声碎，喇叭声咽。
雄关漫道真如铁，而今迈步从头越。从头越，苍山如海，残阳如血。

——摘编自黄辉映编著：《毛泽东诗词赏析》，四川人民出版社，2018年，第30、43、112页。

资料2：

三湾改编后，毛泽东带领起义军首先来到井冈山。井冈山地处湘赣边界的罗霄山脉中段。毛泽东选择在这里建立革命根据地，是因为：这个地区的群众基础比较好，大革命时期湘赣边界各县曾经建立过党的组织和农民协会；这里的部分旧式农民武装，愿意同工农革命军联合；这里地势险要，易守难攻；周围各县有自给自足的农业经济，便于部队筹款筹粮；地处湘赣边界，距离国民党统治的中心比较远，湘赣两省军阀之间又存在矛盾，对这个地区的控制力量比较薄弱。

……

对工农革命军，毛泽东要求改变过去军队只顾打仗的旧传统，担负起打仗消灭敌人、打土豪筹款子、做群众工作三项任务。1928年4月，他又总结部队做群众工作的经验，规定部队必须执行三大纪律、六项注意。以后六项注意又发展成八项注意。这些规定体现了人民军队的本质，对于正确处理军队内部关系、军民关系和瓦解敌军等，都起了重大作用。

……

井冈山根据地的斗争是同土地革命分不开的。根据地建立之初，分田只在个别地区试行。随着根据地逐步巩固，1928年5月至7月，边界各县掀起分田高潮，年底颁布井冈山《土地法》。广大贫苦农民从分得土地的事实中认识到红军是为他们的利益而奋斗的，从各方面全力支持红军和根据地发展。这是井冈山根据地能够存在和发展的社会基础。

井冈山根据地的建立，点燃了工农武装割据的星星之火，为中国革命探索出了农村包围城市、武装夺取政权这样一条前人没有走过的正确道路。井冈山时期留下的最为宝贵的财富，就是井冈山精神，最重要的方面就是坚定信念、艰苦奋斗、实事求是、敢闯新路、依靠群众、勇于胜利。

——摘编自《中国共产党简史》编写组编著：《中国共产党简史》，人民出版社、中共党史出版社，2021年，第41—42页。

资料3：

红四军军次葛坳突围赴东固口占

大军突敌围，关山渡若飞。今朝何处去，昨夜梦未归。

带梦催上马，睡意斗寒风。军号声凄厉，春月似张弓。

尖兵报有敌，后队转向东。急行四十里，敌截已扑空。

东固山势高，峰峦如屏障。此是东井冈，会师天下壮。

这是一组典型的转韵五言绝句，也是一首革命的叙事诗。第一节中的上联写大敌当前，围追堵截，而我红军将士状态神速，"关山渡若飞"。一个"飞"字，将红军将士不畏强敌、众志成城的精气神逼真地勾勒出来。下联"今朝何处去，昨夜梦未归"，上句写红军将士面临前进中的矛盾心理，这是因为，他们尽管有挺进赣南、闽西的大目标，但因敌人围追堵截，他们也只能视情况而定，于是就有了"今朝何处去"的叩问。次句"昨夜梦未归"有两层意思：一层为实写，状写红军战士昼夜行军的艰辛；另一层为虚写，是对上一句的转承，由于不知道"何处去"，所以就有了"梦未归"。这个"梦"，其实就是中国军人前进的胜利之梦。

第二节写军情的险恶。红军昼夜行军，不可能安心入睡，只能和衣躺在路旁，随时要闻警带梦出战。"凄厉"一词真切地写出了战时悲凉的感觉。诗人用白描的手法，形象地描绘出红军战士在如弓的春月下，顶着料峭的寒风带梦上路的情景。

第三节写行进途中灵活机动的战略战术。因"尖兵报有敌"而改变行进的路线："后队转向东"，然后"急行四十里"，使得敌人的堵截化为泡影。

第四节集中描写了"会师天下壮"的场面。如何"壮"？怎么"壮"？东固山高路险，地处群山峻岭之中，红军将士在险恶的条件下突破重围，胜利会师，怎不令人精神振奋呢！

——摘编自胡兴武编著：《陈毅诗词鉴赏》，武汉大学出版社，2016年，第12—13页。

资料4：

疾 风

冲破"围剿"别赣江，辗转五省横乌江。

奔袭击溃双枪将，一举攻占鸭溪场。

土城战酣血犹热，赤水西渡不畏寒。

大军此去多险境，山高路遥巧周旋。

渔家傲·抢夺娄山关

回首征程赤水远，铁流北上复南转。万仞插天中一线，依地险，"小猴"剪径双枪杆。

山路崎岖残夜暗，滂沱那顾泥泞溅。天降飞兵板桥畔，惊敌胆，娄山关上红旗展。

翻夹金山

——欢呼红一、四方面军一九三五年六月十二日于达维镇会师

夹金六月犹飞雪，红军渡泸从头越。

夜宿南麓孤月升，晨攀北峰冷日斜。

银海茫茫鸟兽绝，寒风凛凛休停歇。

狂喜两军巧会师，欢声雷动天地裂。

——摘编自《诗魂剑魄　理念之光：张爱萍将军逝世周年纪念》编委会编：《诗魂剑魄　理念之光：张爱萍将军逝世周年纪念》，中央文献出版社，2004年，第122—123页。

十二 光影里的战争与和平

学科	历史	设计者	韩敏、杨岑	教材版本	统编版
课程内容模块	世界现代史					
相关领域课程	历史、道德与法治、地理、物理、化学、文学艺术等				
活动主题	看电影,学历史——光影里的战争与和平				
课时安排	2课时				

活动背景介绍

"我们要重拳出击,也让日本人尝尝被重拳击中的滋味。"——电影《决战中途岛》中,尼米兹的这句话令人热血沸腾,它瞬间把人带回了那段血雨腥风的历史……

电影是近代产生的一种人们喜闻乐见的文艺形式,电影作品往往反映着特定的时代背景及内容。作为电影艺术的一种类型,战争题材的影片有着独特的魅力。战争是历史中不可分割的一部分,它与人类文明的发展相伴相生。战争对人类的安危、民族的兴衰、国家的存亡、社会的进步与倒退都产生了直接的重要影响,比如第一次世界大战和第二次世界大战。为了凸显珍爱和平的主题,以第二次世界大战为题材的电影看似在展现战争的残酷,实则在唤醒人们的反战意识。在每一部成功的战争电影中,都可以寻找到一个合适的角度审视战争,可以是对守卫家园、保卫祖国的赞美,可以是对战士英勇无畏的歌颂,也可以是对战争残酷的思考、对和平生活的向往。重温"二战"经典影片,不仅可以学历史,还可以深刻认识,当年我们为何而战、为何能赢,以此唤起守卫和平的意识。

活动主题分析

一、课标要求

《义务教育历史课程标准(2022年版)》在学习主题"看电影,学历史"中指出:本主题的设计,旨在引导学生加深对所学历史内容的理解,发现课堂教学没有涉及的历史信息，了解电影的主创者对历史的理解和解释，学会将看电影当成学习历史的一种方式。

二、学情分析

学生通过不同学段相关课程的学习，已初步了解了第二次世界大战。如：小学《道德与法治》课文《我们爱和平》引导学生感受和平的美好，了解战争给人类带来的影响，让和平的理念深入学生内心。初中《中国历史》与《世界历史》多篇课文都涉及与战争与和平主题相关的史事。初中《语文》课文《二战历史不容翻案》对日本企图篡改和抹杀侵略历史的行径发出警告，阐明了一个国家须重信守诺，方能在国际上立足的道理。初中《地理》教材从地理位置、领土组成、自然环境、资源分布等角度介绍了世界主要国家的概况。在初中《化学》中的《燃烧及其利用》单元，学生结合系列实验探究，认识了燃烧的条件，理解燃烧的原理，初步体会调控化学反应的意义。此外，大量有关第二次世界大战的文学与影视作品早已进入学生们的视野，他们对战争与和平的主题也积累了一些思考。

但大多数学生对战争爆发原因的理解可能仍是表面的、浅层次的，对战争造成的危害、科技发展与战争之间的关系、历史人物在战争中的作用等难以形成条理清晰的认识。观看以太平洋战争为主题的战争影片，能够利用视觉的直观性，给学生创设一个深入探究太平洋战争的学习情境，理解战争与和平的关系，激发关心世界发展、维护世界和平的责任意识。

三、活动主题及立意

（一）活动主题

根据课标的要求，结合以太平洋战争为题材的经典电影，活动主题定为"光影里的战争与和平"。通过观看《决战中途岛》《血战钢锯岭》两部电影，了解太平洋战争相关的史事；辨析电影作品里战争场景拍摄的合理性和艺术性；评述电影作品中对历史人物价值判断的合理性；围绕战争与和平的主题撰写影评，反思战争。

（二）活动立意

太平洋战争是世界反法西斯战争的重要组成部分，是日本和美国在全球最广阔海域的大冲撞，其惊天动地的气势堪称战争史上的绝笔。太平洋战争以日本偷袭珍珠港开始，以日本的投降结束。珍珠港的惨败，促使美国投身于第二次世界大战之中，极大地改变了战争的走向，也对战后的世界格局产生了深远的影响。

看以太平洋战争为主题的电影，设计战争与和平的主题教学，学生可通过梳理电影里与太平洋战争相关的史事，了解太平洋战争爆发的原因；通过辨析电影作品的战争场景，了解电影拍摄的合理性和艺术性；通过赏析电影里的重要历史人物，了解电影作品对历史人物价值判断的合理性；围绕战争与和平的主题撰写影评，可反思战争。

知识图谱

领域	相关课程内容					
	历史	道德与法治	地理	物理	化学	文学艺术
《决战中途岛》	偷袭珍珠港中途岛海战	珍爱和平 树立国家间相互尊重、平等原则	夏威夷群岛、中途岛等岛屿地理位置及特点；马来西亚等东南亚国家、日本和美国地理位置、气候特征及自然资源分布情况	密度、浮力及浮沉条件、凸透镜成像、流体压强与流速、液体压强等	爆炸燃烧及调控燃烧的条件、糖玻璃等	相关历史人物的传记、文学及影视作品、影视文学
《血战钢锯岭》	冲绳岛战役原子弹轰炸广岛、长崎		冲绳岛、广岛及长崎等地的地理位置			

目标、任务与方法

一、目标

1.搜集太平洋战争中重大战役的资料，了解太平洋战争的基本进程；知道太平洋地区的自然地理概况，认识其重要的战略地位，分析太平洋战争爆发的原因。

2.透过电影里展现的武器装备等，辨析电影作品里的战争场景，认识科技发展和战争的关系。

3.观看电影中相关历史人物的视频，评析电影作品对历史人物价值判断的合理性。

4.赏析与电影相关的影评作品，围绕"战争与和平"的主题，初步学会撰写影评，树立维护世界和平的意识。

二、任务与方法

任务1：观看电影，搜集日本偷袭珍珠港、中途岛海战和冲绳岛战役的相关资料，梳理太平洋战争的基本进程，认识太平洋战争爆发的必然性和偶然性。

方法：

（1）搜集与整理太平洋战争重大战役的相关资料，精选重大战役的图片。提炼图片中的关键信息，按时序和地理位置在世界地图上标识出来，构建太平洋战争的时空坐标，梳理太平洋战争的进程。

（2）结合地理学科知识整理太平洋地区地理及自然资源的分布，探究其重要的战略地位，分析太平洋战争爆发的必然性和偶然性。

任务2：搜集太平洋战争中武器与装备的相关资料，辨析电影作品所呈现战争场景的合理性和艺术性，探究科技发展和战争的关系。

方法：

（1）搜集、整理太平洋战争中武器与装备的相关资料。

（2）按海军、空军、陆军对战争中使用的武器装备的图片作分类整理，介绍电影里展示的各类武器。

（3）结合物理、化学学科知识，辨析电影作品里的战争场景，了解电影拍摄的合理性和艺术性，认识科技发展和战争的关系。

任务3：观看电影中重要历史人物的视频，评述电影对历史人物的刻画，分析电影作品对历史人物价值判断的合理性。

方法：

（1）搜集电影里重要历史人物的图片。

（2）查阅历史人物的传记或文学作品，结合历史学科知识，整理真实、有趣的人物事迹，介绍电影里的重要历史人物。

（3）观看电影里重要历史人物的视频，认识电影剪辑对历史人物的刻画，评析电影作品对历史人物价值判断的合理性。

任务4：赏析优秀影评片段，分组讨论，围绕"战争与和平"的主题撰写影评。

方法：

（1）赏析精选的影评片段。

（2）全班分成3个小组，围绕"战争与和平"主题展开讨论。

（3）各组选择一位代表撰写电影影评文稿，作现场展示。

> 活动步骤

环节一　布置任务

布置任务1，学生利用课余时间观看《决战中途岛》《血战钢锯岭》两部电影，搜集与整理太平洋战争重大战役的相关资料，精选重大战役的图片，提炼图片中的关键信息，按时序和地理位置在世界地图上标识出来，构建太平洋战争的时空坐标，梳理太平洋战争的进程。整理太平洋地区自然地理概况，探究其重要的战略地位，分析太平洋战争爆发的原因。

布置任务2，搜集太平洋战争中武器与装备使用的相关资料，结合所学知识，按海军、空军、陆军对战争中使用的武器装备的图片作分类整理，介绍电影里展现的各类武器。结合物理、化学学科知识，辨析电影作品里的战争场景，了解电影拍摄的合理性和艺术性，认识科技发展和战争的关系。

布置任务3，搜集电影里重要历史人物的图片，查阅相关历史人物的传记、文学作品，整理重要历史人物的事迹并进行介绍，观看电影里重要历史人物的视频，评析电影作品对历史人物价值判断的合理性。

布置任务4，品读相关的电影影评材料，全班分成3个小组，每组选1个组长，每组人数可在12—15人。围绕"战争与和平"的主题展开组内讨论，再选择一位代表撰写影评，兼顾语言的艺术性。在班级内作现场展示。

环节二　学生自学

☆ 自主学习任务单 ☆

1.列举《决战中途岛》《血战钢锯岭》电影里的重大战役。

预设：日本偷袭珍珠港、中途岛海战、冲绳岛战役。

2.举出一位电影里的历史人物并简要介绍他的故事。

预设：美国总统罗斯福、美国海军名将尼米兹、美军特级飞行员杜立特、美军士兵戴斯蒙德·道斯等（故事略）。

3.电影里中途岛海战和冲绳岛战役胜利的原因有哪些？

预设：海军总司令指挥正确（海军作战策略、部署的正确）；情报战的胜利；

战争的正义性；美国人民为赢得战争的胜利同仇敌忾，浴血奋战；世界反法西斯同盟的建立等。

环节三　课堂展示

（一）情境导入

教师：（播放《决战中途岛》《血战钢锯岭》两部电影的剪辑视频）请同学们说一说视频中的重大战役及主要作战国家。再结合第二次世界大战五大战场的分布，概述第二次世界大战的进程。

> 设计意图：利用电影直观再现第二次世界大战，创设视觉情境导入新课。引导学生使用表格、地图、文字等各类资料，构建第二次世界大战的时空坐标，检验自主学习成果。

（二）活动过程

1. 梳理电影作品里战争的进程，完成任务1的要求

同学们展示重大战役的图片；识读世界地图，两两合作把图片粘贴到世界地图对应的位置上；介绍太平洋地区的重要岛屿及自然资源的分布，探究其重要的战略地位；结合文字材料分析太平洋战争爆发的原因。

2. 辨析电影作品里的战争场景，完成任务2的要求

同学们展示电影作品里使用的各类武器装备的图片；按海军、空军和陆军作分类，介绍日本和美国"二战"时期的科技发展情况；结合物理、化学学科知识，了解电影里燃烧或爆炸的场景制作，辨析电影作品里的战争场景，判断电影作品拍摄的合理性和艺术性，探究科技发展与战争的关系。

3. 评述电影作品里的历史人物，完成任务3的要求

同学们展示电影里重要历史人物的图片；结合相关历史人物的传记或文学作品，整理信息，作重要历史人物的介绍；播放电影里用于烘托气氛或推进剧情发展的重要历史人物视频，评述电影作品对历史人物价值判断的合理性。

4. 撰写"战争与和平"主题的影评，完成任务4的要求

品读精选的影评片段；各组学生结合材料依据所看、所析、所悟，组内讨论交流；选一位代表现场展示撰写的影评片段。

设计意图：以了解电影里的重大战役为目的，以历史、地理学科知识为平台，创设一个探究日本发动太平洋战争的原因的学习情境；以辨析电影作品里的战争场景为目的，以物理、化学学科知识为平台，创设一个探究科技发展与战争关系的学习情境；通过评述电影作品对历史人物价值判断的合理性，提高学生对电影的鉴赏能力。

（三）成果展示

影评示例

《决战中途岛》全片讲述了四场大战，像是原原本本地把"偷袭珍珠港"直至"中途岛海战"这一系列历史事件再现了一遍。电影就场面而言不仅很好看还很精细。航母对峙、紧张空战、战术刻画都相当精准。优秀的场面配合、丰富的镜头和剪辑让影片的视觉效果极佳，临场感极强。当观众跟随着飞行员的视角完成一次次的俯冲轰炸时，那种身临其境的刺激让观众神经一遍遍绷紧。

除了这些精彩的战争场景，导演也将镜头对准了劫后余生却又不得不再次上阵的美军飞行员。求生的欲望、厌战的心理，最终都被为国而战的荣誉和使命所压倒。虽然看起来俗套，但这就是在传递电影创作团队对于战争的厌恶、对于和平的渴求。

设计意图：通过展示影评，呈现对"战争与和平"主题的思考，树立正确的价值观。

环节四 活动小结

教师： 我们赏析的这两部有关太平洋战争题材的电影，都深刻展现了太平洋战争带给人类的巨大生命和财产的损失。战争引发了国家、民族间的仇恨；战争造成了环境污染和难以愈合的心灵创伤。同学们撰写的影评，不仅对战争的发生进行了深刻的反思，还通过对电影的赏析，理解了战争电影主创团队对和平的呼唤。

活动评价

评价内容	评价标准			评价等级
	A	B	C	
梳理战争进程	1. 能搜集、整理与战争相关的主要史料，精准找到符合要求的战役图片。 2. 能详略得当、语言流畅地介绍战争进程。	1. 能搜集、整理与战争相关的基本史料，找到基本符合要求的战役图片。 2. 能流畅地介绍战争进程。	1. 能在教师指导下搜集、整理与战争相关的部分史料，找到基本符合要求的战役图片。 2. 能简单介绍战争进程。	
辨析战争场景	1. 能通过网络、图书馆等途径找到电影中的主要武器装备图片。 2. 能结合多学科知识对武器装备进行准确分类。 3. 能结合多学科知识参与所探究问题的思考和回答。	1. 能通过网络找到电影中的部分武器装备图片。 2. 能结合两门学科知识对武器装备进行准确分类。 3. 能结合两门学科知识参与所探究问题的思考和回答。	1. 能在同伴帮助下找到电影中的部分武器装备图片。 2. 能结合一门学科知识，对武器装备进行简单分类。 3. 能结合一门学科知识参与所探究问题的思考和回答。	
撰写影评	1. 能准确理解影片的精神内涵。 2. 影评写作符合要求，能结合影片内容叙议结合，有真情实感，不空泛。 3. 语言表述流畅，文笔优美。	1. 能基本理解影片的精神内涵。 2. 影评写作符合要求，内容切合主题，有情感表述，不空泛。 3. 语言表述比较流畅，行文完整。	1. 能在同伴的帮助下理解影片的精神内涵。 2. 能完成影评的撰写，符合写作基本要求。 3. 语言表述基本清楚。	

活动延伸

拓展探究：目前，国际安全形势面临严峻挑战：恐怖主义风险仍在上升；局部动荡更加突出，强烈冲击原有的国际秩序；地区军备竞赛有所加剧，大国军事竞争更趋激烈；网络安全上升到国家安全战略高度……请选择反映一个国家或地区的人口、贫困、安全方面等问题的电影，探究电影主创者对"和平与发展"主题的理解。

活动反思

本次主题学习活动设计，笔者的思路是从看电影切入，整个活动中学生有个性化研习，有团队互助启发式学习；有视频看，有角度想，有特长展。具体来说，为了达成教学目标，依据课程标准把探究过程分为四个环节的学生活动；为了高质量、多亮点地完成课堂的展示，结合电影资源与多学科知识与技能，设计了不同角度、形式的探究问题；为了能多角度、深层次地认识和反思战争，把学生分成三组，在分工合作的基础上撰写电影影评。总体上看，本主题活动设计的四个教学环节，环环相扣、层层深入地围绕"战争与和平"的主题，设计探究问题，组织学生活动，旨在拉近学生与历史之间的距离。最后的活动成果是撰写电影影评，既提升了学生的认知，又锻炼了学生的语言表达能力。

本次主题学习活动还可进一步探索的地方：①对和平这个话题，只是围绕电影作品里的战争、科技和人物，设计了维护世界和平途径的探究。课后不妨引导学生思考：在经济全球化的时代，为维护和平，我们在现实生活中还可以做些什么？②关于战争这个话题，战争虽然带来经济的耗损、人员的伤亡，但在客观上促进了民族间的交融，对人类文明的发展有间接的推动作用。从以上角度出发，还可以补充相应的问题探究资源，引导学生深入思考战争。

参考资源

一、著作

1. 雷国山等：《太平洋战争研究》，江苏人民出版社，2022年
2. ［美］罗伯特·卡帕：《颤抖的镜头：卡帕二战回忆录》，张霞、陈传奇译，金城出版社，2022年
3. 齐锡生：《剑拔弩张的盟友：太平洋战争期间的中美军事合作》，社会科学文献出版社，2020年
4. ［美］伊恩·托尔：《燃烧的大洋：1941—1942，从突袭珍珠港到中途岛战役》，徐彬、王斌、王晓译，中信出版社，2019年
5. ［日］加藤洋子：《日本人为何选择了战争》，章霖译，浙江人民出版社，2019年
6. 徐蓝等：《英美军事战略同盟关系的形成与发展（1919—1945）》，北京师范大学出版社，2019年

二、网络资源

1. 美国太平洋战争国家博物馆　https://www.pacificwarmuseum.org
2. 美国珍珠港太平洋航空博物馆　https://www.pearlharboraviationmuseum.org

附录

资料1：

1931年，日本发动"九一八事变"侵略中国东北，而英法等西方国家却姑息迁就；1934年，英国"政治绥靖"日本政策的提出；1935年，意大利侵略埃塞俄比亚并在英、法、美的实际纵容下最终得手；1936—1937年，英国和日本关于英国是否承认伪满洲国的谈判；1936年，英、法以"不干涉"政策为名而最终使德、意法西斯支持的西班牙佛朗哥独裁政权上台执政；1937年日本发动全面侵华战争后，英、法、美等国拒绝援助中国和制裁日本；1938年，英、法对纳粹德国吞并奥地利的默认，英国与日本签订出卖中国海关利益的非法协定，英、法两国进一步助纣为虐，与德、意签订出卖捷克斯洛伐克领土的《慕尼黑协定》；1939年，捷克斯洛伐克最终被肢解而英法无所作为，英、日两国签订的英国实际承认日本侵华具有合法性的《有田－克莱琪协定》；1939年希特勒进攻波兰后出现的"奇怪的战争"，以及1940年英国与日本达成关闭滇缅公路三个月的协定等，学者们都进行了不同程度的个案探讨。从中我们不仅依次看到了英、法（有时也包括美国）等国一而再、再而三地以妥协退让甚至出卖其他国家领土主权利益来对付侵略者的窘相，更看到贯穿其中的绥靖主义外交路线的萌芽、形成、发展、演变及至达到顶峰的历史过程。这一过程与法西斯国家不断扩大侵略并行，终于使大战提前爆发。

——摘编自徐蓝：《国外绥靖政策研究述评》，《光明日报》2015年7月18日。

资料2：

中国战场有力支援了太平洋战场。太平洋战争爆发初期，英、美、荷节节败退。日本在不到半月的时间里，就占领了泰国、马来西亚、菲律宾、荷属东印度、缅甸以及西太平洋上的一些小岛，总面积达到380万平方公里，人口1亿5千万。但日本投入东南亚和太平洋战场的兵力并不充足。否则，英、美、荷的失败还要惨重得多。在以后的战争中，日本想从中国抽调陆军增援太平洋战场，但实际上办不到。日本驻中国派遣军总司令畑俊六说："中国问题不解决，太平洋战争就不能得到解决。"1943年日本陆军扩军，总兵力达到70个师团，12月31日的布置情况如下：中国派遣军24个师团；关东军15个师团；南方军12个师团；中南部太平洋4个师团；菲律宾1个师团；澳大利亚北部（第八方面军）6个师团；日本本土6个师团；朝鲜2个师团。（以上旅团数未计在内。）在中国大陆的兵力（不算关东军）仍占第一位。

——摘编自齐世荣：《中国抗日战争在世界反法西斯战争中的重要地位》，《首都师范大学学报（社会科学版）》2015年第6期。

资料3：

影评即观影者对于电影的评论，它属于论述类文章中的文艺评论的范畴。……在写作之前，最好能多观看几遍电影。因为银幕画框内的形象具有流动性，即在观影时，视觉形象总是在不断显现的同时又不断流逝，流动的影像难以固化成文字，难以让观众回头用心思考和揣摩，所以，学写影评时，最好从以下几个方面做起……认真地"看"和"想"，还要及时记录，不断地联系和思考，要质疑一些非常基础的问题，比如：①影片的片名和情节有什么联系？②为什么电影以这种方式开场？③影片反映了什么主题？④为什么影片以这样的画面结束？⑤这部电影和我曾经看过的类型片（好莱坞商业电影、文艺片、实验电影等）有何异同？⑥摄影机移动是否有某种显著的形式？也许是远景、叠化或者跳接？（镜头艺术）⑦哪三四个镜头是最重要的？（有没有重复出现？）⑧人物形象有何特别之处？⑨色彩、音响效果有何特别之处？

——摘编自王荣：《鉴赏式影评写作：开启跨媒介艺术欣赏之门》，《教学月刊（中学版）》2017年第12期。

资料4：

镜头语言的客观与真实在影片后半部分的钢锯岭战役中表现得尤其突出。镜头跟随戴斯蒙德所在的美军77步兵师顺着巨网爬上悬崖时，做出客观记录，跟随人物向上移动，几乎与人物平行的位置，并没有将镜头拉远，没有用镜头表现环境的危险。当士兵攀上悬崖之后，镜头也多数以士兵的视角进行拍摄，与士兵视角水平的机位拍摄士兵脚下的血肉模糊的尸体，将观众带入士兵的角色当中，并用大量的特写镜头展现士兵的面部表情，逐渐铺垫战场上充满未知的紧张情绪。直到一名受伤的士兵突然从地上坐了起来，睁大双眼声嘶力竭地吼叫着，开启了钢锯岭战役的恐怖篇章。

……

追求真实记录的镜头语言没有夸张和放大,却将人类生命与肉体的脆弱,战争如同冷血机器一般的恐怖暴力,对人类的肉体与精神的碾轧彻底地表现出来。也正是在导演梅尔·吉布森的客观记录的镜头语言之下,在如此惨烈而恐怖的战争中做出辉煌事迹的戴斯蒙德更显传奇与可敬,他无惧死亡、尊重生命,一心用拯救对抗战争的高尚精神令人肃然起敬,尤其是在他的双手已经被缆绳绞烂,身体疲惫到极限,精神无比脆弱的时候,他虔诚地对上帝祈求再让他多救一个人,深深地触动着观众内心最柔软的部分。

——摘编自赵又婷、涂中方:《〈血战钢锯岭〉的镜头语言与美学特征》,《电影文学》2018年第2期。

十三 电影赏析：《我和我的祖国》

学科	历史	设计者	袁姣、刘熙	教材版本	统编版
课程内容模块	中国现代史					
相关领域课程	历史、道德与法治、语文、艺术、物理等				
活动主题	看电影，学历史——电影赏析：《我和我的祖国》				
课时安排	2课时				

活动背景介绍

电影《我和我的祖国》是一部反映从中华人民共和国成立到社会主义建设新时代发展历程的优秀影片。电影中的七个故事分别记录了新中国成立、中国第一颗原子弹爆炸成功、中国女排勇夺三连冠、香港回归、中国举办奥运会、神舟飞船着陆成功、抗战胜利70周年阅兵的历史性时刻，凸显了不同时期的精神特征，见证了时代的大变迁。

故事中的主人公均为普通的小人物，他们的生活经历与祖国的重要历史节点息息相关，为实现中华民族伟大复兴的历史使命贡献出了自己最大的力量。电影用先进的叙事手段、典型人物的形象将宏观的政治、经济、军事形象，变为微观、可感的艺术形象，反映了中国人集体的价值取向，用以小见大的方式表达了强烈的爱国主义情怀，激发了人们强烈的爱国情感，是一部非常经典的影片。它恰到好处地调动着观众的情绪，展现出现实生活中华夏儿女的家国情怀，能帮助学生从时代变迁中感知不同时期奋斗者的可贵精神。

活动主题分析

一、课标要求

《义务教育历史课程标准（2022年版）》在学习主题"看电影，学历史"中指出：本主题的设计，旨在引导学生加深对所学历史内容的理解，发现课堂教学没有涉及的历史信息，了解电影的主创者对历史的理解和解释，学会将看电影当成学习历史的一种方式。

二、学情分析

学生通过多学科学习，对中国共产党和新中国的发展历史有一定了解。小学《道德与法治》课文《百年追梦　复兴中华》中介绍了中国从屈辱到抗争，从站起来到富起来的历史。小学《语文》课文《开国大典》生动描写了开国大典全过程的主要场面。初中《语文》课文《邓稼先》介绍了"两弹元勋"邓稼先的先进事迹。初中《中国历史》八年级下册系统概述了新中国成立至今的发展历程。初中《道德与法治》课文《维护国家利益》《踏上强国之路》《守望精神家园》《中华一家亲》《中国人中国梦》中介绍了国家利益至上、改革开放、高扬民族精神、民族团结、共圆中国梦等内容。

大多数学生对新中国建设历程的了解主要来自于学校各门课程的学习，学习形式较为单一。运用看电影学历史的方式，能够拓宽学生学习历史的思路，把历史教学从单一的课堂延伸到课下，让学生多角度地去探究历史，还能够引导学生加强对历史事件、历史人物的感悟和认识，让平面的历史知识变得立体丰富。

三、活动主题及立意

（一）活动主题

根据课标要求，结合中国共产党带领人民建设新中国的奋斗历程，本活动主题定为"电影赏析：《我和我的祖国》"，观看并赏析电影《我和我的祖国》，唱电影插曲，撰写影评，讲述身边人参与祖国建设的故事。

（二）活动立意

跟着电影学国史，让中国共产党领导人民建设新中国的历史更加可亲、可触、可感，是激发学生爱国热情的重要途径。本主题学习以电影《我和我的祖国》中的主要片段为素材开展活动。

通过观看电影，对电影内容进行提炼，梳理中华人民共和国成立后不同的历史发展阶段和主要事件，培养学生在具体的时空下考察历史的能力。通过搜集资料、撰写影评，讲述身边人参与祖国建设的故事，了解不同时期建设者的贡献，体会电影所呈现的时代精神。通过唱响电影插曲，加深对电影呈现主题的理解。

知识图谱

领域	相关课程内容				
	历史	道德与法治	语文	艺术	物理
电影片段《前夜》	新中国成立	没有共产党就没有新中国	《开国大典》《邓稼先》《千年圆梦在今朝》	《歌唱祖国》等爱国题材的音乐、美术作品	定滑轮 电路
电影片段《相遇》	艰辛探索与建设成就 "两弹一星"	爱国情怀 担当精神			核裂变
电影片段《夺冠》	全方位外交 新发展理念	服务社会 奉献社会			电磁波的应用
电影片段《回归》	香港回归祖国 独立自主的和平外交	坚持国家利益至上 一国两制			时间的测量
电影片段《北京你好》	对外开放 全方位外交	真诚、友善 互助精神			发光二极管 光的三原色
电影片段《白昼流星》	太空漫步 脱贫攻坚	创新强国 走向共同富裕			重力 内能
电影片段《护航》	空军建设	推进国防和军队现代化			重力加速度 机械运动 流体压强与流速

目标、任务与方法

一、目标

1. 观看电影《我和我的祖国》，提炼出与电影内容相关的主要史事。

2. 选取电影中的某个片段，撰写影评，学会对影视作品进行初步赏析；在交流分享中感受中国特色社会主义建设的不同发展阶段人们的众志成城、无私奉献精神。

3. 合唱电影插曲，进行快闪活动，在音乐中加深对中国特色社会主义建设成就的体悟。

4. 结合电影，访谈身边人参与建设的经历并讲述他们的故事，体会祖国命运与我们每一个人都息息相关，树立为祖国奋斗的志向。

二、任务与方法

任务1：观看电影《我和我的祖国》，结合教材所学知识，提炼电影不同片段所反映的主要史事，了解并列举其所属发展阶段取得的重要成就。

方法：

（1）结合初中《中国历史》八年级下册所学知识，了解中华人民共和国成立后的不同发展阶段及其成就。

（2）根据观看的内容，提炼电影不同片段反映的主要史事并列举其所属发展阶段的重要成就。

任务2：分组选取电影中的某个片段，撰写影评并进行展示交流。

方法：

（1）根据电影不同片段将学生分为四组，各组成员结合所学知识和查阅的资料，在对电影片段的内容、细节进行赏析的基础上撰写影评。

（2）组员在组内分享自己撰写的影评，小组推选出一份优秀作品。

（3）汇集各小组优秀作品，制成PPT后在全班展示、交流。

任务3：合唱电影插曲，进行快闪活动。

方法：

（1）全体学生分为四组，分别学唱电影相关插曲《中华人民共和国国歌》《歌唱祖国》《我和我的祖国》《东方之珠》。

（2）各组根据选定的歌曲策划快闪活动方案，组内分工合作，演练后在全班展示。

任务4：根据电影片段所反映的历史发展阶段，访谈身边人参与建设的经历并讲述他们的故事。

方法：

（1）通过访谈了解身边的人（父辈、祖辈等）参与本组电影片段同一时期祖国建设的经历，搜集他们工作的照片。

（2）利用照片等佐证资料在组内分享故事，每组选一个典型事例在全班进行交流。

> 活动步骤

环节一　布置任务

布置任务1，全体学生利用节假日观看电影，结合初中《中国历史》八年级下册所学知识，浏览《中国近现代史大事年表（下）》，提炼电影不同片段所反映的主要史事，了解新中国成立后的不同历史发展阶段及其成就。

布置任务2，根据电影的不同片段，将学生分为四组："前夜"组、"相遇"组、"回归"组、"白昼流星"组。每组12人，设正、副组长各一名，进行统筹安排，组员10人。

"前夜"组全员回顾电影片段《前夜》，结合林治远如何争分夺秒，相关人员如何排除万难，人民群众如何倾力相帮，最终不辱使命大功告成的动人情节，进行观影交流并撰写影评。

"相遇"组全员回顾电影片段《相遇》，了解社会主义建设探索时期，1964年10月16日中国第一颗原子弹爆炸成功的始末，搜集科研人员邓稼先、钱学森等人的感人故事，撰写影评。

"回归"组全员回顾电影片段《回归》，以故事为契机，了解香港问题的始末，根据资料来撰写影评。

"白昼流星"组全员回顾电影片段《白昼流星》，搜集资料，了解为实现"两个一百年"奋斗目标，中国在脱贫攻坚或航天事业方面取得的成就，撰写影评。

各小组完成影评撰写后，在组内进行分享，每组推荐一份优秀作品，汇总后在全班进行展示。

布置任务3，分组学唱电影相关插曲《中华人民共和国国歌》《歌唱祖国》《我和我的祖国》《东方之珠》。在组长的带领下做好分工合作，策划快闪活动方案，演练后在全班展示。具体分配："前夜"组——《中华人民共和国国歌》；"相遇"组——《歌唱祖国》；"回归"组——《东方之珠》；"白昼流星"组——《我和我的祖国》。

布置任务4，各组成员通过访谈了解身边的人（父辈、祖辈等）参与本组电影片段同一时期祖国建设的经历，结合他们工作的照片等佐证资料，在组内分享故事。

环节二　学生自学

☆ 自主学习任务单 ☆

1. "四史"教育中的"四史"指的是什么？

预设："四史"是党史、新中国史、改革开放史、社会主义发展史。"四史"内容各有侧重，但整体讲的就是中国共产党为人民谋幸福、为民族谋复兴、为世界谋大同、为社会谋发展的实践史，中国共产党的领导是"四史"的主线。

2. 电影《我和我的祖国》反映了哪些史事？

预设：开国大典、中国第一颗原子弹爆炸成功、中国女排勇夺三连冠、香港回归、中国举办奥运会、神舟飞船着陆成功及脱贫攻坚、抗战胜利70周年阅兵。

3. 新中国成立后，经历了哪些发展阶段？请举例说说每个时期的重大历史事件。

预设：社会主义基本制度的确立（1949—1956年）：抗美援朝、土地改革、"一五"计划、社会主义改造、人民代表大会制度的确立等。

社会主义的艰辛探索和曲折发展（1956—1978年）：中共八大召开、"大跃进"运动、人民公社化运动、中国第一颗原子弹爆炸成功、"文化大革命"的发动、中华人民共和国恢复在联合国的合法席位、袁隆平选育杂交水稻成功等。

中国特色社会主义建设（1978年至今）：十一届三中全会召开、经济特区建立、中国加入世界贸易组织、举办奥运会、全面建成小康社会等。

4. 新中国的不同发展阶段呈现的时代精神有哪些呢？

预设：抗美援朝精神、"两弹一星"精神、雷锋精神、大庆精神（铁人精神）、改革开放精神、抗震救灾精神、劳模精神（劳动精神、工匠精神）、女排精神、脱贫攻坚精神、探月精神、丝路精神等。

环节三　课堂展示

（一）情境导入

教师：2018年是改革开放40周年、马克思诞辰200周年；2019年是新中国成立70周年；2021年是中国共产党成立100周年。在这几个关键的时间节点，党和国家领导人均发表重要讲话，"四史"教育进课堂活动随之在各地开展起来。那么"四史"指的是什么？

学生回答。

教师：在历史课上，就让我们一起跟着电影学国史。电影《我和我的祖国》中反映的史事有哪些呢？

学生回答。

教师：它们分别属于新中国成立后哪一发展阶段？你还能举例说明该阶段取得的其他成就吗？

学生回答。

教师：每个故事的主角不同、时代不同，却围绕同一个主题，那就是爱国。或许有人知道开国大典上电动升旗装置设计师林治远的故事，却不知道在那个十万火急的夜晚，清华大学的教授送上实验室唯一的材料、北京市民送来孩子的长命锁；在中国第一颗原子弹爆炸成功之时，大家知道邓稼先、钱学森，却不知道背后有许许多多像高远一样的科学家为保守秘密和家人不告而别；知道我们脱贫攻坚取得胜利，却不知道有很多扶贫干部或倒下，或继续埋头苦干……

> 设计意图：通过"四史"教育活动引入主题，在师生互动中检验自主学习成果，梳理掌握中国现代史发展的基本脉络。

（二）活动过程

1. 提炼电影不同片段反映的史事，完成任务1的要求

观看电影《我和我的祖国》，根据电影片段提炼该片段反映的史事，结合初中《中国历史》八年级下册所学内容，利用《中国近现代史大事年表（下）》了解新中国成立后的不同发展阶段及其成就。

2. 撰写并分享影评，完成任务2的要求

学生根据任务，分组观看电影的不同片段，搜集、整理本组所需要的资料后撰写影评，完成后在组内交流，推荐一份优秀作品在全班分享。

3. 开展电影歌曲快闪活动，完成任务3的要求

分组学唱选定的电影插曲，小组分工合作，设计快闪活动方案，演练后在全班展示。

4. 讲述身边人参与祖国建设的故事，完成任务4的要求

了解身边的人（父辈、祖辈等）参与祖国建设的故事，搜集他们工作的照片。

利用照片等佐证资料在组内进行交流,每组选一个故事在全班进行交流。

> 设计意图:通过分组观看电影片段、撰写影评、合唱插曲、讲述故事等活动,将对新中国发展历史的认识更加鲜活立体地呈现出来,在小组合作中提升表达与交流能力。

(三)成果展示

影评示例1:观《我和我的祖国》有感

"起来,不愿做奴隶的人们,把我们的血肉筑成我们新的长城……"电影片段《前夜》中,伴随着国歌声的响起,第一面五星红旗冉冉升起,又在国歌结束时稳稳停住,没有出一丝一毫的差错。

事实上,就在开国大典的前一天,电动装置升旗的负责人林治远仍没有万全的把握。电动升旗属国内首次,是否会出现意外,谁都不能保证,可一旦在开国大典上发生意外,后果没有人能承担。在验收的五六个小时前,他们突然发现升旗装置的阻断球易锈、硬度不够大,有可能会断,必须加入几种稀有金属。此时已是凌晨,听到大喇叭喊为筹备开国大典急需的材料,百姓们带着家中各种金属物品前来支援,哪怕很多人都没听说过这些金属的名字,他们只想为典礼的顺利举行尽自己的一份力。成功熔炼出合格材质的阻断球后,离验收仅有57分钟,平时斯文有礼的林治远提着焊接工具一路狂奔,又克服恐高心理,独自一人爬上几十米高的升旗杆,最终解决广场上阻断球的隐患,保障了电动升旗的成功。

人们对于开国大典是如此的期待,因为之前的苦难太过深重。从1840年第一次鸦片战争开始,中国被迫打开国门,此前一直走在世界前列的大国受到折辱。再到后来的第二次鸦片战争、甲午战争、八国联军侵华以及持续14年的抗日战争,无一不在践踏中国人民的尊严,无一不在加深中国人民的痛苦。而1949年新中国成立标志着中华民族站起来了,中国人民不必再受帝国主义国家的压迫,侵略战争再也不会到来。开国大典就像是对过去积贫积弱、任人欺凌的旧中国的告别,进而迎来一个崭新、光明的未来。

典礼前夜,全国人民上下一心,最终典礼得以顺利举行。这也说明得民心者得天下,人民的支持是多么重要!当今作为青少年的我们也应当努力学习,筑牢爱国主义精神,在日常生活中将社会主义核心价值观内化于心、外化于行,将来在祖国和人民最需要的时候挺身而出，为国分忧，为民担责。

影评示例2：东方之珠，愈加璀璨

《回归》追述了在香港回归仪式筹备前后，中方外交官、仪仗队军人、警察、钟表师傅，身份不同但怀有一个共同希望——在1997年7月1日零时零分零秒准时升起中国国旗。

为了不再多等一秒，中英经历了16轮的谈判。中方代表说："零分零秒升起中国国旗，这是我们的底线。"影片中，中方外交官们严肃的神情镂刻在我的脑海，这一秒对于过去而言是结束，它彻底合上了一部写满了屈辱和哀痛的中国近代史。

零时零分零秒，中国仪仗队军人毫厘不差地将国旗在风中抛起。他们说："听见国歌就升旗，一秒都不许等。"在手托中国国旗的中国军人铿锵有力的步伐中，在五星红旗升起的那一刻，154年的等待终于有了结果。国歌奏响，历史从未忘记永远不变的黄色的脸，它宣告了香港的回归；香江潮涌，紫荆花开，香港这颗东方之珠将愈加璀璨。

何其有幸，我生为华夏子孙。我深知电影的背后是更为厚重的历史，它是千千万万中国人用鲜血和生命所铸就，而电影的结局终于满足了无数人的期待。历史的脚步不会停息，毛泽东曾说"数风流人物，还看今朝"，往后的历史中应当有吾辈少年的身影。作为中学生的我定当好好铭记历史，将个人的梦想与国家的发展紧密相连，为中华民族伟大复兴贡献一份绵薄之力。

教师：一代人有一代人的使命，一代人有一代人的担当。不管是什么样的使命担当，都有一批批像浪花一样的"小人物"，投身于时代的潮头中，同时祖国也需要一批批敢于担当、勇于奋斗的"小人物"去建设我们的国家。无数的"小我"成就了"大我"。

> 设计意图：通过展示学生影评成果，升华电影主题，培育爱国热情。

环节四　活动小结

教师：同学们，今天我们一起跟着电影《我和我的祖国》回顾了新中国成立以来不同时期人们的奋斗历程，中国为什么能取得如此重大的成就？因为我们坚持中国共产党的领导。中国共产党为什么能？因为不忘初心、牢记使命。中国人民必将在党的领导下鼓足干劲，奋勇拼搏，书写新时代的辉煌！

活动评价

评价内容	评价标准 A	评价标准 B	评价标准 C	评价等级
撰写影评	1.能准确理解影片的精神内涵。 2.撰写影评符合写作要求，能结合影片内容叙议结合，有真情实感，不空泛。 3.语言表述流畅，文笔优美。	1.基本理解影片的精神内涵。 2.撰写影评符合写作要求，内容切合主题，有情感表述，不空泛。 3.语言表述比较流畅，行文完整。	1.基本能够理解影片的精神内涵。 2.能完成影评的撰写，符合写作基本要求。 3.语言表述基本清楚。	
快闪活动	1.组员参与度高，全员积极参与，表现落落大方，团队意识强。 2.背景音乐选择恰当，呈现形式新颖有特色，活动效果好。 3.歌声整齐嘹亮且有感染力。	1.组员参与度较高，大部分组员积极参与，精神面貌较好。 2.有背景音乐，呈现形式较为新颖，活动效果较好。 3.歌声整齐嘹亮。	1.组员参与度较高。 2.有简单的设计。 3.能完成歌曲的演唱。	
讲述身边人物故事	1.能完成对身边相关人物的调查和访谈。 2.有照片、图片或微视频等辅助资料。 3.故事呈现形式有特色。 4.思路清晰，口头表达流畅，详略得当，有感染力。	1.能完成对身边相关人物的调查和访谈。 2.有照片、图片或微视频等辅助资料。 3.思路较为清晰，口头表达较为流畅。	1.能完成对身边相关人物的调查和访谈。 2.能完成故事的讲述。	

活动延伸

拓展探究：网上参观中国电影博物馆，了解中国电影诞生后不同时期的影视作品，从作品中认识中国近现代史的发展历程。

活动反思

本主题活动旨在从观看电影《我和我的祖国》入手，引导学生学会通过看电影学历史，丰富学习历史的方式，拉近历史与现实的距离，在观影的同时培养学生的核心素养。因此，设计了提炼电影反映的史事、撰写影评、唱电影插曲、讲述身边亲朋参与祖国建设的故事等活动，关注历史与现实的联系。

为达成目标，学习过程中安排了学生自主学习、小组合作和成果展示等环节，使学生成为活动的主体。在活动中学生围绕任务，结合语文、道德与法治、艺术等学科方面的知识形成展示成果，在一定程度上实现了不同学科间的渗透。跨学科交叉学习能够避免教学方式的单一，在培养学生的史料实证能力、历史解释能力的同时，侧重于对学生家国情怀的培养，活动的指向性明显。

本设计在操作过程中，需要一定的时间作保障。在这个过程中，教师前期要做大量的准备工作。挑选的电影要与教学内容紧密关联，问题的设计要有层次感和区分度，使不同层次的学生均能参与，方能实现深度学习的目标。还要了解学生已有的相关知识储备，并渗透跨学科的知识与方法。本次主题学习活动挑选的内容是新中国的建设发展历程，时间跨度大，包含的事件多且杂，如何挑选更让学生有话题感、参与感又能体现精神内涵的片段？如何用好、用足影片呈现的内容？这些是笔者在设计本次主题学习活动时重点思考的问题。优秀影视作品是历史上特定时期风貌的呈现，用好影视作品，拓宽学习历史的视野，与其他学科融会贯通，需要不断实践。

参考资源

一、著作

1.《中华人民共和国简史》编写组编著:《中华人民共和国简史》，人民出版社、当代中国出版社，2021年

2. 蒋竹山:《看电影，学历史》，上海人民出版社，2021年

3. 中国文联电影艺术中心编:《新中国成立70周年优秀电影剧本集》，中国电影出版社，2020年

4. 李颖:《细节的力量：新中国的伟大实践》，学林出版社，2019年

5. 安宇:《影评写作指南：通向导演的大门》，中国国际广播出版社，2018年

6. 金丹元等:《新中国电影美学史（1949—2009）》，上海三联书店，2013年

二、网络资源

1. 中国电影博物馆 http://www.cnfm.org.cn/

2. 上海电影博物馆 http://www.shfilmmuseum.com/

附录

资料1：

在我的字典里，"女排精神"包含着很多层意思。其中特别重要的一点，就是团队精神。女排当年是从低谷处向上攀登，没有多少值得借鉴的经验，但是在困难的时候，大家总能够团结在一起，心往一块想、劲往一处使。由于平时刻苦训练，艰苦创业，不断创新，我们才能在比赛中战胜困难，赢得一次又一次胜利；也正是在这种顽强拼搏的精神支持下，我们即使暂时大比分落后也绝不放弃，直至反败为胜。

……

时代的变化，年轻人的想法也更加多元。谈论"精神"似乎在说大道理，但一个人、一个集体、一个国家，还是要有点职业精神。我在美国队执教期间，常跟队员们讲："每个球员出场比赛都是代表美国，代表一个国家的形象。"她们非常认同。任何一个运动员，走上赛场为国争光，都是一件很荣耀的事情。人要有追求和梦想，这就是现在人们常说的"正能量"。

年轻人要有自己的理想和追求。在实现自己梦想过程中，会遇到很多困难，应发扬永不放弃的精神去战胜它。只有具备这种为梦想而努力拼搏的精神，才能在各自的领域里取得成就。当年，中国女排就是用这种精神，托举起世界冠军的梦想；今天，无数的个人、集体，乃至国家民族的梦想汇聚成了"中国梦"，虽然时代不同了，但奋斗精神永不过时，她是到达梦想彼岸的诺亚方舟。

——摘编自郎平：《奋斗精神永不过时》，《人民日报》2014年3月3日。

资料2：

新中国成立之初，面对的是一个经历100多年战乱、满目疮痍的烂摊子，国家一穷二白，人民生活极端贫困，工农业基础十分薄弱，国民经济几近崩溃。中国人民求生存、谋发展，难度之大超出想象。70年来，中国人民白手起家、自力更生、艰苦奋斗，干出了一片新天地。

经济实力显著增强。从1952年至2018年，中国工业增加值从120亿元增加到305160亿元，按不变价格计算增长970倍，年均增长11%；国内生产总值从679亿元增加到90万亿元，按不变价计算增长174倍，年均增长8.1%；人均国内生产总值从119元增加到2018年的64644元，按不变价计算增长70倍。根据世界银行数据，按市场汇率计算，2018年中国经济规模为13.6万亿美元，仅次于美国的20.5万亿美元。目前，中国是世界上唯一拥有联合国产业分类目录中所有工业门类的国家，多项工业品产量居世界第一。科技发展成就显著，"两弹一星"、载人航天、超级杂交水稻、高性能计算机、人工合成牛胰岛素、青蒿素、高速铁路等重大科技成果，为经济社会发展提供了有力支撑。对外贸易持续增加，2009年中国成为全球最大货物出口国、第二大货物进口国，2013年成为全球货物贸易第一大国。改革开放以来，中国引进外资大幅增加，日益成为吸引全球投资热土。中国已经成为世界第二大经济体、制造业第一大国、货物贸易第一大国、商品消费第二大国、外资流入第二大国、外汇储备第一大国。

人民生活极大改善。经过长期努力，中国人民从饥寒交迫、解决温饱到实现总体小康，正在迈向全面小康。按照现行农村贫困标准计算，中国农村贫困人口从1978年的7.7亿人，下降到2018年的1660万人，农村贫困发生率从97.5%下降到1.7%，下降了95.8个百分点，创造了人类减贫史上的奇迹。中国初步构建起世界上规模最大、覆盖人口最多，包括养老、医疗、低保、住房、教育等民生领域的社会保障体系。2018年末，全国参加城镇职工基本养老保险人数41902万人，参加失业保险人数19643万人，参加工伤保险人数23874万人，基本养老保险覆盖超过9亿人，基本医疗保险覆盖超过13亿人，基本实现全民医保。70年前，中国人均预期寿命35岁，2018年达到77岁，远高于世界平均预期寿命72岁。70年来，中国人民的精神面貌发生深刻变化，中华民族优秀传统文化充分弘扬，当代中国价值观念广泛传播，中国人民的精神生活更加丰富、更加活跃。美国波士顿咨询公司发布的全球民生福祉报告显示，过去10年中，中国排名上升25位，在受调查的152个国家中进步最快。

——摘编自《新时代的中国与世界》白皮书，中华人民共和国国务院新闻办公室网站，2019年9月27日，http://www.scio.gov.cn/ztk/dtzt/39912/41838/index.htm。

资料3：
电影自诞生以来便担负起记录历史史实、承载文化"软实力"的重任，而"主旋律"电影通过传播中华民族文化和社会主义核心价值观，构建起弘扬国家形象、树立文化自信、塑造伟大"中国梦"思想的重要功能,"主旋律"电影是最能凸显这一功能的电影类型。"'主旋律'电影是一定时期内,在党和国家的统领下,深刻蕴含着国家意识形态、弘扬主流价值观、讴歌人性人生的电影类型。""'主旋律'电影要通过审美想象,采用先进的叙事手段、塑造典型化的形象,表达国家政治精神和政治立场、宣扬主流价值观念,将宏观的政治、经济、军事形象,变为微观、可感的艺术形象。"自新中国成立以来,中国电影历史上从未缺少过"主旋律"电影的身影。从政治说教意味浓重的革命题材电影(如《南征北战》《英雄儿女》),到刻画为国鞠躬尽瘁的历史伟人、时代楷模(如《周恩来》《焦裕禄》《钱学森》),再到屡获票房佳绩、打造出中国式"超级英雄"的商业动作大片(如《湄公河行动》《战狼2》《红海行动》),中国"主旋律"电影经历了从"神坛"走向"人间",从"神话"走向"现实"的过程,愈发注重挖掘时代洪流中的小人物,用普通人的人生观照祖国发展的历程,书写贴近人心的中国好故事。而兼获商业票房和艺术口碑的"主旋律"电影《我和我的祖国》,便是其中的典型范例。

……

一个好的故事需要有生动丰满的人物支撑起来,一个好的影片也需要充分展现不同人物的真实心理状态。《我和我的祖国》中均是个性鲜明、性格饱满的立体人物,他们的所思所想、所言所行都是其性格和阶层身份的真实阐发,在现实的艰难选择中塑造出平凡人对于大历史的细密建构。……影片吸取了"主旋律"影片逐步走向平凡化、个体化的成功经验,摒弃了以往"主旋律"影片惯有的宏大叙事策略,转而走入普通人的内心,通过刻画小人物渺小又巨大的努力,谱写出一曲时代的壮丽高歌。

——摘编自王鹤彤、王雁宁:《〈我和我的祖国〉:小人物书写大历史》,《戏剧之家》2019年第36期。

十四 识读地图 "遇鉴"文明

学科	历史	设计者	胡汉莉、高慧	教材版本	统编版
课程内容模块	中国古代史					
相关领域课程	历史、地理、道德与法治、语文、美术、科学等				
活动主题	历史地图上的世界格局——识读地图 "遇鉴"文明				
课时安排	2课时				

活动背景介绍

历史地图是表示人类历史时期空间发展情况的专题地图,对历史事件的地点、空间、时间联系及其地理环境提供明确的概念,在历史学习与研究过程中经常使用,是了解历史事件发生与变化时空环境的重要媒介。合理、有效地运用历史地图,可增加学习的完整性和生动性,有利于促进学生空间思维和历史想象力的发展。

历史地图包含反映历史时期的疆域图、政区图、民族迁徙图、地理环境变迁图、经济图、文化发展图等。探究古代中外文明交往的历史地图,可以梳理不同时期文明交流互鉴的时空变化和时代特征,了解古代中外文明交往的成就。通过引导学生识读地图,提高学生对古代文明交汇的时空认识和价值判断。

活动主题分析

一、课标要求

《义务教育历史课程标准(2022年版)》在学习主题"历史地图上的世界格局"中指出:本主题的设计,旨在引导学生通过识读不同时期的历史地图,比较并发现世界格局发生的变化,从而加强时空观念、史料实证等核心素养。

二、学情分析

通过多学科的学习,学生初步掌握了认识地图的相关知识。如小学《道德与法治》课文《多元文化 多样魅力》《探访古代文明》用多幅历史地图讲述了古代中外文明交往和中华文明的源远流长。初中《中国历史》课文《沟通中外文明的"丝绸之路"》《唐朝的中外文化交流》《明朝的对外关系》中大量的地图和文字，概述了古代不同历史时期中外文明交往的重要历史事件和主要成果。初中《地理》课文《地球和地图》《陆地和海洋》《我们生活的大洲——亚洲》等介绍了地图的认知常识、陆地和海洋特点、亚洲地理和人文环境等。

综上所述，学生基本了解识读历史地图的方法，初步具备从历史地图探究相关信息的意识，但对时间久远的地图信息相对陌生，以地图为载体探究学科间的联系较少。设计新鲜、有趣的识读地图活动，可以激发学生的好奇心和求知欲，提高对历史地图的时空分析能力。

三、活动主题及立意

（一）活动主题

根据课标要求，本活动主题定为"识读地图 '遇鉴'文明"，主要依托反映汉朝、唐朝、元朝、明朝对外交往的历史地图，设计"寻找'遇鉴'足迹""'遇鉴'名城推介会"和"'遇鉴'美篇制作"等活动，了解古代中外文明交往的概况，探寻与之相关的文物遗址、风俗习惯、文艺作品等，展示不同文明之间交往互鉴的成果。

（二）活动立意

本活动旨在引导学生识读反映汉朝、唐朝、元朝、明朝对外交往的历史地图，了解古代中外文明交往的概况。在"寻找'遇鉴'足迹"活动中，通过勾画历史地图中重要的交往地点和路线，使学生感性认识古代各区域文明的遇见和交往。组织"'遇鉴'名城推介会"活动，重点介绍文化交流汇集地，以当地景点、物产、艺术作品等制作"推介名片"，展现区域文明的互学互鉴过程及其结果。通过美篇的呈现形式，创设历史地图的学习情境，展示古代中外文明交往的成就，探究文明"遇鉴"的影响，树立开放包容、互学互鉴的意识。

知识图谱

领域 （主要历史地图）	相关课程内容			
	历史	地理	艺术	语文
《丝绸之路示意图》	丝绸之路开辟 对西域的管理 佛教传入	地图的阅读常识	《和林格尔汉墓壁画》 琵琶、胡琴等乐器	《史记·大宛列传》 《汉书·西域传》 《汉书·张骞传》等
《玄奘西行与回国路线图》	玄奘西行 唐与天竺的交往	亚洲自然环境和交通路线 亚洲国家的人文地理	《破阵乐》《霓裳羽衣曲》等乐舞 莫高窟第45窟、172窟、201窟、205窟、328窟等洞窟中的壁画和雕塑	《大唐西域记》《大慈恩寺三藏法师传》《西游记》等
《元朝交通路线图》	元朝的中外交通 印刷术、火药的外传 马可·波罗来华	印度洋和太平洋的洋流、季风等	元青花瓷器	《马可·波罗行纪》
《郑和下西洋路线图》	郑和下西洋 航海技术、造船技术等	古今地名对照	郑和宝船上"鱼眼"的艺术装饰 景泰蓝工艺	《三宝太监记》

目标、任务与方法

一、目标

1. 观察四幅反映古代中外文明交往的历史地图，勾画古代中外文明交往的主要路线，感知文明交往空间的不断扩大。

2. 在地图上标识出敦煌、长安等重要地点，探寻与之相关的文物遗址、风俗习惯、文艺作品等，选择一个地区制作推介名片，展示该地区的文化风貌。

3. 制作"遇鉴"美篇，探究古代文明"遇鉴"的影响，树立开放包容、互学互鉴的意识。

二、任务与方法

任务1：识读四幅历史地图，寻找"遇鉴"足迹。

方法：

（1）辨识《丝绸之路示意图》《玄奘西行与回国路线图》《元朝交通路线图》《郑和下西洋路线图》所反映的历史时期，了解与地图相关的古代中外文明交往的重要事件。

（2）勾画四幅历史地图上古代中外文明交往的路线。

（3）描述地图反映的古代中外文明交往的大致方向和大致范围。

任务2：开展"遇鉴"名城推介会，展示反映古代中外文明交往特色的区域文化。

方法：

（1）按地图的所属时期，将学生分为汉朝组、唐朝组、元朝组、明朝组。

（2）各组选取地图上文明交汇的代表地点，搜集并整理能体现古代中外文明交往的文物遗址、风俗习惯、文艺作品等资料。

（3）以小组为单位制作出反映该地区文明交往特色的推介名片，名片呈现方式包含视频、手抄报等。

（4）在班级展示推介名片。

任务3：依据小组地图反映的历史时期，制作该时期文明交往的"遇鉴"美篇，展现古代中外文明交往中的互学互鉴。

方法：

（1）通过互联网、图书馆等多种途径，搜集同时期体现中外文明交往的历史地图。

（2）根据所搜集的历史地图，编辑反映古代中外文明交往的美篇文案。

（3）整理地图，规划分类，提炼主题、小标题。

（4）将历史地图、美篇文案、推介名片等融入美篇软件中，完成制作。

> 活动步骤

环节一　布置任务

布置任务1，全体学生自主学习四幅反映古代中外文明交往的历史地图。在隐去中外文明交往路线的历史地图上，勾画出主要路线，感知和描述地图上呈现的古代中外文明交往的大致方向和大致范围。

布置任务2，根据四幅地图所反映的历史时期，全班同学分为汉朝、唐朝、元朝、明朝四个小组，每组10—15人左右，选组长1人。各小组选取地图上一个中外文明交汇的代表地点，通过查阅该地的历史、文化、建筑、风俗、经济等资料，设计适合的艺术表现角度，编辑展示该地文物遗址、风俗习惯、文艺作品的文案，展现古代中外文明交往成果，制作推介名片（可用手抄报或视频等形式展示），小组间交流。

布置任务3，小组成员分工，分别负责历史地图搜集、文案编辑、美篇制作的任务。历史地图搜集任务为通过互联网、图书馆等途径，搜集同时期关于古代中外文明交往的其他历史地图，观察、甄别后用作美篇素材；文案编辑任务为确定美篇主题和栏目的小标题、整理分类历史地图、撰写历史地图解说文字；美篇制作任务为运用App综合地图、文案、视频、手抄报等资料，选取背景音乐，规划版面，形成作品。

环节二　学生自学

☆自主学习任务单☆

图1：《丝绸之路示意图》（参见统编版初中《中国历史》七年级上册，2016年版，第69页）

1.勾画图1中古代中外文明交往路线，并圈出沿途重要交往地点。

预设：长安、玉门关、阳关、疏勒、葱岭、安息、大秦……

图2：《玄奘西行与回国路线图》（参见统编版初中《中国历史》七年级下册，2016年版，第21页）

2.说说图2中反映的名人事迹。

预设：大唐高僧玄奘，贞观年间，一人从长安出发，西行五万里，历时十余年，到印度求取佛经，历经艰辛到达天竺那烂陀寺。回到长安，潜心翻译佛经……

图3：《元朝交通路线图》（参见统编版初中《中国历史》七年级下册，2016年版，第63页）

3.观察图3，列举图中交通路线经过的文化名城。

预设：大都（北京）、泉州、广州、平安京（京都）、君士坦丁堡、威尼斯、耶路撒冷……

图4：《郑和下西洋路线图》（参见统编版初中《中国历史》七年级下册，2016年版，第72页）

4.在图4中，郑和船队最远到达哪里？比较以上四幅历史地图，你能获得哪些信息？

预设：郑和七下西洋，最远到达红海沿岸和非洲东南岸。古代中外文明交往范围不断扩大，包含亚洲、非洲、欧洲……历史人物为文明交往做出杰出贡献……

部分地区因文明交往而繁荣……

环节三 课堂展示

（一）情景导入

教师：（出示隐去朝代和交往路线的《丝绸之路示意图》）你知道这是什么时期的历史地图吗？我们从长安出发，沿古人足迹走走看，当时最远能够到达哪里？

学生：汉朝沟通中外文明的"丝绸之路"路线图，沿途经过河西走廊、天山、葱岭……最远到达大秦，即今天罗马一带。

教师：你们还能找到其他反映中国古代文明交往的历史地图吗？从这些地图上，能发现哪些关于古代文明交往的信息？

学生展示已完成的自主学习任务单并回答教师问题。

教师：在漫长的古代文明交往史上，中华文明与异域文明交往的空间不断扩大，交往的路线不断增多，共同促进了世界文明的发展。今天，让我们更仔细地探究这些地图，去发现更多的文明"遇鉴"成果。

> 设计意图：通过历史地图导入，提问逐层推进，点评自学成果，为后续主题学习活动做准备。

（二）活动过程

1. 识读四幅历史地图，完成任务1的要求

教师向学生展示四幅历史地图：《丝绸之路示意图》《玄奘西行与回国路线图》《元朝交通路线图》《郑和下西洋路线图》。学生讨论与了解地图所反映的古代中外文明交往的重要事件。师生以勾画、讲述的方式，辨识古代中外文明交往的主要路线、大致范围和大致方向、重要的文明交汇地点。

2. 展示古代中外文明交往的重要区域，完成任务2的要求

学生以地图对应时期组成四个小组，在本组地图上选取一个文明交往的重要地区，查阅、整理体现中外文明交往的文物遗址、风俗习惯、文艺作品等资料。小组分工制作推介名片，名片可用手抄报或视频等形式呈现。视频可在常见短视频平台上制作完成，时间控制在2分钟左右，完成后在小组内交流。

3. 创作反映文明交往的"遇鉴"美篇，完成任务3的要求

小组成员分工完成搜集历史地图、编辑文案、制作美篇的任务。学生搜集同

时期文明"遇鉴"的其他历史地图，进行观察、甄别、整合。挖掘历史地图相关信息，确定美篇主题，提炼子栏目小标题，撰写体现古代中外文明交往细节的文案，插入推介名片，制作美篇。

> 设计意图：通过识读、展示、创作等几项活动，充分挖掘历史地图背后的各种信息，以点带线，连线成面，逐层推进，进而了解古代中外文明交往的成果和意义，提高灵活运用知识的能力。

（三）成果展示

1."遇鉴"名城推介名片示例

《长相思，在长安》视频脚本

制作流程：

设计两个镜头，选择与长安相关的历史、文学、艺术、建筑等资料，设置为动画，添加配音与字幕，输出视频。

视频素材：

《唐朝长安城平面图》《唐三彩骑驼乐舞俑》《吹排箫乐伎壁画》《敦煌壁画——胡旋舞》《霓裳羽衣曲》

配音与字幕：

"长相思，在长安"。李白，我，曾游历过许多地方，长安是我见过的最繁华的都市，城市规划井然有序，居住人口达百万。当时，国内各族和国外的商人、使者、艺人、学子、僧侣、工匠等云集长安，长安承载了我远大的政治抱负。"五陵年少金市东，银鞍白马度春风。落花踏尽游何处，笑入胡姬酒肆中。"我说的金市，是长安城中最热闹的国际贸易市场——西市，这里能感受许多异域的风情，胡器、胡食、胡语、胡服、胡乐、胡舞……长安的包容和大气，造就了我浪漫豪放的诗歌风格。陛下和贵妃的《霓裳羽衣曲》融汇了中原和西域音乐的精华，日本、新罗遣唐使从长安带去的"唐乐""唐服""唐箸"在他们的国家广为流传。盛世长安，显露出文明中心的地位，我推介长安为"遇鉴"名城。

2."遇鉴"美篇示例

《觅盛唐景象，忆文明互鉴》

背景音乐：选缓慢、悠远、古朴的中国古典音乐

前言

盛唐时期，天下太平，百姓殷富，民族交融空前发展，对外交流频繁，综合国力强盛。

"赞文明使者"——人物篇

（1）配图：《鉴真东渡路线图》《日本奈良唐招提寺内的鉴真像》

文案：鉴真东渡日本六次，不畏险阻，讲授佛学理论，传播博大精深的中国文化，促进了日本佛学、医学、建筑和雕塑水平的提高，受到中日人民和佛学界的尊敬。

（2）配图：《玄奘西行求法（邮票）》《玄奘西行与回国路线图》

文案：为探究佛教各派学说分歧，玄奘于贞观元年西行取经，历经艰辛到达天竺的那烂陀寺，遍学了当时大小乘各种佛法，回到长安后，潜心译经。他留下的《大唐西域记》文采飞动，记叙详赡，是研究中印文化交通及中亚沿革地理的瑰宝。

"寻珠翠之珍"——饮食篇

（3）配图：《唐朝主妇的菜篮子》《海马葡萄镜》

文案：据史料记载，唐朝时从西域输入中国的作物有波斯枣（又名枣椰）、扁桃（又名巴旦杏）、树菠萝（又名菠萝蜜）、油橄榄、胡椒、无花果、阿月浑子（俗名开心果）、菠菜、西瓜、莳萝；从新罗引入了形似鸡蛋、颜色较白的茄子；从国外引进可以用来培植的蔬菜主要有莴苣和菠菜两种。

（4）配图：《胡饼》《托盆景侍女图（唐章怀太子墓前甬道东壁壁画）》《野宴图（唐代壁画）》

文案：胡饼原为西域常食，汉时传入内地，唐代已成为民间大众化食品，是众多胡食种类的一种。

（5）配图：《新疆出土的唐代面点》《端馒头男侍图（万泉县主薛氏墓壁画）》

文案：此时中原传入西域的饮食以点心、馄饨和饺子比较典型。

"访文明遗址"——旅游篇

（6）视频：长安城的推介短视频

文案：长安城作为唐朝都城，彰显了唐朝的经济发达和开放包容。

（7）配图：《大明宫》《含元殿》

文案：大明宫是唐朝的政治中心和国家象征，位于唐京师长安（今西安）北侧的龙首原。含元殿是大明宫的外朝正殿，皇帝接见外来使团的地方。唐诗中的"千官望长安,万国拜含元"描绘的就是含元殿大朝会的盛况。

结语

不同文明的碰撞与交融,铸就了一个强盛之唐。我们饱览盛唐景象,跟随文字梦回盛唐,回望千年古城,灯火依旧璀璨。

> 设计意图:把辨析历史地图后获取的重要历史、地理、艺术等信息有机整合,对具体时空条件下的文明交往成就进行考察与分析,形成美篇,内化知识。

环节四 活动小结

教师:著名历史学家谭其骧先生曾说,如果历史是一部演剧,那地理就是舞台。借助历史地图,我们领略了中外文明交往的幕幕胜景,也感受到了中外文明交流带来的发展与进步。中华文明绵延不断,成就辉煌,今天的中国将继续以开放的眼光、开阔的胸怀对待世界各国人民的文明创造,在深化交流与互鉴中开创文明合作,为人类进步做出新的贡献!

活动评价

评价内容	评价标准			评价等级
	A	B	C	
美篇作品	1. 搜集的历史地图具有科学性、典型性、多样性,清晰美观,能反映出古代中外文明交往的时空特点和成果。 2. 主标题统帅全文、新颖有吸引力,板块小标题简练规范,能多角度围绕主题,生动准确地反映文明交往的细节。 3. 文案编写内容丰富、生动、有层次,语言精湛,具有可读性。 4. 推介视频设计巧妙,结构严谨,音画播放清晰流畅,准确反映该地区的文化风貌。	1. 搜集的历史地图清晰美观,有出处说明,能多角度反映古代中外文明交往的信息。 2. 主标题新颖明确,板块小标题能围绕主标题展开,以"总—分—总"的结构制作。 3. 文案编写内容充实,叙述清楚,富有文采。 4. 作品布局美观,配乐得当,推介视频播放流畅,较好反映古代中外文明交往成果。	1. 历史地图搜集的张数符合要求,图片清晰。 2. 能提炼出主标题、板块小标题,文案编写基本符合图片内容。 3. 作品有背景音乐,结构完整,推介视频播放基本流畅,大致能反映古代中外文明交往成果。	

活动延伸

拓展探究:"识读地图 '遇鉴'文明"活动已经顺利结束,我们将对美篇作品进行网络评比，阅读人数和评论数量都会成为重要的评分依据。请大家将本组的美篇作品发布到网络空间，让更多的人看到我们的学习成果吧！

[活动反思]

历史地图对于培养学生思维能力具有重要作用，在教学实践中却存在课时不足、效果欠佳等问题。学生在课外不时浏览包括历史地图在内的各种图片，然而在课内却忽略了对历史地图的学习和研讨。如何引导学生挖掘历史地图的信息，提高他们对地图的观察、甄别、理解和运用能力，显得十分必要。基于此，笔者在反复尝试后，设计"识读地图 '遇鉴'文明"的跨学科主题学习活动，用制作美篇来激发学生识读历史地图的兴趣，综合运用地理、道德与法治、艺术、语文、信息技术等知识，探寻地图呈现的文物遗址、风俗习惯、文艺作品等地区特色，展示不同文明之间交往互鉴的成果。

在活动开展之初，笔者选取了教材中古代中外文明交往的几幅历史地图，让学生进行观察比较。拿到地图后，学生翻来覆去地看，对如何分析却茫然不知。之后笔者从历史、地理、文化等多角度设问：地图反映哪个历史时期？地图沿线有哪些文化名城或景点？从地图相关的历史人物可看出哪些交往信息？地图背后还有哪些相关的故事？有了问题的引导，学生兴趣高涨，读图情况明显变好。为充分体现活动的跨学科的特点，笔者运用信息技术制作动态历史地图，师生勾画路线；向地理老师请教，设计"遇鉴"名城推介会；与艺术老师合作，商讨美篇的评价标准等。

总之，开展以历史地图为主要素材的跨学科主题学习活动，学生通过识读历史地图，能够找寻不同学科间的关联，理解地图在空间范围内反映的历史、经济、文化等方面的变迁。在合作与交流的过程中，综合素养也得到提升，这无疑是培养未来复合型人才的重要举措和有益尝试。

[参考资源]

一、著作

1. 方豪：《中西交通史》，商务印书馆，2021年
2. 华林甫主编：《中华文明地图》，中国地图出版社，2018年
3. 郑培凯主编：《西域：中外文明交流的中转站》，黄山书社，2017年
4. 陈尚胜：《中国传统对外关系研究》，中华书局，2015年

5. 葛剑雄:《从此葡萄入汉家:史记·大宛列传》,海豚出版社,2012年
6. 祝勇:《1405:郑和下西洋六百年祭》,花山文艺出版社,2005年
7. 张星烺编注,朱杰勤校订:《中西交通史料汇编》,中华书局,2003年

二、网络资源

1. 丝绸之路地理信息系统 http://silkroad.fudan.edu.cn/
2. 数字敦煌 https://www.e-dunhuang.com/

附录

资料1:

国人的观念中,"西"是一个特别具有异国情调的概念。

"西方"不仅是一个方位名词,同时也是一种文化符号。周穆王西巡、唐僧西游、成吉思汗西征、郑和下西洋、蒋梦麟的《西潮》、西学东渐的"西",都是一个非常宽泛的地理文化概念。

中国人对"西"的认识是渐进式的。

最早的西域仅指帕米尔高原东西两侧的中亚地区,后来逐渐包括了南亚次大陆、西亚的波斯、地中海的东罗马帝国以及西南亚的阿拉伯,郑和时代又涵括了非洲东海岸。明清时期接触到欧洲人,知其比历史上所接触之地更靠西,则"西"的概念又扩展为欧西,并呼以"泰西""远西",以示与早年之"西"的区别。……大致在汉唐时代,"西"就是"西域",大体在中亚西亚南亚地区,宋元及明中叶以前,"西"偏向"西洋",主要是南海地区略及非洲东海岸,晚明盛清时期指"西"的重点是"泰西"即欧洲地区。近代以来"西"的地理概念淡出,政治文化内涵加重并且比较明显地定格为欧美文化。

——摘编自张国刚:《胡天汉月映西洋:丝路沧桑三千年》,生活·读书·新知三联书店,2019年,第16—17页。

资料2:

从唐太宗到武则天,唐朝的势力不仅直接牢固控制了塔里木盆地的西域诸王国,而且成为天山以北、葱岭以西广大区域内各个王国的宗主国,中西往来更加畅通无阻,当时的文化交流也呈现出令人眼花缭乱的景象。西方的珍禽异兽、珠宝香

料、玻璃器皿、金银货币纷纷传来；中亚、西亚的穿着、饮食等生活方式，音乐、舞蹈等文化娱乐活动都源源进入中原；佛教进一步盛行的同时，祆教、摩尼教、景教以及新兴的伊斯兰教都在此时正式传入中国内地。唐朝的两京长安和洛阳，以及丝绸之路上的一些城市，如凉州、敦煌，都纷纷呈现出国际都市的风貌。在吸收外来文化的同时，借助唐朝强大的政治力量，中原文明也传入西方，深浅不等地影响了西方各国。

唐代的敦煌，是丝绸之路上一个典型的国际文化都会，汇聚了各种不同系统的宗教、文化、艺术，招徕了不同血统的民众在此定居。唐代前期敦煌十三乡之一的从化乡，就是在粟特聚落的基础上建立的，其位置恰好就在敦煌城东一里处的祆舍所在地，这里又称安城，也是粟特民众的精神信仰中心。沙州所辖的石城镇和播仙镇，唐朝初年分别是由来自中亚的康国人康艳典和何国人何伏帝延任首领的。

……

在唐朝，敦煌不仅留下了精神文化交流的遗迹，也同样有技术和物质文化交流的佳例。唐太宗曾派人到摩揭陀国，学习印度的熬糖法。敦煌写本 P.3303，是关于五天竺制糖法抄本，虽然文字不多，但却涉及有关制糖法的许多方面，表明敦煌人对技术的追求。敦煌既是商人东西往来的通路，因此，大量西方的舶来品和中原的特产也都经此地运输，也一定会有不少精美的物质文化产品留在敦煌，其中不少作为供养品进入佛教寺庙和石窟当中，我们目前没有看到唐朝时期的寺院财产账，但吐蕃和归义军时期寺院账目中登记有许多西方来的物品，如高档织物、金银器、宝石、香料、珍稀药材等，其中有些东西应当是从唐朝时期传承下来的，它们反映了丝绸之路带给敦煌异彩纷呈的物质文化。

——摘编自荣新江：《敦煌学十八讲》，北京大学出版社，2001年，第44—46页。

资料3：

日本自古以来，通过极力吸收中华文化和文明，尝试建立国家，构筑文化。日本大量吸收中国文化和文明，实际上始于奈良时代末、平安时代初。当看到更早期的堪称为天平文化象征的正仓院宝物时，就会发现中国文物数量非常之多，因此，笔者意识到奈良等时期受到中国文化的影响非常之大。不过，日本社会整体积极接受中国文化的顶峰是在平安时代初期。平安时代初期,文学方面,也是中国文学的全盛时期。甚至出现了"国风暗黑"一词,形容当时极力接受中国文化的情形。空海和嵯峨天皇所代表的文学,基本上都是汉文学。此后不久,因为假名文字的发明,日本文学才逐步发展起来。从上述事例可以看出,平安时代前期是有目的、有策略地强烈倾向中国,可以说这是一个中国文化大流行、大普及的时代。

……

平安京的殿舍和诸门的名称亦与长安、洛阳的有着密切的关系。把紫宸殿、仁寿殿等日本的殿舍(宫殿)、门的名字和长安城太极宫、长安城大明宫、洛阳城洛阳宫进行对比就会很清楚。将宫殿和门的名称,仿照长安和洛阳,改成中国式名称,究竟始于何时?参考《续日本后纪》中菅原清公去世时的记事:818年,国家颁布诏书(天皇的诏书),"天下仪式、男女服装,皆依唐法。……诸宫殿院堂门楼,皆着新额"。此年所有宫殿的建筑物、门的名称都依照"唐法"做了修改。

——摘编自日本京都文化博物馆编:《长安:绚烂的唐都》,徐璐译,三秦出版社,2021年,第89—92页。

资料4:

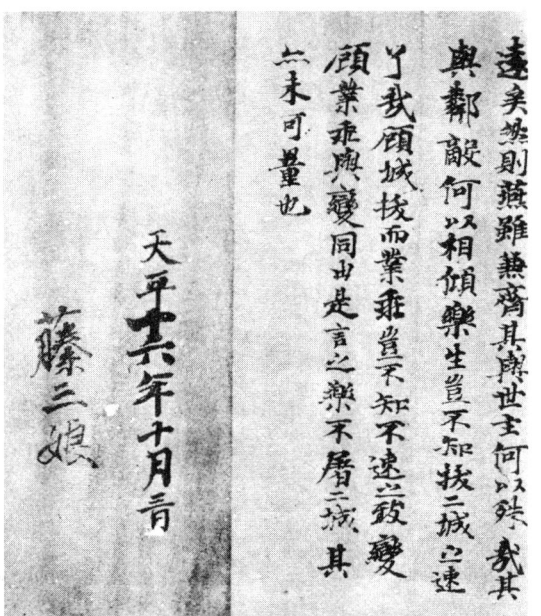

日本光明皇后临《乐毅论》(局部)

十五 与孔子对话 学《论语》智慧

学科	历史	设计者	田琳、张文	教材版本	统编版
课程内容模块	中国古代史					
相关领域课程	历史、道德与法治、语文、音乐、美术、劳动等				
活动主题	古代典籍中的中华优秀传统文化——与孔子对话 学《论语》智慧				
课时安排	2课时				

活动背景介绍

《论语》是春秋时期思想家、教育家孔子的弟子及再传弟子记录孔子及其弟子言行而编成的语录文集,成书于战国前期。全书共20篇492章,以语录体为主,叙事体为辅,较为集中地体现了孔子及儒家学派的政治主张、伦理思想、道德观念及教育原则等。其主要特点是语言简练,浅近易懂,用意深远,能在简单的对话和行动中展示人物形象。

《论语》积淀着中华民族深厚的历史文化底蕴,在中华文化的传承和发展中发挥了重要的作用。《论语》中一些经典篇章的核心思想概括起来就是:仁爱、诚信、正义等。其中蕴含的智慧和品德一直为中华民族所传承,对中国和世界产生了深远影响。品读其中的经典篇章,学习其中包含的人生智慧,有助于青少年学生从中领会和传承中华优秀传统文化。

活动主题分析

一、课标要求

《义务教育历史课程标准(2022年版)》在学习主题"古代典籍中的中华优秀传统文化"中指出:本主题的设计,旨在让学生通过不同学科的解读角度和方法,增进对中国古代典籍的了解,深化对其中蕴含的中华优秀传统文化内容的认识。

二、学情分析

学生通过多学科课程学习,已初步了解《论语》的相关知识。小学《语文》中摘选了《论语》中"不迁怒,不贰过"等名言警句。初中《道德与法治》课文《师生之间》中对孔子进行了简单介绍。初中《中国历史》课文《百家争鸣》以春秋为时代背景,讲述了孔子的核心理念、教育思想及影响;《汉武帝巩固大一统王朝》叙述了汉武帝"罢黜百家,尊崇儒术"、兴办太学等史事;《统一多民族国家的巩固和发展》提及清朝在思想文化方面推崇儒家学说,继承历代文化传统。初中《语文》课文《〈论语〉十二章》选编了《论语》中有关学习态度、学习方法的语句。

但多数学生对《论语》只是了解其中一些语句,没有从多学科角度来解读其内涵。学生较少思考为什么从古代到现代我们都会学习《论语》、《论语》从哪些方面体现了人生的智慧与品德、我们应该从哪些角度学习并传承其中的优秀文化等问题。

三、活动主题及立意

(一)活动主题

根据课标的要求,本活动主题定为"与孔子对话 学《论语》智慧",从多学科角度解读《论语》,汲取《论语》里的智慧,举办小型文艺汇演,认识和传承中华优秀传统文化。

(二)活动立意

《论语》在中华传统文化中占有重要地位,其中体现的中华优秀传统文化,概括起来就是:为人、为学、为政的智慧和行为素养的总和。孔子创立的儒家学说以及在此基础上发展起来的儒家思想,是中华传统文化的重要组成部分,也蕴藏着处理人际关系、人与社会关系、人与自然关系的重要启示。学习《论语》,引导学生从多学科角度解读《论语》,知道其中蕴含的人生智慧,有助于帮助他们深化对中华优秀传统文化的认识。

在学习活动中,学生通过搜集、赏析、解读《论语》及相关资料,仿制"论语玉烛"酒筹筒,感受《论语》里的儒家思想和人生智慧;通过吟诵与《论语》相关的词曲,开展文艺汇演,感悟《论语》对我们的影响,树立传承中华优秀传统文化的意识。在此过程中，培养学生综合运用语文、道德与法治、历史、劳动、音乐、美术等多学科知识的能力与素养，加深对中华优秀传统文化的理解和认识。

知识图谱

领域	相关课程内容					
	历史	道德与法治	语文	劳动	音乐	美术
《论语》	孔子创立儒学《论语》记录孔子言行 汉武帝罢黜百家，尊崇儒术 隋唐至明清时期科举制考试内容涉及儒家思想	国家治理方面：仁爱、为政以德、讲信等 个人修养方面：反省自身、学会宽容、谦虚谨慎等 学习方法和态度方面：善于学习、勤于思考、注重复习、向他人学习等	《论语》相关的文学作品，如唐诗、宋词、明清小说等	《论语》相关的手工作品，如石刻、酒筹筒等	《论语》相关的音乐，如杂剧表演、昆曲、京剧、歌曲等	《论语》相关的美术作品，如历朝的孔子画像、关于《论语》故事的绘画作品等

目标、任务与方法

一、目标

1.查阅资料，按小组特色选取《论语》中的经典篇章，了解《论语》的成书背景和儒家思想对中国古代国家治理、文化教育等方面的影响。

2.运用多学科的知识与方法，对《论语》经典篇章进行翻译和解读，理解儒家思想中蕴藏的人生智慧和美德。

3.举行"与孔子对话　学《论语》智慧"小型文艺汇演，认识《论语》的时代价值与现实意义，树立文化传承意识。

二、任务与方法

任务1：搜集、整理《论语》相关资料，根据主题选取其中的经典篇章。知道儒家思想对中国古代国家治理、文化教育等方面的影响。

方法：

（1）按小组选取《论语》中的经典篇章，准备进行解读。

（2）搜集、整理中国古代国家治理、文化教育中涉及《论语》和儒家思想的资料，认识《论语》的巨大影响。

（3）将搜集到的资料按朝代分类，完成表格。

任务2：从语文、音乐、劳动等学科角度解读《论语》里的经典篇章，认识《论语》中蕴含的人生智慧和儒家思想。

方法：

（1）查阅资料，搜集与经典篇章相关的歌曲、艺术作品。

（2）翻译和分类整理经典语句，学唱歌曲，仿制手工作品，了解其内涵，解读其中蕴含的儒家人生智慧和儒家思想。

任务3：感受《论语》中蕴含的儒家思想，知道《论语》的社会价值与现实意义，探究中华美德"新生机"，树立文化传承意识，涵养家国情怀。

方法：

（1）完善补充小组研究成果，结合自身学习感悟，举行"与孔子对话　学《论语》智慧"小型文艺汇演。在此过程中，知道从不同学科角度解读《论语》中的经典语句，学习其中蕴含的人生智慧。

（2）联系现实生活，从我们身边做起，思考如何彰显优秀典籍的价值引领作用。

活动步骤

环节一　布置任务

布置任务1，学生按照类别分成"为人"组、"为学"组、"为政"组三个组别，每个组别16人，其中组长1人。组员每3人组成一支小分队，选取《论语》中的经典篇章，并搜集在中国古代不同历史时期国家治理、文化教育方面涉及《论语》和儒家思想的资料，分别为：分队1选取《论语》中适合本组特色的经典篇章；分队2—5分别搜集汉朝以前、隋唐时期、宋朝、明清时期的相关资料。搜集完毕后，先按照时序进行排列，然后交给组长汇总。组长对资料进行筛选甄别，选取具有代表性的若干份作品，组织组员们开展合作探究，按照不同时序进行整理，完成表格。

布置任务2，各小组从不同学科角度展示解读《论语》里的经典篇章。

（1）"为人"组收集整理根据《论语》经典语句编写的歌曲，学唱歌曲并展示；

（2）"为学"组围绕《论语》的经典篇章进行翻译，画出其中的小故事并讲解；

（3）"为政"组围绕《论语》的具体内容，仿制"论语玉烛"酒筹筒，在此过程中体会儒家思想中深厚的文化底蕴。

布置任务3，举行"与孔子对话　学《论语》智慧"小型文艺汇演，在表演时，每个组员可做一个小书签，写上《论语》里对自己有所启发的语句，也可以是想对孔子说的话，还可以是自己的感受体会等。

环节二　学生自学

☆自主学习任务单☆

1.《论语》的作者是谁？记载了哪些主要内容？

预设：《论语》是春秋时期思想家、教育家孔子的弟子及再传弟子记录孔子及其弟子言行而编成的语录文集。全书以语录体为主，叙事体为辅，较为集中地体现了孔子及儒家学派的政治主张、伦理思想、道德观念及教育原则等。

2.《论语》和儒家思想在中国古代国家治理、文化教育等方面的影响有哪些？

预设：

朝代	国家治理	文化教育
汉	汉武帝罢黜百家，尊崇儒术	《熹平石经》又称东汉太学石经，是官定儒家经典刻石。 山东济宁嘉祥武氏墓群前的孔子见老子画像，均围绕着教育主题，凸显着"师"的身份。
隋唐	开创科举制	唐玄宗发布《求儒学诏》，为《孝经》作注。 唐朝的"论语玉烛"酒筹筒。
宋	改革和发展科举制	南宋朱熹首次将《大学》《中庸》《论语》和《孟子》一起合称为"四书"并作注。
明清	八股取士	明朝小说《三国演义》和清朝戏曲《义勇传》中体现儒家的忠、孝、仁、义思想。

3.《论语》里从哪些方面反映了人生智慧和品德?

预设:

"为人"方面

己所不欲,勿施于人。——《论语·颜渊》

君子和而不同,小人同而不和。——《论语·子路》

人不知而不愠,不亦君子乎。——《论语·学而》

"为学"方面

知之为知之,不知为不知,是知也。——《论语·为政》

温故而知新,可以为师矣。——《论语·为政》

多闻,择其善者而从之,多见而识之,知之次也。——《论语·述而》

"为政"方面

为政以德,譬如北辰,居其所而众星共之。——《论语·为政》

哀公问曰:何为则民服?孔子对曰:举直错诸枉,则民服;举枉错诸直,则民不服。——《论语·为政》

子张问:十世可知也?子曰:殷因于夏礼,所损益,可知也;周因于殷礼,所损益,可知也。其或继周者,虽百世,可知也。——《论语·为政》

环节三　课堂展示

(一)情境导入

教师:(展示"论语玉烛"酒筹筒、唐《论语郑氏注》写本文物图片)同学们,观察图片,大家能发现这两件文物的共同点是什么吗?

学生回答。

教师:这两件文物都与《论语》相关。第一件是1982年在镇江丁卯桥出土的"论语玉烛"酒筹筒。第二件为1969年,考古专家在吐鲁番阿斯塔那古墓中发现的一份古代文书。它是在景龙四年(公元710年)唐中宗李显执政时期,西州地区的"小学生"卜天寿抄写的《论语郑氏注》。出土之时,该写本已有残缺,但还是可以看到卜天寿抄写的一部分内容。

教师:那么,《论语》究竟是一本什么样的书?它的作者是谁?记录了哪些内容?对中国古代国家治理、文化教育等方面产生了怎样的影响?

学生展示已完成的自主学习任务单,根据自学成果回答问题。

教师:几千年来,我们的祖辈们通过各种形式一直在不断地记录着历史,讲述着故事,让中华智慧与美德绵延至今。同学们,你们知道《论语》里的智慧与美德有哪些吗?

学生回答。

教师:《论语》,千古流传;孔子,万世师表。我们从这位老师和他学生的对话里读出了中国人的智慧和风骨。今天,就让我们一起从多学科角度出发,与孔子对话,学《论语》智慧。

> 设计意图:通过文物图片创设情境,导入新课。引导学生以自学的方式,联系历史、语文学科知识,在初步分析资料的基础上掌握与《论语》相关的基本知识,获取关键信息。

(二)活动过程

1. 各组围绕主要任务选定《论语》中的经典篇章,了解儒家思想对古代国家治理、文化教育等方面的影响

学生按照类别分为"为人"组、"为学"组、"为政"组三个组别。由组长安排,每3名组员一支小分队,分为5支小分队。各小分队按照指定任务,选定《论语》中的经典篇章;通过网络平台检索关键词"《论语》""各朝代《论语》""中华典籍"等,或者查阅相关书籍,精选资料,交给组长整理汇总。组长整理组员资料,完成儒家思想对古代国家治理、文化教育等方面影响的表格。

2. 分学科解读经典篇章

各小组对选定的《论语》经典篇章进行解读。联系历史与现实,探讨这些资料里体现的人生智慧。

"为人"组收集整理根据《论语》经典语句编写的歌曲,学唱歌曲并展示;

"为学"组围绕《论语》的具体内容,翻译并画出其中的故事,讲出其中蕴含的人生智慧;

"为政"组结合实际,从青少年自身成长角度出发,解读《论语》里的为人准则,仿制"论语玉烛"酒筹筒,体会其中的文化底蕴。

3.编写"与孔子对话　学《论语》智慧"文艺汇演的台词并表演

各小组结合本组的研究成果，围绕《论语》中关于学习感悟、人生智慧、经典语句等方面，编写文艺汇演台词，展示活动成果。在汇演的最后，演员们可用"小书签"的形式，写上自己的所学所思，传承中华优秀传统文化。

> 设计意图：通过探究活动，教师指导，学生互助，让学生初步学会在具体的时空条件下对历史事物进行考察；初步学会从多学科角度出发解读《论语》，感悟中华优秀传统文化。引导学生提出问题与解决问题，开展深度学习，重新建构知识，内化知识。

（三）成果展示

学生分小组进行文艺汇演台词编写，各组合作，通过展演方式呈现"与孔子对话　学《论语》智慧"的故事。

"与孔子对话　学《论语》智慧"文艺汇演示例

开幕

（人员：子路、学生、孔子）

子路：你们可愿随我一同面见夫子？

学生：真的？我们梦寐以求啊！

夫子至。

孔子：这位是？

子路：夫子，这是想听夫子讲学的后世读书人。

学生：拜见夫子和诸位先生。

孔子：两千多年以后？你怎么知道我的？

学生：我们在读《论语》，从中知道了夫子，也学习了里面的人生智慧！

孔子：《论语》？

学生：夫子和诸位先生的言行以及思想，在后世集合成一部典籍，称为《论语》。《论语》影响了后世两千多年。我们从小就读。

孔子：那你们从《论语》里读到了什么智慧？

学生：读到了仁爱。"居处恭，执事敬，与人忠。虽之夷狄，不可弃也。"

学生：我们还读到了如何为人。"己所不欲，勿施于人"，"君子和而不同，小人同而不和"。

学生：我们读《论语》，还读到了如何为政。"道之以政，齐之以刑，民免而无耻。道之以德，齐之以礼，有耻且格。"

学生：我们读到了自律。"吾日三省吾身。"

孔子：好！读得太好了！

子路：可否让夫子和诸位同门看一看，这《论语》在后世的流传呢？

学生：夫子及诸位的思想学说在后世被称为"儒学"，影响深远。

场景一：战国

孟子：民为贵，社稷次之，君为轻。

孟子：拜见夫子。生，亦我所欲也；义，亦我所欲也。二者不可得兼。舍生而取义者也！

孔子：好啊！杀身以成仁，舍生而取义，妙哉！妙哉！

场景二：东汉

（郑玄手持《论语注》上场）

学生：此人名叫郑玄，是在您六百多年后的汉朝儒生，他为《论语》的内容做了注解，方便世人的学习。

场景三：唐，文人们饮酒场景展示

学生：这件"论语玉烛"银器是唐人饮酒时盛放酒令的筹筒，筒内有酒令银筹50枚。每枚酒令筹的正面刻有行酒令的令辞，令辞上半段是《论语》的语句，下半段是酒令的具体内容，包括"自饮""伴饮""劝饮""处（罚）""放（皆不饮）""指定人饮"六种，分别规定了六种饮酒的情况。这件文物记录了唐朝人的生活场景。

孔子：居然把《论语》融入了生活中，妙啊，妙啊！

学生：《尔雅·释天》有"四气和谓之玉烛"，"论语玉烛"就是用《论语》的句子来调和大家喝酒的事理。

场景四：南宋

朱熹：国以民为本，社稷亦为民而立。

孔子：说得好啊！他是谁？

学生：这是朱熹，生于南宋。他用了四十来年时间，为儒家经典作注。其中就有《论语集注》。

朱熹：天不生仲尼，万古如长夜！

学生：朱熹对夫子极为仰慕！

场景五：画"说"《论语》

学生：在后世，我们用多种方式读《论语》，这是我们画出的《论语》故事。

场景六：学生集体演唱歌曲《朋自远方》

子路：听，歌词里说"有朋自远方来，不亦乐乎"，不正是夫子平日对我们的教导吗？

孔子：用歌曲唱出来，妙哉！妙哉！

学生：正如夫子所言，'德不孤，必有邻'！

孔子：'德不孤，必有邻'！真好！

教师：生活之中，我们会于不知不觉中用到《论语》和其中为人处世的智慧。联系现实生活，围绕《论语》的历史价值、文化价值、社会价值等，我们要如何充分挖掘和传承《论语》里的传统文化，增强文化自信？

小组代表1：我们可以开展经典诵读活动，利用早读、课前读、比赛等不同形式诵读《论语》，感受中华优秀传统文化之美，唤起我们对中华优秀传统文化的兴趣。

小组代表2：我喜欢唱歌，可以通过演唱歌曲来弘扬优秀传统文化，丰富我们的校园生活。

小组代表3：我擅长书法，建议开展校园书法大赛，既能培养书写习惯，又能加深我们对《论语》经典语句的印象。

> 设计意图：分组讨论，合作探究，通过文艺汇演的方式展示研究成果，用所学知识解决现实问题，学以致用。

环节四　活动小结

教师：我们读《论语》，就是跟着孔子在学习。这样的学习，"不亦说乎"！今天我们一起探究了"与孔子对话　学《论语》智慧"，下面请各组代表进行交流分享。

学生围绕学习内容、学习过程、学习收获进行交流分享。

教师：中华传统文化源远流长，影响至今。今天《论语》中所蕴含的中华民族智慧和美德正彰显着时代风采，让我们共读《论语》，把优秀传统文化传承下去！

活动评价

评价内容	评价标准			评价等级
	A	B	C	
解读主题	1.能理解儒家思想对古代国家治理、文化教育等方面的影响。 2.能运用多学科知识准确解读《论语》，体会其中的人生智慧。	1.能较准确地理解儒家思想对古代国家治理、文化教育等方面的影响。 2.能运用多学科知识解读《论语》。	能运用语文学科知识，较准确翻译《论语》里的经典篇章。	
文艺汇演	1.演出构思主题鲜明，人物形象和台词能生动形象地展示儒家思想和文化，贴近历史，感染力强。 2.台词和情境符合史实，文字精美；演员演技精湛，表情契合角色，演员之间配合默契，对白生动流畅。 3.服装道具齐全，舞台布置恰当，换幕衔接自然。	1.文艺汇演能较好地体现主题，具有一定感染力。 2.台词和情境基本符合史实，表演流畅，演员之间有配合。 3.服装道具基本齐全，换幕衔接基本流畅。	1.文艺汇演主题基本鲜明，具有连续性和完整性。 2.演员动作、对白较为自然，台词基本连贯。 3.服装道具基本齐全，舞台布置与演出情境设置基本契合，换幕及时。	

活动延伸

拓展探究：目前，古老而又充满活力的中华优秀传统文化正在焕发新的生机，请你以所在的学校为例，设计一份调查问卷，搜集同学们在学习经典、传承文化等方面遇到的疑惑和困难，为更好地弘扬优秀传统文化提出建议。

活动反思

本主题设计旨在从《论语》和《论语》中体现的中华优秀传统文化入手，引导学生从多学科角度出发解读《论语》，拉近生活与历史之间的距离，提升对历史的认知，发展思维。由此，设定本主题学习目标为：知道儒家思想对古代国家治理、文化教育等方面的影响，建立时空观念；认识《论语》的时代价值与现实意义，树立文化传承意识，涵养家国情怀。

在活动过程中，主要考虑了以下问题：①如何引导学生自主探究，怎样指导学生通过多途径获取有效信息？②如何实现跨学科学习？如何充分考虑《论语》与历史、道德与法治、劳动、音乐、美术等课程的联系，引导学生深入探究、广泛涉猎，运用多学科的知识、技能与方法开展学习？

教师提供与《论语》相关的网站、论文、书籍等资料，为研究学习提供资源。学生通过完成自主学习任务单，对《论语》中体现的中华优秀传统文化形成初步认知；分小组搜集、整理、分析《论语》中蕴含的人生智慧，认识《论语》的价值与意义。在课堂展示中，各小组呈现研究成果，举行"与孔子对话　学《论语》智慧"的小型文艺汇演，体会《论语》中深厚的文化底蕴和中华优秀传统文化。

关于学习活动的设计与开展，尚存在一些疑惑，如：《论语》里的内容涉及古人生活的方方面面，我们如何用《论语》的魅力来提高学生的个人修养？《论语》的智慧和魅力吸引了大家关注和推崇，而中学生具有这个年龄阶段独有的特点，我们如何选用恰当的事例帮助学生理解《论语》的精髓？这些都有待进一步挖掘与探索。

参考资源

一、著作

1. 刘勃：《鲍瓜：读〈史记·孔子世家〉》，百花文艺出版社，2021年

2. 孟华：《伏尔泰与孔子》，中国书籍出版社，2015年

3. 李零：《去圣乃得真孔了：〈论语〉纵横读》，生活·读书·新知三联书店，2014年

4. 杨玉英：《论语分主题读本》，中华书局，2013年

5. 孙钦善：《论语本解》，生活·读书·新知三联书店，2009年

6. 姚淦铭编著：《论语智慧》，山东人民出版社，2011年

7. 唐明贵：《论语学史》，中国社会科学出版社，2009年

8. 钱钧华：《跟孔子周游列国》，上海社会科学院出版社，2009年

二、网络资源

1. 孔子博物馆 http://www.kzbwg.cn/
2. 孔庙和国子监博物馆 http://www.kmgzj.com/

附录

资料1：

孔子生当"礼乐征伐自诸侯出""陪臣执国命"的乱世，却向往建立上下有序的"有道"社会。他倡导仁，重视礼，以仁、礼为解决人生困境和社会矛盾的良方，建立起包括人生修养、伦理政治等内容的思想体系。故从孔子开始，儒学实分有两途，一为六艺之学，一为社会人生之学。

六艺之学是关于《诗》《书》《礼》《乐》等古代文献的学说，包括文本的整理、意义的阐释等等，属于孔子的学术思想。六艺在孔子之前已存在，孔子以后也不为儒家专有，如墨家也常称引《诗》《书》等，但孔子在创立儒学时，对六艺进行了系统的编定、整理和"意义"的阐释，并用来教授徒众，这样便形成儒学内部传授的一套学问。汉代以后"独尊儒术"，这套学问便称为"经学"。社会人生之学则是孔子对社会人生的见解和看法，是孔子改革社会政教的主张和方案，是孔子的思想创造。……六艺之学与社会人生之学在思想上存在着联系，但在学术形态上二者又有明显的差别：六艺之学是对经典的理解、诠释之学，突出、强调的是经典的思想价值。社会人生之学则是对人生意义、社会理想的探讨，注重的是力行实践和思想创造。……这样，孔子创立的儒学就不仅仅是一思想、理论体系，同时还包含一学术传统，形成六艺之学与社会人生之学的双重结构。……不过，早期儒学的这

一形态到汉代却发生变化，汉代儒学主要承继和发展的恰恰是六艺之学，即所谓经学，而社会人生之学却降为子学，成为经学的传记和附庸。

——摘编自梁涛：《〈论语〉在汉代的地位及流传》，载单纯主编、国际儒学联合会编：《国际儒学研究.第18辑》（上册），九州出版社，2011年，第234—236页。

资料2：

《论语》的出现标志着中国历史上私人著书的开始。《论语》也遭遇了秦始皇的焚书之灾祸。

汉以后，儒家思想成为统治思想，此后历代王朝均庙祀孔子。

南宋朱熹将《论语》作为《四书》之一，影响更加深远。后来元代作为科举考试的内容，一直延续到明清。

《论语》早在秦汉时期已经传入朝鲜、越南，此后传入日本。最早的西方译本当推1594年传教士利玛窦出版的《四书》拉丁文译本。此后有了意大利、法国、英国、德国、俄国等文字的译本。此后海外的译本以及研究著作层出不穷。

法国1793年宪法所附《人权和公民权宣言》以及法国1795年宪法所附《人和公民的权利和义务宣言》都把《论语》里孔子的名言"己所不欲，勿施于人"写入，分别定义为自由的道德界限和公民义务的原则。有人说，把外国先哲的格言写入一国宪法，这是第一例。

——摘编自姚淦铭编著：《论语智慧》，山东人民出版社，2011年，第10—13页。

资料3：

楚国的叶公曾向子路询问孔子的为人，子路没有回答。这可能是子路出于谨慎，不便轻易对答。孔子知道以后就对子路说："女奚不曰，其为人也，发愤忘食，乐以忘忧，不知老之将至云尔。"（《论语·述而》）这意思是：你子路为什么不说，孔子的为人，发愤忘食，乐以忘忧，不知衰老将要来到，如此而已。

如果我们知晓，这是孔子流浪途中在经历了从陈国绝粮的艰难困境中挣扎出来，流亡楚国时候说的，那更显出孔子人格的熠熠光辉了。孔子虽处处碰壁，自己都说"累累如丧家之犬"，但是他挫而不堕，且愈挫愈坚，折而犹乐，且乐以忘忧，发愤忘食，精进不已，好学如此，令人肃然起敬。

张居正曾有解读。先解释"发愤忘食":"愤是急于求通之意","其为人也,唯知好学而已。方其理之未得,则发愤以求之。虽终日不食,有不知者;愤而至于忘食,是其愤至极也。"再释"乐而忘忧":"及其既得,则欣然自乐,虽事之可忧有不知者。乐而至于忘忧,是其乐之至也。"又释"不知老之将至云尔":"然天下之义理无穷,未得而求之以至于得,则愤者又未尝不乐也。有得而尚有所未得,则乐者又未尝不愤也。二者循环,日有孜孜,而无所止息,虽老年将至,有不自知焉者。"(《张居正讲评〈论语〉》)这就是孔子的为人!此可见孔子终生发愤学习不止,勤勉自励不息,而其此中的快乐也是不竭不尽的。

——摘编自姚淦铭编著:《论语智慧》,山东人民出版社,2011年,第23—24页。

资料4:

这位关注着人类精神风貌和各民族习俗问题的史学家,在为第三十九章(见《路易十四时代》)进行资料准备和撰写过程中,不仅再次惊讶于中西民族性格间存在着的巨大差异,而且一再认真反思个中缘由。那些在西雷宫史学研究中虽已触及,但并未引起他重视的问题,此时重又浮现在他的脑际:中国社会独特的结构依靠什么来维系?中国人的良俗美德又何以能经久不衰,流传至今?

寻求这些问题的答案本身,已将伏尔泰导向了对中国文化深层结构的思索,这就使他得以窥见儒学在中华民族性格及其文化特质的形成过程中所起的重要作用。而第三十九章的撰写,至少还从另一个侧面给伏尔泰以启迪。那便是,在以血缘宗亲为社会基本结构的中国,只有孔子享有和先祖同等的尊荣,以致在中国文人的礼仪中,祭孔与祭祖具有同样重要的意义。面对这个最具说服力的历史事实,伏尔泰终于领悟到了孔子在中国文化中的真正含义:与先祖并列的孔子,并非一个宗教人物;至于后辈们对他的叩拜行礼,亦当如祭拜祖先一样,实出于一种敬重。显然,孔子并非如他先前所理解的那样,是中国正统宗教的教主,而是一位古代的贤哲。他的学说和行为,深刻地影响了中国的一切:从社会结构到伦理道德,从民族性格到风俗礼仪。正因如此,他才被中国人奉为"万世师表"。

渐渐地,一个哲学家孔子的形象在伏尔泰心中形成了,在第三十九章中,人们读到了这样的句子:"这个庞大的帝国的法律和安宁建筑在既最合乎自然而又最神圣的法则,即后辈对长辈的尊敬之上。后辈还把这种尊敬同他们对最早的伦理大师应有的尊敬,特别是对孔夫子应有的尊敬,合为一体。这位孔夫子,我们称为Confucius,是一位在基督教创立之前约六百年教导后辈谨守美德的先贤古哲。"

——摘编自孟华:《伏尔泰与孔子》,中国书籍出版社,2015年,第110—111页。

资料5:

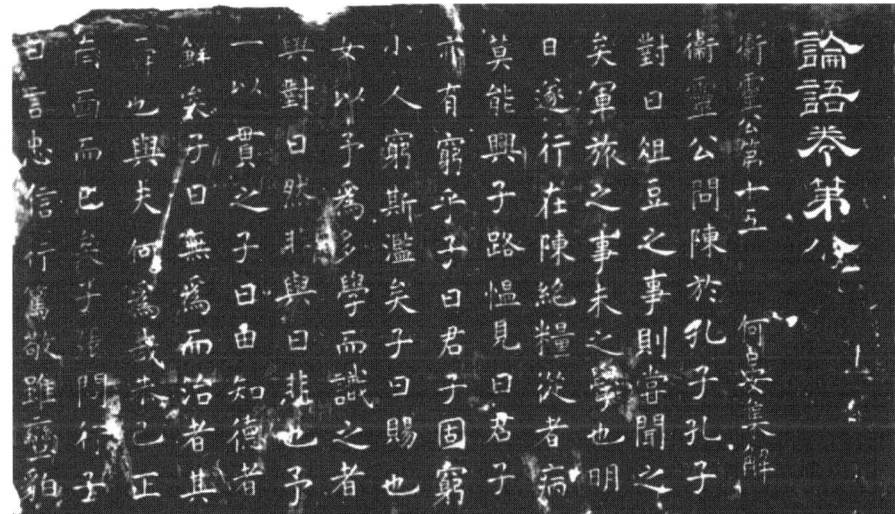

唐开成石经《论语》拓片(局部)

(拓本藏京都大学人文科学研究所,原石藏西安碑林博物馆)

十六　含咀《史记》英华　赓续精神血脉

学科	历史	设计者	路遥、涂立新	教材版本	统编版
课程内容模块	中国古代史					
相关领域课程	历史、语文、道德与法治等				
活动主题	古代典籍中的中华优秀传统文化——含咀《史记》英华　赓续精神血脉				
课时安排	3课时				

活动背景介绍

中国古代留传下来的典籍是中华优秀传统文化的传播载体，包含了中华优秀传统文化的丰富内容，是世界文化的宝库。中国传统学术将古籍分为经、史、子、集四部。《史记》位居史部"正史"类典籍之首，原称《太史公书》，计130篇，52万余字，记述了中国自传说中的黄帝时代至汉武帝时期数千年的历史，是我国第一部纪传体的通史巨著，被后世奉为历史著作的典范。古代日本、朝鲜、越南编撰的史书从体裁和史料上皆不同程度地受到《史记》的影响。《史记》文字优美，叙述生动，被誉为"史家之绝唱，无韵之离骚"，它对后世的传记文学、古典诗歌、古典小说、戏曲艺术也产生了深远影响，在文学史上享有重要的地位。

《史记》规模宏大，体裁完备，通过各种类型的人物群像塑造，对中华民族形成过程中逐渐积淀起来的民族精神予以生动详细的再现。归纳起来大致有以下方面：自强不息、忧国爱民、开拓创新、崇德尚义等。这些精神并没有随着人物的消逝而湮灭，而是经过历代的扬弃和升华，成为中华民族宝贵的精神财富。时代在发展，为弘扬中华优秀传统文化，我们尤需呼唤民族精神，为民族复兴提供强大的精神力量。

[活动主题分析]

一、课标要求

《义务教育历史课程标准（2022年版）》在学习主题"古代典籍中的中华优秀传统文化"中指出：本主题的设计，旨在让学生通过不同学科的解读角度和方法，增进对中国古代典籍的了解，深化对其中蕴含的中华优秀传统文化内容的认识。

二、学情分析

学生通过不同学段相关课程的学习，对《史记》的相关知识有所了解。小学语文教材选编了《史记》中的一些人物故事，如《西门豹治邺》《将相和》《田忌赛马》。小学《道德与法治》课文《传统美德 源远流长》通过讲述孔子、赵武灵王等历史人物的言行，突出了自强不息的人格修养和立己达人的仁爱精神。

进入初中，《史记》文言作品开始出现在语文教材中，如《周亚夫军细柳》《陈涉世家》。初中《中国历史》课文《两汉的科技和文化》中设有子目"历史巨著《史记》"，简要介绍了司马迁的人生经历和《史记》的成书经过，肯定了《史记》的史学和文学价值。此外，在夏商至秦汉时段的课文中，也直接征引了《史记》部分篇章中的语句，如《殷本纪》《周本纪》《秦始皇本纪》《高祖本纪》《货殖列传》。值得注意的是，在《道德与法治》课文《守望精神家园》中，民族精神被置于中华文化的大概念下，"高扬民族精神"这一子目概述了民族精神的内涵和意义。这为本次主题学习活动的开展指明了方向。

综上，学生已了解《史记》中的部分历史人物故事，知道《史记》一书的作者、成书年代、记载内容等基本情况。但对《史记》的概貌和特点，如"本纪""世家""列传""书""表"五种编撰体裁的不同、《史记》记人叙事的写作手法、《史记》人物与其时代背景的关联都较少关注，也较少思考《史记》蕴含了哪些民族精神。学习古代典籍，除了懂得大意，更重要的还在于体味其精神内涵和思想智慧，并在生活中践行，提升人格修养。

三、活动主题及立意

（一）活动主题

根据课标要求，结合《史记》文本内容，本活动主题定为"含咀《史记》英华 赓续精神血脉"，通过鉴赏《史记》经典名篇，发掘《史记》中蕴含的民族精神,树立传承中华优秀传统文化的意识。

(二)活动立意

《史记》是我国古代典籍中具有典范性和权威性的史学经典,是中华民族的宝贵精神文化遗产,记载了中华民族精神产生发展的过程,集中体现了中华民族的思想观念、传统美德和人文精神。认识和弘扬民族精神,《史记》是很好的切入点。

通过阅读和鉴赏《史记》经典名篇,分析不同写作手法对塑造人物形象起到的作用,感受语言文字之美;通过解读"太史公曰"等语段中的历史评价及其对后世的影响,撰写演讲稿,发掘《史记》中蕴含的民族精神和现实意义。在学习过程中,综合运用历史、语文、道德与法治等多学科知识与方法,从多维度深化对中华民族精神的理解与认识。

知识图谱

领域		相关课程内容		
		语文	历史	道德与法治
《史记》	自序	《太史公自序》(节选) 咏司马迁相关诗歌	西汉的文化发展 《史记》的五种体裁和编排特点 司马迁人生主要经历	民族精神 传统美德
	本纪	《秦始皇本纪》(节选) 咏秦始皇相关诗歌	秦灭六国 秦朝确立中央集权制度和巩固统一的措施 秦朝的暴政和灭亡	
	世家	《孔子世家》(节选) 咏孔子相关诗歌	春秋诸侯争霸 孔子和儒家学说 汉武帝"罢黜百家,尊崇儒术"	
	列传	《李将军列传》(节选) 咏李广相关诗歌	西汉大一统局面的巩固与发展 汉匈漠北战役	

目标、任务与方法

一、目标

1. 观看司马迁与《史记》的相关视频,知道《史记》产生和流传的时代背景,体会司马迁可贵的精神品质。

2. 查阅《史记》目录,整理历史人物名录,结合参考资料,了解以《史记》为代表的史部"正史"类典籍的概貌和特点，培养历史论证能力。

3. 阅读《史记》经典名篇（节选），通过梳理故事情节和赏析人物细节，感受语言文字之美，涵养审美情趣。

4. 理解司马迁记人叙事的价值取向及对后世的影响，发掘《史记》中蕴含的民族精神，撰写演讲稿并进行演讲展示，树立传承中华优秀传统文化的意识。

二、任务与方法

任务1：观看"看动画·学历史"系列中的司马迁分集，知道《史记》产生和流传的时代背景，了解《史记》编撰成书的主客观因素，体会司马迁可贵的精神品质。

方法：

（1）全班同学集体观看"看动画·学历史"中的司马迁分集，了解司马迁一生的主要经历。

（2）阅读附录"资料1"，归纳《史记》编撰成书的主客观因素，体会司马迁自强不息的人格修养。

（3）阅读附录"资料2"，知道《史记》流传的曲折经历。

任务2：查阅《史记》目录，按时序分类整理历史人物名录，编制《史记》人物索引表，了解《史记》的五种编撰体裁和特点，认识《史记》的史学价值。

方法：

（1）参照《史记》目录，借助"中国哲学书电子化计划"网站《史记》页面（网址：https://ctext.org/shiji/zhs），分组整理提供的历史人物名录，按时序填入表格，并写出其在《史记》中的主要出处。

（2）结合制成的表格，分组讨论"本纪""世家""列传""书""表"五种体裁的含义和编排特点，最后派发言人陈述观点。

（3）查阅资料，师生共同回顾《史记》产生前后的历史著作概貌，在对比分析的基础上认识《史记》的史学价值。

任务3：阅读《史记》经典名篇（节选），梳理故事情节和赏析人物细节，感受语言文字之美，了解《史记》的文学价值。

方法：

（1）借助语文工具书，分组阅读《史记》经典名篇（节选），掌握文本段落大意,用卡片的形式为史传中的人物建立档案。

(2)依据制作好的卡片在组内开展人物鉴赏活动,抓住细节,举例分析不同写作手法对塑造人物形象起到的作用(如表达方式:叙述、描写、说明、议论等;表现手法:外貌、语言、心理、动作等;修辞手法:对比、引用、排比、反问等)。

任务4:结合具体的历史情境,理解司马迁记人叙事的价值取向及对后世的影响,通过撰写演讲稿发掘《史记》中蕴含的民族精神。

(1)分组精读"太史公曰"等有关历史评价的语段,结合传主的生平经历和时代背景,组内探讨司马迁记人叙事的价值取向。

(2)参考附录"资料3",任选附录"资料4"中与本组研究人物相关的诗歌,结合诗句对人物的描绘或评价,撰写题为《我眼中的_____》演讲稿,透过历史人物发掘《史记》中蕴含的民族精神。

(3)组内推选出优秀作品进行演讲展示。

活动步骤

环节一 布置任务

布置任务1,全班同学集体观看"看动画·学历史"中的司马迁分集,参考资料,归纳《史记》编撰成书的主客观因素,知道《史记》流传的曲折经历。

布置任务2,按照《史记》的编撰体裁将学生分为"本纪"组、"世家"组、"列传"组、"书""表"组4个组别。每个组12人左右,其中组长1人,记录员2人,发言人1人,信息员8人。信息员两两合作,负责查询一名历史人物,信息员A对照《史记》目录,信息员B检索网站。记录员A根据信息提示将本组历史人物依时序填入表格,录入组别和篇数。记录员B填写人物在《史记》中的主要出处。填写完毕后,结合编制好的表格,分组讨论"本纪""世家""列传""书""表"五种体裁的含义和编撰特点,最后派发言人陈述观点。组长在全过程中负责指导和协调成员分工合作。历史人物名录分配如下:"本纪"组——秦孝公、汉文帝、周武王、项羽;"世家"组——周公、周亚夫、陈涉、孔子;"列传"组——李广、伯夷、屈原、李斯;"书""表"组——徐伯表、李冰(蜀守冰)、禹、西门豹。

"《史记》人物索引表"样例

《史记》人物索引表	组　别：		篇　数：
	时代	人物	主要出处
	夏商西周		
	春秋战国		
	秦		
	汉		

布置任务 3，分组阅读《史记》经典名篇（节选），个人借助语文工具书，掌握文本段落大意，用卡片的形式为史传中的人物建立档案。组内 4 人为一支小分队，依据制作好的卡片开展人物鉴赏活动，分段落举例分析不同写作手法对塑造人物形象起到的作用。具体分配如下："本纪"组——《秦始皇本纪》（节选）；"世家"组——《孔子世家》（节选）；"列传"组——《李将军列传》（节选）；"书""表"组——《太史公自序》（节选）。

"《史记》人物档案卡"样例

《史记》人物档案卡	传主姓名：	时代：
	传主身份	
	典型事件	
	写作手法	
	性格特征	
	人物点评	

布置任务 4，分组精读《史记》经典名篇（节选）中"太史公曰"等有关历史评价的语段，组内小分队间讨论司马迁记人叙事的价值取向。具体分配如下：

"本纪"组——司马迁如何评价秦始皇的是非功过？

"世家"组——司马迁为何将孔子列入"世家"？

"列传"组——司马迁如何看待李广之死？

"书""表"组——司马迁如何看待《太史公书》这部作品？

讨论结束后，任选与本组研究人物相关的诗歌，结合诗句对人物的描绘或评价，撰写题为《我眼中的_____》演讲稿，小组推选优秀作品进行展示。

环节二　学生自学

☆自主学习任务单☆

1.《史记》书名变迁的背后有哪些曲折的经历？

预设：司马迁在《太史公自序》中告诉我们这部书叫《太史公书》，而根据检索，书中多次提到"史记"一词，如"周太史伯阳读史记"（《周本纪》）、"孔子读史记"（《晋世家》），可见"史记"原本只是一般历史著作的公名。《太史公书》撰成后长期秘不示人，死后才由司马迁的外孙杨恽公布于世。书中记录了帝王将相的历史活动，肯定他们的功绩，也揭露了他们的腐朽和罪恶。正因为他爱憎分明，秉笔直书，除皇家图书馆工作人员外，要想看到《史记》必须得到最高统治者的允许。东汉桓灵时代，《太史公书》已正式称为《史记》，这种公名取代原名，和它在社会上广泛流传并为人看重息息相关。

2.《史记》编撰成书的主客观因素有哪些？

预设：根据视频和《太史公自序》，从客观上看，西汉的大一统局面为司马迁编撰史书提供了安定的环境和丰富的材料。《史记》这部书从搜集史料、实地采访到最后成书，花费了近四十年的时间，如果他像孔子那样身处乱世，颠沛流离，是难以完成这部巨著的。此外，西汉开国后废止了秦朝的焚书政策，广开献书之路，到司马迁出任太史令时，已经积累了充足的文书档案和前代典籍。这都成为他编撰《史记》的主要参考资料。

从主观上看，司马迁出生于史官家庭，从小受到他父亲的悉心教导，十岁开始诵读古代典籍，这奠定了他广博的知识基础。二十岁时离开家乡，在全国游历，实地考察，熟悉历史事件的地理背景和当地的社会环境，查访到民间关于历史人物的很多传说和评论。可以说，杰出的史学才干使他能够胜任编撰史书的工作。

3.司马迁身上哪些优秀的精神品质让你敬佩和赞赏？

预设：仗义执言的精神。李陵率军深入匈奴境内，以寡敌众，奋勇作战，最后被俘，投降匈奴。面对汉武帝的询问，司马迁冒着触怒君王的危险，坦白说出自己的意见，对李陵的不幸遭遇表示同情，希望减轻他的罪名。这与那些一言不发或者落井下石的朝臣们形成多么鲜明的对比。

自强不息的精神。他遭遇李陵之祸，被处以宫刑，身心受到严重摧残，蒙受极大的屈辱,但依然没有放弃自己的使命,而是顽强奋斗,把全部的生命都投入编撰《史记》中,这值得我们钦佩和学习。

……

环节三 课堂展示

(一)情境导入

教师:(展示商务印书馆"二十四史"书柜图片)同学们,你听过买书打折,但你听过买书送书柜吗?

学生回答。

教师:这是民国时期,商务印书馆访求古籍善本,采用当时最先进的摄影制版技术,历经18年,推出的影印版线装"二十四史",共820册。"二十四史"是研究中国古代历史公认的最重要、最具有研究和参考价值的文献。请大家观察这二十四部史书在书柜中的位置,哪一部在排列和书名上显得尤为特别呢?

学生:我注意到了位于书柜右上第一部的《史记》,因为其他史书基本是以朝代命名,这一部书从名称上就显得很特别。

教师:有趣的是它最初并不叫这个名字,那么《史记》书名变迁的背后有哪些曲折的经历?《史记》成书的主客观因素有哪些?司马迁身上又有哪些优秀的精神品质让我们敬佩和赞赏?

学生展示已完成的自主学习任务单，思考并回答教师提出的问题。

教师：除了司马迁本人，他笔下的一些人物，至今我们也耳熟能详。他们中有帝王、文臣、武将，也有学者、农民和商人。其中很多人物的故事我们在小学时都接触过，你能举出一些例子来吗？

学生回答。

教师：每一则故事都让我们感受到他们鲜明的个性，并启发我们的思考。孟浩然有句诗："人事有代谢，往来成古今。江山留胜迹，我辈复登临。"下面就让我们走进《史记》，在阅读经典名篇中发掘那些传承至今的民族精神。

> 设计意图：通过书柜图片创设情境，设疑激趣，导入主题。点评学生自学成果，为后续开展合作学习做准备。

（二）活动过程

1. 观看司马迁与《史记》的相关视频，完成任务1的要求

集体观看"看动画·学历史"中的司马迁分集，知道《史记》产生的时代背景。参考相关资料，了解《史记》流传的曲折经历，归纳《史记》编撰成书的主客观因素，体会司马迁自强不息的人格修养。

2. 编制《史记》人物索引表，完成任务2的要求

依据《史记》体裁，学生分为"本纪"组、"世家"组、"列传"组、"书""表"组四个组别。组长指导组员分工合作，参照《史记》目录，检索网站，将分组提供的历史人物名录依照时代顺序填入表格。"本纪"组——秦孝公、汉文帝、周武王、项羽；"世家"组——周公、周亚夫、陈涉、孔子；"列传"组——李广、伯夷、屈原、李斯；"书""表"组——徐伯表、李冰（蜀守冰）、禹、西门豹。完成后分组叙述"本纪""世家""列传""书""表"五种体裁的含义和编排特点。

3. 制作《史记》人物档案卡，完成任务3的要求

分组阅读《史记》经典名篇。"本纪"组——《秦始皇本纪》（节选）；"世家"组——《孔子世家》（节选）；"列传"组——《李将军列传》（节选），"书""表"组——《太史公自序》（节选）。个人借助工具书，结合具体情节和关键词句读懂大意，制作《史记》人物档案卡；以此为据，开展人物鉴赏活动，分析不同写作手法对塑造人物形象起到的作用，感受语言文字之美。

4.撰写演讲稿并进行展示,完成任务4的要求

分组精读《史记》经典名篇(节选)中"太史公曰"等有关历史评价的语段,组内讨论司马迁记人叙事的价值取向。讨论结束后,结合后世诗歌对《史记》人物的描绘或评论,撰写题为《我眼中的_____》演讲稿,小组推选优秀作品进行演讲展示。

> 设计意图:指导小组合作学习,引导学生鉴赏《史记》经典名篇,分析人物形象,开展深度学习,内化知识,透过历史人物发掘《史记》中蕴含的民族精神,从理解到运用层面逐级提升能力。

(三)成果展示

学生各小组在组内交流成果并推选出优秀作品。

教师:下面请小组代表进行演讲展示,时间3分钟左右。

示例1:我眼中的孔子

孔子游历各国,试图推广自己的学说,但最终没有被任用,他也不再求官。后来他病重,面对"天下无道",自己怀才不遇,对时势又无能为力,真是"徒怀教化心,纡郁不能伸",他为此由衷地悲伤而流下眼泪。

他是心怀天下的人,无论是病重的叹息还是周游列国的尝试,都足以证明这点。他告诉君王要任用不图私欲、正直的人,他自己又何尝不是这样的人呢?孔子最终没能继续从政,可他的学说传承了下来,儒家文化对后世影响颇深,《论语》中讨论学习的观点即使今天读来也令人受益匪浅。司马迁称赞他道:"孔子布衣,传十余世,学者宗之,自天子王侯,中国言六艺者折中于夫子,可谓至圣矣!"他没能挽救分裂的天下,但他那先进的教育思想与赤诚的济世情怀,都使他无愧于"圣人"的称号。

而在中华民族的历史上,也有许多像孔子一样的人,面对昏暗的局势,他们挺身而出,贡献自己的思想、力量乃至生命。他们未必都能成功,但这份自强不息的精神一直传承了下来,成为我们民族精神光辉的组成部分。我想这便是司马迁赞颂孔子的原因。

演讲人:某某某

示例2：我眼中的秦始皇

天上天下，唯朕独尊，受命于天，既寿永昌。相信各位对这句话所描绘的人物都十分熟悉。对，他就是我们中华史上的千古一帝——秦始皇嬴政。

周朝末年，天下诸侯并起而争，战事不休。秦王嬴政驾长车，踏六合，建立起中国第一个统一王朝。春秋战国五百多年战乱，各地阻隔，难以相通。他英明决断，立下"车同轨""书同文"的法度，为华夏的统一奠定了经济文化上的基础，同时推行郡县制，使华夏连成不可分割的一个整体。他是华夏大一统的奠基人。

没有人比嬴政更适合皇帝的称号。中国的气候和地形复杂，远不如气候温和、平原居多的欧洲。但一边是长期统一，一边是小国林立。这要归功于秦始皇，不然各地方言不同，没有统一的文字，我们如何能够进行顺畅交流？万里长城永不倒，千里黄河水滔滔。我曾站在长城之上，看脚下砖块，追忆长城往昔，感叹秦朝的强盛以及秦朝为后代安居乐业做出的巨大贡献；站在好汉坡上，踮脚望远方，朝霞满天，国家正在秦始皇建立的基业上，开拓创新，推进和平统一进程。

巍巍华夏，浩荡长存，兼容并蓄，经久不衰。让我们在中国共产党的领导下发愤图强，拼搏不息！让中国的百年奋斗目标早日实现，造福子孙后代！

中华必将复兴，古木已发新枝。

演讲人：某某某

> 设计意图：通过撰写演讲稿，提高写作能力。展示优秀成果，加深对探究问题的思考与理解，发展合作交流与沟通表达素养。

环节四 活动小结

教师：《史记》诞生至今已有两千多年，每当我们翻开《史记》阅读时，一个个有血有肉的人物形象就活灵活现于脑海中。我们在孔子身上看到了自强不息，在秦始皇身上看到了开拓创新，在李广身上看到了忠勇爱国，在司马迁身上看到了崇德尚义……我们读到的不仅有跌宕起伏的人物故事，还有那深入人心的人物精神。他们的生命早已逝去，但这些精神经过岁月的淘洗和沉淀，已然融入我们民族精神的血脉中，历久弥新，世代相承！

活动评价

评价内容	评价标准			评价等级
	A	B	C	
编制《史记》人物索引表	1.能通过小组合作，迅速高效地完成《史记》人物索引表编制任务。 2.能通过网络搜索、查阅工具书、研读资料等多种渠道获取与《史记》概貌相关的主要历史信息。 3.能准确讲述《史记》的体裁和特点。	1.能通过小组合作，及时地完成《史记》人物索引表编制任务。 2.能通过网络搜索、查阅工具书、研读资料几种渠道获取与《史记》概貌相关的基本历史信息。 3.能简单讲述《史记》的体裁和特点。	1.能通过小组合作，在规定时间内完成《史记》人物索引表部分编制任务。 2.能通过网络搜索等至少一种渠道获取与《史记》概貌相关的一些历史信息。 3.能在同伴的提示下了解《史记》的体裁和特点。	
鉴赏《史记》经典名篇（节选）	1.《史记》人物档案卡各栏目填写完整，内容准确。 2.能从表达方式、表现手法、修辞手法等多方面举例说明不同写作手法对塑造人物形象起到的作用。 3.能结合《史记》经典名篇（节选）中不同段落的典型事件，全面把握人物形象，概括人物身上蕴含的民族精神。	1.《史记》人物档案卡各栏目填写完整，主要内容准确。 2.能从表达方式、表现手法、修辞手法中至少两方面举例说明不同写作手法对塑造人物形象起到的作用。 3.能结合《史记》经典名篇（节选）中两个段落的典型事件，充分把握人物形象，讲述人物身上蕴含的民族精神。	1.《史记》人物档案卡各栏目填写基本完整，主要内容基本准确。 2.能从表达方式、表现手法、修辞手法中至少一方面举例说明不同写作手法对塑造人物形象起到的作用。 3.能结合《史记》经典名篇（节选）中一个段落的典型事件，简单把握人物形象，说出人物身上蕴含的民族精神。	
演讲展示	1.演讲稿主题鲜明，材料丰富，逻辑清晰，文笔流畅。 2.演讲脱稿，普通话标准，语速适当，抑扬顿挫，感染力很强。	1.演讲稿符合主题，内容充实，结构合理。 2.演讲基本脱稿，吐词清晰，语速控制和节奏感较好，感染力较强。	1.演讲稿与主题基本契合，内容基本合格。 2.演讲基本流畅。	

活动延伸

拓展研究：《史记》中的"太史公曰"附于正文末尾，是司马迁用以议论史事、表达观点的文体。尽管大多言简意赅，但有画龙点睛之效。他曾说："古者富贵而名摩灭，不可胜记，唯倜傥非常之人称焉。""倜傥非常之人"和权力、财富并非紧密相连，只有那些为社会和人民做出贡献的人才会被后世所铭记。

除活动中涉及的历史人物，你还能列出哪些人物展开研究？

活动反思

跨学科主题学习活动的设计，旨在进一步发展学生核心素养，促进学生历史学习方式的转变。它需要学生运用多学科知识、技能、方法，深入探究并解决问题。本次主题学习属于"古代典籍中的中华优秀传统文化"，所选取的古代典籍是《史记》。然而中华优秀传统文化的内涵极为丰富，设计学习活动首先必须找准古代典籍和中华优秀传统文化的联结点，方能有的放矢。在广泛阅读《史记》研究相关论著后，笔者最终选择民族精神作为主题学习活动的突破口。基本设计思路如下：以《史记》为切入点，采取读书会的活动形式解读《史记》经典名篇，发掘其中蕴含的民族精神，进而认识与传承中华优秀传统文化。

在设计活动中，主要思考并解决了以下问题：①如何选择跨学科主题学习活动的情境素材？参照《史记》几种优秀选本，反复斟酌，最终选取《太史公自序》《秦始皇本纪》《孔子世家》《李将军列传》作为经典名篇供学生阅读，考虑到学生实际，四篇均有删节、分段，同时标识出重点语句。②如何在跨学科主题学习活动中体现多学科的特点？活动立足历史学科，借鉴了语文"整本书阅读"的教学方法，重视序言（《太史公自序》）、目录（《史记》目录）在阅读教学中的作用，用以探究《史记》的概貌和特点。还增加了《史记》相关人物的诗歌资料，以求文史结合，诗史相融，最后围绕民族精神这一主题撰写演讲稿并进行展示与交流。③如何有效达成跨学科主题学习活动的目标？笔者紧扣目标设置了四项学习任务，它们内容关联、形式各异、难度递进。在学生自学、教师导学、小组合作多种方式的推动下，学生基本能够运用跨学科知识与方法完成探究任务，较好地达成预设的活动目标。

关于本次跨学科主题活动的开展，尚存在一些遗憾，如"书""表"这两种体裁的名篇在鉴赏环节中没有体现。小组阅读《史记》经典名篇（节选）时，如何根据学生兴趣和能力做好引导与分工，如何更好地帮助学生克服文言文的疑难，都有待在实践中继续探索和完善。

参考资源

一、著作

1. 张文江：《〈史记·太史公自序〉讲记：外一篇（修订本）》，上海文艺出版社，2021年
2. 韩兆琦：《〈史记〉应该这样读》，中华书局，2019年
3. 崔文印：《古籍常识丛谈》，中华书局，2018年
4. 黄永年：《司马迁的故事》，商务印书馆，2018年
5. 司马迁：《史记（节选）》，张大可解读，国家图书馆出版社，2017年
6. 张大可、丁德科主编：《史记论著集成》（全二十卷），商务印书馆，2015年
7. 池万兴：《〈史记〉与民族精神》，齐鲁书社，2009年
8. 逯耀东：《抑郁与超越：司马迁与汉武帝时代》，生活·读书·新知三联书店，2008年

二、网络资源

1. 香港教育大学"看动画·学历史"项目　https://achist.mers.hk/chihistoryanime/
2. 中国哲学书电子化计划　https://ctext.org/zhs
3. 国家典籍博物馆　http://www.nlc.cn/nmcb/
4. 《典籍里的中国》节目　http://tv.cctv.com/lm/djldzg/

附录

资料1：

迁生龙门，耕牧河山之阳。<u>年十岁则诵古文。二十而南游江、淮……北涉汶、泗……过梁、楚以归</u>。于是迁仕为郎中，奉使西征巴、蜀以南，南略邛、笮、昆明，还报命。是岁天子始建汉家之封……太史公执迁手而泣曰："<u>余先周室之太史也……今汉兴，海内一统</u>，明主贤君忠臣死义之士，余为太史而弗论载，废天下之史文，余甚惧焉，汝其念哉！"迁俯首流涕曰："小子不敏，请悉论先人所次旧闻，弗敢阙。"

辛三岁而迁为太史令，䌷史记石室金匮之书……七年而太史公遭李陵之祸，幽于缧绁。乃喟然而叹曰："是余之罪也夫！是余之罪也夫！身毁不用矣。"退而深惟曰："夫《诗》《书》隐约者，欲遂其志之思也。昔西伯拘羑里，演《周易》；孔

子厄陈蔡，作《春秋》；屈原放逐，著《离骚》……《诗》三百篇，大抵贤圣发愤之所为作也。此人皆意有所郁结，不得通其道也，故述往事，思来者。"

……

维我汉继五帝末流，接三代绝业。周道废，秦拨去古文，焚灭《诗》《书》……百年之间，天下遗文古事靡不毕集太史公……略推三代，录秦汉，上记轩辕，下至于兹，著十二本纪，既科条之矣。并时异世，年差不明，作十表。礼乐损益，律历改易，兵权山川鬼神，天人之际，承敝通变，作八书。二十八宿环北辰，三十辐共一毂，运行无穷，辅拂股肱之臣配焉，忠信行道，以奉主上，作三十世家。扶义俶傥，不令己失时，立功名于天下，作七十列传。凡百三十篇，五十二万六千五百字，为《太史公书》。序略，以拾遗补艺，成一家之言，厥协六经异传，整齐百家杂语，藏之名山，副在京师，俟后世圣人君子。

——摘编自《史记·太史公自序》，载司马迁：《史记》，陈曦等译，中华书局，2019年，第4040—4077页。

资料2：

从司马迁《报任安书》来看，《史记》在司马迁死前已经基本完成，篇目与我们今天所见大体相同。……司马迁死后，《史记》并没有公之于众，直到汉宣帝时，司马迁外孙平通侯杨恽，"祖述其书，遂宣布焉"。……《史记》在东汉中期以前还未得到广泛的流传，它受到统治者的嫉恨与敌视。《西京杂记》说："司马迁作《景帝本纪》极言其短，及武帝之过，帝恨，削而去之。"……除皇家图书馆人员外，要想看到《史记》必须得到最高统治者的允许……东汉中期以后，《史记》才在社会上得到了比较广泛的传播流行。尽管仍有人视之如洪水猛兽，如司徒王允说，"昔武帝不杀司马迁，使作谤书，流于后世"。……但没有能阻挡住《史记》的流布，《史记》得到了人们的普遍承认。东汉桓灵时代，《太史公书》已正式称为《史记》……这一名称的改变，反映了人们对《史记》评价的改变。正如清人梁玉绳所言："取古史记之名以名迁之书，尊之也。"这时候人们读到《史记》，已不是很难的事了。

——摘编自张新科、俞樟华等：《史记研究史及史记研究家》，载张大可、丁德科主编：《史记论著集成》（第十三卷），商务印书馆，2015年，第4—6页。

资料3：

对司马迁的赞语和文学性描写，我很欣赏。因为恰好是在这样的话语之中，我们才能窥见其个性，进而理解他的传神之笔。例如，在他笔下，即使是"成者为王"的汉高祖也大有流氓气，即使是"败者为贼"的项羽也不失英雄相……就连李斯这样的"大坏蛋"，他也会描写其临死之际，父子相哭，遥想当年，牵黄犬，逐狡兔的天伦之乐。很多"大人物"写得就像"小人物"一样。

同司马迁的"发愤著书"有关，《李将军传》也值得一读（有趣的是，它是放在《匈奴传》和《卫将军传》的前边）。他讲李陵之祸，着墨不多，对比《汉书》，好像一笔带过。这种省略是出于"不敢言"还是"不忍言"，我们很难猜测。……司马迁说的"李将军"是李广而不是李陵，然陵为广孙，有其家风，就连命运的悲惨都一模一样。读者若拿这段话去对比一下苏建评卫青的话，所谓"大将军至尊重，而天下之贤大夫毋称焉"（《卫将军传》赞引），他的"无言"不是更胜于"有言"吗？

扫码看图

"李广"骑射画像砖

汉代以后，"卫将军"只见称于记录汉代武功的史乘，而无闻于民间。相反，李将军却借诗文的传诵而大出其名。1997年，中国历史博物馆举办全国考古新发现精品展，其中有块敦煌市博物馆送展的西晋壁画砖，上面有个骑马的人物，正在回头射箭，上有榜题为证，不是别人，正是李广其人。看见"李将军"，我就想到了司马迁，想到了史学中的文学力量。

——摘编自李零：《史学中的文学力量》，载李零：《花间一壶酒》，山西人民出版社，2013年，第371页。

资料4：

秦王扫六合，虎视何雄哉。挥剑决浮云，诸侯尽西来。明断自天启，大略驾群才。收兵铸金人，函谷正东开。铭功会稽岭，骋望琅琊台。刑徒七十万，起土骊山隈。尚采不死药，茫然使心哀。连弩射海鱼，长鲸正崔嵬。额鼻象五岳，扬波喷云雷。鬐鬣蔽青天，何由睹蓬莱？徐市载秦女，楼船几时回？但见三泉下，金棺葬寒灰。（唐·李白《古风》其三）

草茫茫，土苍苍，苍苍茫茫在何处，骊山脚下秦皇墓。墓中下涸二重泉，当时自以为深固。下流水银象江海，上缀珠光作乌兔。别为天地于其间，拟将富贵随身去。一朝盗掘坟陵破，龙椁神堂三月火。可怜宝玉归人间，暂借泉中买身祸。奢者狼藉俭者安，一凶一吉在眼前。凭君回首向南望，汉文葬在霸陵原。（唐·白居易《草茫茫》）

——摘编自韩兆琦、张大可、宋嗣廉等：《史记题评与咏史记人物诗》，载张大可、丁德科主编：《史记论著集成》（第二卷），商务印书馆，2015年，第496页、502页。

劝君少骂秦始皇，焚坑事业要商量。祖龙魂死秦犹在，孔学名高实秕糠。百代都行秦政法，十批不是好文章。熟读唐人封建论，莫从子厚返文王。（毛泽东《读〈封建论〉呈郭老》）

——摘编自徐四海编著：《毛泽东诗词全编笺译》，东方出版社，2017年，第348—349页。

尼父未适鲁，屡屡倦迷津。徒怀教化心，纡郁不能伸。一遇知己言，万方始喧喧。至今百王则，孰不挹其源。（唐·李涉《怀古》）

仲尼一旅人，吴楚据南面。不知千载下，究竟谁贵贱？（宋·曾巩《咏史二首》其一）

——摘编自赵望秦、蔡丹编著：《史记与咏史诗》，三秦出版社，2012年，第248页、250页。

当年辙迹苦恓遑，庙貌千秋更有光。志学敏求能不厌，因材施教实多方。诗书礼乐精华在，思孟颜曾俎豆旁。今日自然时代异，斯民怀念胜前王。（郭沫若《游孔庙》）

——摘编自林东海、史为乐选注：《郭沫若纪游诗选注》，上海文艺出版社，1983年，第132页。

林暗草惊风，将军夜引弓。平明寻白羽，没在石棱中。（唐·卢纶《塞下曲》）

猿臂将军去似飞，弯弓百步虏无遗。汉文自与封侯得，何必伤嗟不遇时。（唐·崔道融《题〈李将军传〉》）

——摘编自韩兆琦、张大可、宋嗣廉等：《史记题评与咏史记人物诗》，载张大可、丁德科主编：《史记论著集成》（第二卷），商务印书馆，2015年，第577—578页。

吾怜李将军，恂恂不出口。笑夺胡马骑，生得射雕手。匈奴避飞将，士卒罢习斗。老死不封侯，始知长数奇。桃李岁不言，其下自成蹊。卫青有天幸，去病尤少恩。英雄在千载，成败何足论？（明·谢肇淛《咏史一百首》其四十五）

——摘编自赵望秦、蔡丹编著：《史记与咏史诗》，三秦出版社，2012年，第551页。

子长少不羁，发轫遍丘壑。晚遭李陵祸，愤悱思远托。高辞振幽光，直笔诛隐恶。驰骋数千载，贯穿百家作。至今青简上，文彩炳金膘。高才忽小疵，难用常情度。譬彼海运鹏，岂复顾缯缴。区区班叔皮，未易议疏略。（宋·秦观《司马迁》）

悲哉执手泣，论著谨毋忘。岂识迁它日，能纳石室藏。（宋·林同《司马迁》）

——摘编自赵望秦、蔡丹编著：《史记与咏史诗》，三秦出版社，2012年，第606页。

《春秋》谜语苦难诠，历史开山数腐迁。前后固应无此作，一书上下二千年。（王国维《读史二十首》之八）

——摘编自陈永正笺注：《王国维诗词笺注》，上海古籍出版社，2011年，第8页。

资料5：

丞相绾等言："诸侯初破，燕、齐、荆地远，不为置王，毋以填之。请立诸子，唯上幸许。"始皇下其议于群臣，群臣皆以为便。廷尉李斯议曰："周文武所封子弟同姓甚众，然后属疏远，相攻击如仇雠，诸侯更相诛伐，周天子弗能禁止。今海内赖陛下神灵一统，皆为郡县，诸子功臣以公赋税重赏赐之，甚足易制。天下无异意，则安宁之术也。置诸侯不便。"始皇曰："天下共苦战斗不休，以有侯王。赖宗庙，天下初定，又复立国，是树兵也，而求其宁息，岂不难哉！廷尉议是。"分天下以为三十六郡……一法度衡石丈尺。车同轨。书同文字。

……

二十八年，始皇东行郡县，上邹峄山……既已，齐人徐市等上书，言海中有三神山，名曰蓬莱、方丈、瀛洲，仙人居之。请得斋戒，与童男女求之。于是遣徐市发童男女数千人，入海求仙人……浮江，至湘山祠。逢大风，几不得渡。上问博士曰："湘君何神？"博士对曰："闻之，尧女，舜之妻，而葬此。"于是始皇大怒，使刑徒三千人皆伐湘山树，赭其山。

……

至平原津而病。始皇恶言死，群臣莫敢言死事……九月，葬始皇郦山。始皇初即位，穿治郦山，及并天下，天下徒送诣七十余万人，穿三泉，下铜而致椁，宫观百官奇器珍怪徙臧满之。令匠作机弩矢，有所穿近者，辄射之。以水银为百川江河大海，机相灌输，上具天文，下具地理。以人鱼膏为烛，度不灭者久之。

……

太史公曰：……始皇自以为功过五帝，地广三王，而羞与之俦。善哉乎贾生推言之也！曰：……一夫作难而七庙堕，身死人手，为天下笑者，何也？仁义不施而攻守之势异也……"

——摘编自《史记·秦始皇本纪》，载司马迁：《史记》，陈曦等译，中华书局，2019年，第152—194页。

秦取天下多暴，然世异变，成功大。传曰"法后王"，何也？以其近己而俗变相类，议卑而易行也。学者牵于所闻，见秦在帝位日浅，不察其终始，因举而笑之，不敢道，此与以耳食无异。悲夫！

——摘编自《史记·六国年表》，载司马迁：《史记》，陈曦等译，中华书局，2019年，第732—733页。

资料6：

孔子之去鲁凡十四岁而反乎鲁。鲁哀公问政，对曰："政在选臣。"季康子问政，曰："举直错诸枉，则枉者直。"康子患盗，孔子曰："苟子之不欲，虽赏之不窃。"然鲁终不能用孔子，孔子亦不求仕。

……

孔子病，子贡请见。孔子方负杖逍遥于门，曰："赐，汝来何其晚也？"孔子因叹，歌曰："太山坏乎！梁柱摧乎！哲人萎乎！"因以涕下。谓子贡曰："天下无道久矣，莫能宗予。夏人殡于东阶，周人于西阶，殷人两柱间。昨暮予梦坐奠两柱之间，予始，殷人也。"后七日卒。

……

孔子葬鲁城北泗上，弟子皆服三年。三年心丧毕，相诀而去，则哭，各复尽哀；或复留。唯子赣庐于冢上，凡六年，然后去。弟子及鲁人往从冢而家者百有余室，因命曰孔里。鲁世世相传以岁时奉祠孔子冢，而诸儒亦讲礼乡饮大射于孔子冢。孔子冢大一顷。故所居堂弟子内，后世因庙，藏孔子衣冠琴车书，至于汉二百余年不绝。高皇帝过鲁，以太牢祠焉。诸侯卿相至，常先谒，然后从政。

……

太史公曰：《诗》有之："高山仰止，景行行止。"虽不能至，然心乡往之。余读孔氏书，想见其为人。适鲁，观仲尼庙堂车服礼器，诸生以时习礼其家，余祗回留之不能去云。天下君王至于贤人众矣，当时则荣，没则已焉；孔子布衣，传十余世，学者宗之。自天子王侯，中国言六艺者折中于夫子，可谓至圣矣！

——摘编自《史记·孔子世家》，载司马迁：《史记》，陈曦等译，中华书局，2019年，第2520—2531页。

资料7：

广家世世受射。孝文帝十四年，匈奴大入萧关，而广以良家子从军击胡，用善骑射，杀首虏多，为汉中郎……尝从行，有所冲陷折关及格猛兽，而文帝曰："惜乎，子不遇时！如令子当高帝时，万户侯岂足道哉！"及孝景初立，广为陇西都尉，徙为骑郎将。吴楚军时，广为骁骑都尉，从太尉亚夫击吴楚军，取旗，显功名昌邑下。以梁王授广将军印，还，赏不行。

……

<u>广居右北平，匈奴闻之，号曰"汉之飞将军"，避之数岁，不敢入右北平</u>。广出猎，见草中石，以为虎而射之，中石没镞，视之石也。因复更射之，终不能复入石矣……广廉，得赏赐辄分其麾下，饮食与士共之。<u>终广之身，为二千石四十余年，家无余财</u>，终不言家产事。广为人长，猿臂，其善射亦天性也，虽其子孙他人学者，莫能及广……广之将兵，乏绝之处，见水，士卒不尽饮，广不近水，士卒不尽食，广不尝食。宽缓不苛，士以此爱乐为用。

……

大将军、骠骑将军大出击匈奴，广数自请行。天子以为老，弗许；良久乃许之，以为前将军。是岁，元狩四年也。广既从大将军青击匈奴，既出塞，青捕虏知单于所居，乃自以精兵走之，而令广并于右将军军，出东道。东道少回远，而大军行水草少，其势不屯行……<u>大将军青亦阴受上诫，以为李广老，数奇，毋令当单于，恐不得所欲</u>……军亡导，或失道，后大将军……大将军使长史持糒醪遗广，因问广、食其失道状，青欲上书报天子军曲折。广未对，大将军使长史急责广之幕府对簿。广曰："诸校尉无罪，乃我自失道。吾今自上簿。"至莫府，<u>广谓其麾下曰："广结发与匈奴大小七十余战，今幸从大将军出接单于兵，而大将军又徙广部行回远，而又迷失道，岂非天哉</u>！且广年六十余矣，终不能复对刀笔之吏。"遂引刀自刭。广军士大夫一军皆哭。<u>百姓闻之，知与不知，无老壮皆为垂涕</u>。

……

太史公曰：传曰："其身正，不令而行；其身不正，虽令不从。"其李将军之谓也？余睹李将军悛悛如鄙人，口不能道辞。及死之日，天下知与不知，皆为尽哀。<u>彼其忠实心诚信于士大夫也？谚曰"桃李不言，下自成蹊"</u>。此言虽小，可以谕大也。

——摘编自《史记·李将军列传》，载司马迁：《史记》，陈曦等译，中华书局，2019年，第3556—3571页。

资料8：

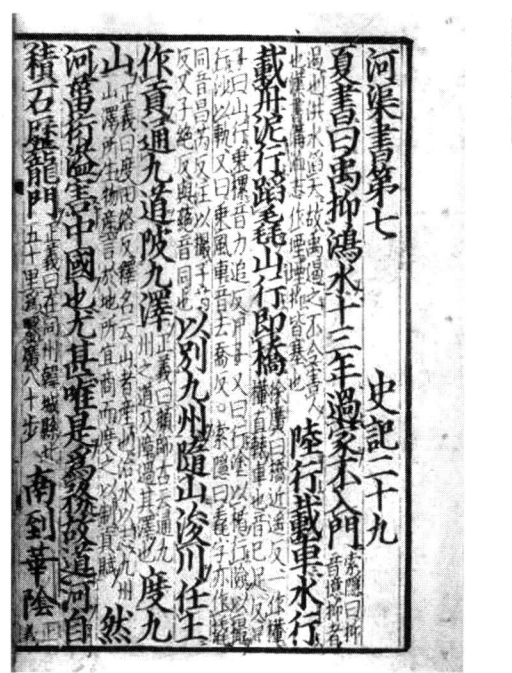

宋版《史记》（黄善夫刊本）书影（日本国立历史民俗博物馆藏本）

后 记

本书依据《义务教育历史课程标准（2022年版）》中关于"跨学科主题学习"的要求，针对课程标准提出的10个跨学科学习主题，汇编了16个跨学科主题学习活动的案例，力图将课程标准的要求与教学实践紧密结合，探索与建构跨学科主题学习活动设计与实施的方法与路径，给广大初中历史教师提供参考与借鉴。

本书从酝酿到成书，历时一年有余。我们前后召开了几十次线上线下研讨会，在反复研读、审阅、修订的过程中克服了众多困难，既经历过"行到水穷处"的迷茫，也收获了"坐看云起时"的明朗。

本书的总体设计由杜芳、陆优君负责，各个案例主要由来自全国各地中学一线的历史教师撰写，杜芳、陆优君统稿，师琴、路遥、闫冰、万正龙校稿。本书的编写得到了教育部中小学（中职）历史国家教材建设重点研究基地、华中师范大学历史文化学院、武汉市教育科学研究院的大力支持和关怀指导，得到了众多教育界前辈和同行的帮助，在此深表谢忱。

本书的出版还要感谢北京大学出版社的有关领导和责任编辑，他们严谨细致、高度负责的工作态度，是本书顺利出版的重要保障。

由于编著者水平有限，书中难免存在疏漏与不足，恳请读者和同行专家批评指正。

杜 芳

2022年12月

北京大学出版社 教育出版中心 精品图书

学术规范与研究方法系列

如何为学术刊物撰稿（第三版）	［英］罗薇娜·莫瑞
如何查找文献（第二版）	［英］萨莉·拉姆齐
给研究生的学术建议（第二版）	［英］玛丽安·彼得 等
社会科学研究的基本规则（第四版）	［英］朱迪斯·贝尔
做好社会研究的10个关键	［英］马丁·丹斯考姆
如何写好科研项目申请书	［美］安德鲁·弗里德兰德等
教育研究方法（第六版）	［美］梅瑞迪斯·高尔等
高等教育研究：进展与方法	［英］马尔科姆·泰特
如何成为学术论文写作高手	［美］华乐丝
参加国际学术会议必须要做的那些事	［美］华乐丝
如何成为优秀的研究生	［美］布卢姆
结构方程模型及其应用	易丹辉 李静萍
学位论文写作与学术规范（第二版）	李 武 毛远逸 肖东发
生命科学论文写作指南	［加］白青云
法律实证研究方法（第二版）	白建军
传播学定性研究方法（第二版）	李 琨

21世纪高校教师职业发展读本

如何成为卓越的大学教师	［美］肯·贝恩
给大学新教员的建议	［美］罗伯特·博伊斯
如何提高学生学习质量	［英］迈克尔·普洛瑟等
学术界的生存智慧	［美］约翰·达利 等
给研究生导师的建议（第2版）	［英］萨拉·德拉蒙特等

教师资格认定及师范类毕业生上岗考试辅导教材

教育学	余文森 王 晞
教育心理学概论	连 榕 罗丽芳

21世纪教师教育系列教材·学科教学论系列

新理念化学教学论（第二版）	王后雄
新理念科学教学论（第二版）	崔 鸿 张海珠
新理念生物教学论（第二版）	崔 鸿 郑晓慧
新理念地理教学论（第三版）	李家清
新理念历史教学论（第二版）	杜 芳
新理念思想政治（品德）教学论（第三版）	胡田庚
新理念信息技术教学论（第二版）	吴军其
新理念数学教学论	冯 虹
新理念小学音乐教学论（第二版）	吴跃跃

21世纪教师教育系列教材·学科教学技能训练系列

新理念生物教学技能训练（第二版）	崔 鸿
新理念思想政治（品德）教学技能训练（第三版）	胡田庚 赵海山
新理念地理教学技能训练	李家清
新理念化学教学技能训练（第二版）	王后雄
新理念数学教学技能训练	王光明

21世纪教师教育系列教材·专业养成系列

（赵国栋主编）

- 微课与慕课设计初级教程
- 微课与慕课设计高级教程
- 微课、翻转课堂和慕课设计实操教程
- 网络调查研究方法概论（第二版）
- PPT云课堂教学法
- 快课教学法

博雅教学服务进校园

教辅申请说明

尊敬的老师：

您好！如果您需要北京大学出版社所出版教材的教辅课件资源，请抽出宝贵的时间完成下方信息表的填写。我们希望能通过这张小小的表格和您建立起联系，方便今后更多地开展交流。

教师姓名		学校名称		院系名称	
所属教研室		性别		职务		职称	
QQ				微信			
手机（必填）				E-mail（必填）			
目前主要教学专业、科研领域方向							
希望我社提供何种教材的课件							
书　号		书　名				教材用量（学期人数）	
978-7-301-							
您对北大社图书的意见和建议							

填表说明：

（1）填表信息直接关系课件申请，请您按实际情况**详尽、准确、字迹清晰**地填写。

（2）请您填好表格后，将表格内容拍照发到此邮箱：pupjfzx@163.com。咨询电话：010-62752864。咨询微信：北大社教服中心客服专号（微信号：pupjfzxkf，可直接扫描下方左侧二维码添加好友）。

（3）如您想了解更多北大版教材信息，可登录北京大学出版社网站：www.pup.cn，或关注北京大学出版社教学服务中心的官方微信公众号"北大博雅教研"（微信号：pupjfzx，可直接扫描下方右侧二维码关注公众号）。

北大社教服中心客服专号

"北大博雅教研"微信公众号